공무원과 노동인권

공무원과 노동인권

김 재 기

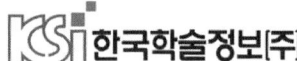한국학술정보㈜

책머리에

공무원파업권부여 등의 쟁점을 둘러싸고 이해당사자 간에 적지 않은 진통과 희생이 있었지만 공무원의노동조합설립및운영에관한법률(이하 '공무원 노조법'이라 한다)이 2005년 12월 말 국회를 통과하였고 2006년 1월 28일 시행에 들어가 공무원 노동조합은 드디어 합법적으로 출범할 수 있게 되었다.

필자는 공무원 단결권 인정의 필요성을 오래 전부터 주장해 왔고 사실상 노무에 종사하는 공무원(소위 현업공무원) 이외의 대부분의 공무원 노동기본권을 제한하는 국가공무원법 제66조 제1항의 부당성을 지적한 바 있다. 오늘날 공무원의 단결권도 보장되어야 한다는 것은 보편적인 원칙이 되었으며 공무원 노동조합의 필요성을 인정하고 공무원의 권익보호를 위한 단체를 결성할 수 있는 권리를 인정하고 있는 것이 국제적 추세이다. 아직도 일각에서는 공무원 노동조합은 시기상조라고 반대하는 견해도 있으나 공무원 단결권을 인정함으로써 공무원의 근무조건 향상과 사기제고, 대민서비스향상, 공직윤리 확립 및 부정부패의 척결, 행정과정의 민주화 및 행정개혁의 추진 등 많은 순기능이 발휘될 수 있다.

본서는 공무원 노동기본권의 단계적 확대방안을 연구하고 있다. 선진 각국의 공무원 노동운동도 각국의 여건에 맞는 독자적인 제도화를 통하여 발전되어온 역사적 사실을 고려해 볼 때 우리나라의 경우도 단기적으로는 우리의 실정에 적합한 제도와 관행을 토착해 나가되 장기적으로 공무원노동기본권을 확대해나가는 단계적인 확대방안이 필요하다고 본다. 특히 노사협조를 지향하는 민주적이고 평화적인 노동문화가 정착되어 있지 못할 뿐만 아니라 종래의 권위적이고 상하계급구조의 행정문화 속에서 노사 대등한 지위를 요구하는 공무원 노사관계가 정착하기에는 상당한 부작용이 따를 수도 있는 우리나라 공직사회의 현실을 감안해 볼 때 더욱 단계적 추진 전략이 필요하다고 생각한다.

본서는 필자의 박사학위논문을 수정·가필한 것이다. 처음 출판을 제의받고 많이 망설였다. 무엇보다도 시기적으로 공무원 노조법의 입법이 일단 완료된 상태에 있었기 때문이다. 하지만 최근 공무원노동기본권 보장수준을 중심으로 공무원 노조법에 관하여 논란이 그치지 않고 있음에 입법상 시사점을 제시해 줌으로써 우리나라 공무원노사관계의 안정적 정착에 일조하고자 본서의 출판을 결심하였다. 본서에서는 1999년 12월 31일 현재의 법령을 기준으로 하고 있음에 독자 제현의 양해를 구한다.

본서를 집필함에 있어서 많은 분들의 도움을 받았다. 직접·간접으로 도움을 받은 많은 분께 이 기회를 빌려 진심으로 감사드린다. 특히 필자의 지도교수이신 서울대학교 법과대학 김유성 교수님을 비롯하여 이흥재·이철수 교수님, 서울대학교 행정대학원 박동서·오석홍 명예교수님, 아주대학교 이원희 교수님, 한양대학교 강성태 교수님, 한국행정연구원 서원석 박사님, 대전대학교 백종섭 교수님, 대구대학교 동료교수 여러분께 깊은 감사를 드린다.

본서가 나오기까지 자료수집 및 원고정리에 많은 도움을 준 대구대학교 공무원노사관계연구소의 이곤수·김효철·임명순 박사와 자료정리와 교정 등으로 수고하여 준 박성만 간사에게 고마운 마음 금할 수 없다. 그리고 집필기간 동안 내내 무한한 정성으로 내조하고 인내하여 준 사랑하는 가족과 함께 출간의 기쁨을 나누고 싶다.

끝으로 어려운 여건에도 불구하고 본서의 출판을 허락하여 주신 한국학술정보(주) 채종준 사장님과 편집 및 교정으로 많은 수고를 하여 주신 편집부 관계자께 깊이 감사드리는 바이다.

아무쪼록 본서의 출판이 우리나라 공무원 노동조합의 안정적 정착에 기여하고 나아가 공무원 권익향상과 행정발전에 일조하게 되기를 기원한다.

2006년 2월
대구대학교 경산캠퍼스 연구실에서
저자 씀

목 차

표 목차

그림 목차

제1장 서 론

제1절 연구의 목적

근로자는 단결권 즉 노동조합 결성권을 통하여 노사 간의 실질적 평등을 확보함으로써 근로조건을 유지·개선하고 근로자의 사회적·경제적 지위의 향상을 도모할 수 있게 되는 것인바 이러한 단결권의 법적승인은 근로자들이 단결체를 통하여 대 사용자와의 교섭력 균형을 이룩하게 함으로써 사회적·경제적 약자인 근로자를 보호하려는 데에 그 근본취지가 있는 것이다.[1]

이러한 단결권의 법인은 인격의 자유와 평등을 기초로 재산권의 절대성과 계약자유의 원칙을 강조하는 근대시민법과 대항하면서 노동법을 생성시킨 계기가 되었으며 아울러 독자적인 분과학문으로서의 노동법학의 성립을 뒷받침하여 주었다.

그동안 단결권이 근대사회의 전개와 함께 출현한 자연권사상에 그 이념적 기초를 얻기까지는 고통스러운 줄기찬 투쟁의 과정을 거쳤으니 노동조합에 대한 국가의 대응방식이 점진적으로 억압의 단계, 소극적 용인의 단계 및 적극적 보호의 단계를 거치면서 근로자의 단결권은 오늘날 대부분의 국가에서 헌법상 기본권으로서 인정받기에 이르렀다.[2] 오늘날 단결권의 법인이야말로 이른바 사회적 법치국가(sozialer Rechtsstaat) 내지 사회적 시

---

1) 권영성, 「헌법학원론」, 법문사, 1999, p.587: 허영, 「한국헌법론」, 박영사, 1999, pp.476-477: 김철수, 「헌법학신론」, 박영사, 1999, p.443: 허영민, "노동기본권의 보장과 제약에 관한 연구", 전남대학교 박사학위논문, 1985, pp.11-12.
2) 권영성, 상게서, p.588: 김철수, 상게서, p.447: 신인령, 「노동기본권연구」, 미래사, 1987, pp.23-30: 菅野和夫, 「勞働法(第四版)」, 弘文堂, 1995, pp.17-23: 外尾健一, 「勞働法入門」, 有斐閣, 1997, pp.34~35: 沼田稻次郎, 「團結權思想の研究」, 勁草書房, 1980, pp.106-109: 外尾健一, 「團結權保障の法理」, 信山社, 1998, pp.3~4.

장경제주의의 본질적 구성요소라 아니할 수 없다.[3]

그런데 공무원인 근로자의 경우에도 근로자성(勤勞者性)이 일반적으로 인정되고 있으므로 헌법상 기본권인 단결권의 주체로서 당연히 보호받아야 할 것이나 종래 우리나라에 있어서는 사실상 노무에 종사하는 현업공무원을 제외한 대부분의 공무원에 대하여 단결권이 인정되지 않고 있다. 즉 우리나라 현행헌법 제33조 제1항은 "근로자는 근로조건의 향상을 위하여 자주적인 단결권, 단체교섭권 및 단체행동권을 가진다"라고 규정하여 근로자의 노동기본권 보장을 선언하고서 동조 제2항에서는 "공무원인 근로자는 법률에 정하는 자에 한하여 단결권, 단체교섭권 및 단체행동권을 가진다"고 하여 공무원의 노동기본권을 법률에 위임하였다. 이에 노동조합 및 노동관계조정법(이하 '노조법'이라 한다) 제5조에서 "근로자는 자유로이 노동조합을 조직하거나 이에 가입할 수 있다. 다만, 공무원과 교원에 대해서는 따로 법률로 정한다."라고 규정하고 국가공무원법 제66조 제1항 및 지방공무원법 제58조 제1항은 "공무원은 노동운동 기타 공무 이외의 일을 위한 집단적 행위를 하여서는 아니 된다. 다만, 사실상 노무에 종사하는 공무원은 예외로 한다"고 규정함으로써 현업부서에서 사실상 노무에 종사하는 철도청, 정보통신부, 국립의료원 소속의 기능직, 고용직 공무원에 한해서만 노동기본권의 행사를 허용하고 있을 따름이다.

1948년 7월 대한민국 제헌헌법이 최초로 근로자의 노동기본권의 보장을 선언하고 1949년 8월 국가공무원법에서 공무원에 대하여 '공무 이외의 일을 위한 집단적 행동'을 금지한 지 50년 이상의 세월이 흘렀다.[4] 공무원의 노동관계를 규율하는 법제는 부분적으로 몇 차례 개정되었으나, 공무원 노동기본권에 대한 기본 구도는 개정되지 못한 채 법제정 당시의 틀을 거의 그대로 유지하여 왔다. 그리하여 종래 우리의 법체계에서는 일반공무원은

---

3) 김치선, 「근로자의 단결권」, 서울대학교 출판부, 1980, pp.1-2: 김철수, 전게서, pp.105-110: 권영성, 전게서, pp.135~139: 허영, 전게서, pp.151-162 참조.
4) 이어서 제정된 노동관계법·공무원관계법 즉 노동조합법·노동쟁의 조정법(1953. 3. 8), 교육공무원법(1953. 4. 18), 사립학교법(1963. 6. 26), 지방공무원법(1963. 11. 1)에서도 공무원의 노동기본권을 제한하는 동일한 내용이 각각 규정되었다.

노동기본권이 전면 부인되고, 사실상 노무에 종사하는 현업공무원에게만 예외적으로 노동기본권이 허용되는 구도, 즉 사실상 노무에 종사하는지 여부를 기준으로 삼는 구도가 고정되어 현재에 이르고 있다.

그러나 우리나라는 정부수립 이후 제한적이나마 일반근로자들의 노동기본권 신장을 위한 각종의 노력이 있었고 특히 1987년의 6·29선언 이후 우리나라 사회의 전반적인 민주화 추세와 더불어 민간부문의 노동조합활동이 활발하게 전개되었으며 그 후 문민정부와 국민의 정부를 거치면서 노사관계는 엄청난 변화와 발전을 겪어 왔으며 더구나 국민의 정부에 들어서면서 1998년 2월 6일 노사정위원회의 '노사정대타협'(소위 2·6사회협약)에 따라 1999년 7월 1일부터는 교원노동조합의 활동을 법인해주는 획기적인 변화가 있었다. 그럼에도 불구하고 공무원 노동조합에 대해서는 국민적 여론수렴과 관련 법규의 정비를 고려한다는 명분을 내세워 여전히 변함없는 법적 구도를 유지하여 왔다.

한편 우리나라 국민의 의식은 점차 변화되어 공무원의 노동운동에 대하여 긍정적인 인식이 확산되어 가고 있으며, 선행연구에 의하면 과반수 이상의 국민들이 공무원 노동조합활동의 허용에 찬성하는 것으로 나타나고 있다.[5] 이와 함께 공무원의 의식도 많이 변화되고 있는데, 선행연구에 의하면 공무원 노동조합활동이 허용되면 공무원 노동조합에 가입하겠다고 응답한 공무원비율이 현저하게 증가하고 있다.[6]

또한 국제적으로는 우리나라의 ILO(국제노동기구) 가입[7] 이후, ILO, OECD(경제협력개발기구) 등에서 우리나라의 노사관계제도에 대한 많은 관심을 보이면서 문제점에 관하여 지속적으로 지적·권고를 하여 왔는바

---

5) 서원석, 「ILO 회원국의 공무원 단체활동 비교연구」, 한국행정연구원, 1995, p.145.
6) 백종섭, "한국공무원단체활동의 영향요인에 관한 연구," 서울대학교 대학원 박사학위논문, 1991, p.160.
7) 우리나라는 1991년 12월 9일 ILO에 정식 가입하여 152번째 ILO회원국이 되었는바 ILO에 가입한다함은 ILO헌장상의 제 의무를 공식적으로 수락한다는 국가의 국제적 의사표시라고 할 수 있다.(최준섭·이수영, ILO와 국제노동기준, 중앙경제사, 1992, pp.121-131 참조)

ILO 이사회에서는 1993년부터 1998년까지 8차에 걸쳐 우리나라의 노사관계제도에 대한 권고를 해왔고, 그 권고의 중요한 내용 중 하나는 공공부문 근로자의 노동기본권에 관한 것이었다.[8] 더구나 세계무역기구(WTO)의 발족과 함께 노동조건과 무역규제를 연계하는 이른바 블루라운드(BR)의 논의가 활발해지면서 국제사회의 압력을 피할 수 없게 되었다.[9] 오늘날 각종 제도의 국제화·세계화 추세에 따라 공무원인 근로자에게도 노동기본권이 보장되어야 한다는 것은 국제적으로 통용되는 보편적인 원칙이 되었다고 할 수 있다. 이에 선진 각국은 공무원단결체의 순기능과 필요성을 인정하여 공무원에게도 단결권을 보장함으로써 공무원의 권익보호를 위한 단체를 결성하여 사용자인 정부와 교섭할 수 있는 권리를 인정하고 있다. 따라서 공무원의 노동기본권 보장에 대한 입법정책은 더 이상 과거와 동일한 제한적 통제위주의 법적구도를 유지할 수 없게 되었으며 전술한 1998년 2월 6일 '노사정대타협'에서 합의한 바와 같이 '공무원의 노동조합 결성권에 대하여는 국민적 여론수렴과 관련 법규의 정비를 고려하여 단계적으로 추진'하여야 할 것이다.

이에 따라 본 연구는 공무원의 노동기본권 보장에 대비하여 장기적으로는 헌법상 노동기본권을 충실하게 보장하고 ILO의 국제노동기준과 선진국의 입법례를 수렴한 장기적 입법방향을 지향하면서 단기적으로는 우리나라 공무원의식수준과 국민의식수준을 반영한 적실성(relevance) 있는 공무원 노동조합법제(단기적 입법방향)로의 단계적인 입법 추진방향을 제시함으로써 우리나라 정부의 공무원 노동기본권 보장에 대한 입법정책 수립에 기여하는 데 그 목적이 있다.

---

8) 우리나라의 공무원 노동기본권 보장수준은 후술하는 ILO의 국제노동기준에 현저히 미달되고 있는 바 ILO결사의 자유 위원회는 1998년 2월 8일 '노사정대타협' 이후에도 우리 정부에 공무원 노조 설립 및 가입권의 조기 인정에 필요한 조치를 취할 것을 권고하였다.(ILO, 311th Report of the committee on Freedom of Association, Case No.1865, para.339)

9) 박영범·이철수, Sinichi Ago, 「노동기준과 국제무역」, 한국노동연구원, 1994, pp.21~25; 김유성, "개정노동법의 평가와 과제", 「노동법연구」 제6호, 서울대학교 노동법연구회, 1997, pp.12-13.

제2절 연구의 범위 및 방법

본 연구는 먼저 공무원 노동기본권의 이론적 기초를 검토한 후 장기적인 공무원 노동조합 입법방향을 지향하기 위하여 비교법적 고찰을 시도한 다음 국민의식조사를 통한 단기적 입법모형의 분석을 시도함으로써 우리나라 공무원 노동기본권의 단계적 확대방안을 모색하고자 한다.

이에 본 연구의 구성을 보면 다음과 같다.

첫째, 공무원 노동기본권의 이론적 기초로서 공무원의 근로자성 및 공무원 노동기본권에 관한 법규정과 공무원노동기본권제한의 근거를 살펴본다.

둘째, 공무원 노동조합법제의 장기적 입법방향을 지향하기 위하여 ILO의 노동기준과 주요외국의 법제를 비교법적으로 고찰하고 우리나라에의 시사점을 수렴한다.

셋째, 공무원 노동조합법제의 단기적 입법모형을 분석하기 위하여 노사관계체제모형에 입각한 분석기준에 따라 공무원 노동조합법제에 대한 국민의식조사를 실시하고 실증적으로 분석한다.

넷째, 결론으로서 공무원 노동조합법제에 대한 장·단기적 단계적 입법추진방향을 기본방향으로 제시하고 향후를 전망한다.

본 연구는 공공부문[10]의 노동조합 전체를 연구대상으로 하지 않으므로 본 연구에서의 분석대상은 정부투자기관, 재투자기관, 지방공기업, 공공법

---

10) 우리나라에서는 법적인 개념으로서의 공공부문(public sector)은 정의된 바 없다. 다만 노동법상의 기본권이 제약되는 영역이 존재하고 있을 뿐이다. 노사관계의 측면에서 공공부문은 정부가 사용자 역할을 하는 기관이라고 정의할 수 있다. 정부의 사용자 역할을 협의로 해석하면 공공부문은 정부기관에 한정되며 그 소속 근로자는 일반적으로 공무원의 신분을 갖게 된다. 반면에 정부의 사용자 역할을 광의로 해석하면 정부가 실질적인 사용자 역할을 할 수 있는 기관까지도 공공부문의 범위에 포함된다. 본 연구에서는 공공부문을 정의하는 데 있어서 전자의 개념을 택하였다. 광의의 공공부문에는 정부기관, 정부투자기관, 정부출자기관, 재투자기관, 지방공기업, 정부출연기관 및 특수재단·사단법인 형태의 공공법인체가 포함된다.(박영범·이상덕, 「공공부문의 노사관계」, 한국노동연구원, 1990, p.16 참조)

인체 등에 근무하는 근로자를 제외하고 정부기관(국가 및 지방자치단체)에 근무하는 공무원을 대상으로 하되 1999년 7월부터 단결권이 인정된 교육공무원(교원)은 제외하도록 하였다.

　요컨대 후술하는 협의의 공무원 중 경력직 공무원을 중심으로 하되 특수경력직의 고용직 공무원을 포함시켰다.[11] 고용직 공무원을 포함시킨 것은 고용직 공무원은 장기적으로 기능직 공무원으로 전환시키고 있으며 현재 상당수의 고용직 공무원이 기능직화 하였기 때문이다. 따라서 본 연구의 구체적인 분석대상은 경력직의 일반직 공무원, 특정직 공무원, 기술직 공무원과 특수경력직의 고용직 공무원이다. 이 중 특정직은 주로 경찰공무원, 소방공무원을 대상으로 분석하였다.

　본 연구를 위한 방법으로서 공무원 노동기본권의 이론적 기초에 관하여는 주로 학설·판례를 중심으로 하는 선행연구를 통한 문헌조사방법을 사용하였으며 ILO와 외국법제의 비교법적 고찰을 위해서는 선행연구를 통한 문헌조사방법을 그리고 국민의식조사를 위해서는 설문조사를 통한 실증적 분석방법을 사용하였다.[12] 문헌조사에 사용되는 주요자료는 정부간행물,

---

11) 경력직 공무원이란 실적과 자격에 의하여 임용되고 그 신분이 보장되는 공무원으로서, 평생토록 공무원으로 근무할 것이 예정되는 공무원을 말하며, 일반직·특정직·기능직 공무원으로 분류된다. 특수경력직 공무원이란 경력직 공무원 외의 공무원을 말하며, 특수경력직은 신분이 보장되지 않으며, 따라서 평생토록 공무원으로 근무할 것이 예정되지 아니한 공무원직으로서 정무직 공무원, 별정직 공무원, 전문직 공무원 및 고용직 공무원으로 분류된다.(국가공무원법 제2조 참조)

12) 무릇 과학적 방법이라고 하면 실재하는 대상을 있는 그대로 조사, 연구하는 것이며 법학도 과학인 이상 그 실재하는 대상을 있는 그대로 인식하는 사실과학적 관찰은 매우 중요하다고 하겠으며 더구나 노동법학은 대표적인 실천법학에 속하므로 현실실재에 바탕을 둔 과학적 연구방법이 활용될 필요성이 더욱 크다고 하겠다(김형배, 「노동법」, 박영사, 1999, pp.4~5참조). 한편 설문조사의 결과대로 모두 입법화 될 수는 없다고 할지라도 자유의 측면에서 보아 자유를 파괴 내지 축소시키지 않는 혹은 응답내용이 모순되지 않는 범위 내에서는 설문조사의 결과가 입법화될 때에, 보다 실정법의 규범성이 높아져서 실효성 있는 실정법에 이르게 된다고 추론할 수 있을 것이다. 규범성과 실효성에 관해서는 다음의 문헌을 참조할 것.(K. Loewenstein, Verfassungslehre, 3. Aufl., Tübingen, 1975, S. 144 f.)

관계법령 및 판례, 학술지와 연구물, 관계기사 등이며, 이들을 통한 자료를 수집하고 분석하였다. 또한 국민의식조사에 있어서는 공무원 노동조합의 주체인 공무원 집단과 환경적 변수인 시민집단에 대한 설문조사 및 통계분석방법을 활용하였다.

조사대상집단은 크게 공무원 집단과 비공무원집단 즉 시민집단으로 구분한다. 공무원 집단 즉 조사대상 공무원은 국가공무원과 지방공무원을 모집단으로 하여 직종별로 표집하되 모집단의 특성과 본 연구의 목적을 염두에 두고 유의추출 하였다.

또한 공무원과 더불어 시민집단을 조사대상으로 하였다. 시민은 공무원 노조활동의 직접적인 이해집단으로서 이들이 공무원 노동조합활동에 대하여 어떠한 인식과 태도를 가지고 있는가는 입법 정책의 결정뿐만 아니라 공무원 노동조합의 성공적인 운영에도 중요한 역할을 한다.[13] 따라서 이들의 관심과 지지에 따라 공무원 노조활동 허용의 범위와 대상의 확대에 긍정적이거나 부정적인 영향을 끼칠 것이다. 시민집단에는 본 조사의 전문성을 감안하여 노조관계자와 대학(원)생을 다수 포함시켰다.

설문조사는 2회에 걸쳐 실시되었는바 제1차 설문조사는 1999년 5월 1일부터 5월 31일까지 한 달간 실시하였으며 제2차 설문조사는 1999년 10월 11일부터 10월 24일까지 2주간 실시하였다. 설문지는 제1차 조사 시 총 1900부를 배부하였고 제2차 조사 시는 740부를 배부하였다. 공무원 집단과 시민집단 모두 방문, 조사 후 회수하는 것을 원칙으로 하였으나 경우에 따라 우편조사를 이용하였다.

조사대상지역은 대구·경북지역과 서울을 중심으로 한정하였는바 공무원의 경우 서울에 근무하는 중앙부처 공무원과 대구·경북지역에 근무하는

---

13) 시민들이 공무원 노동조합에 대한 인식을 중요한 요인으로 보는 학자는 Craig로서 그는 노사관계체제에 영향을 미치는 환경체제의 하나로 사회체제를 들고 사회체제에는 노사관계의 당사자들에게 영향을 미치는 사회적 구조와 여론의 압력을 들고 있다. A. J. Craig, A Framework the Analysis of Industrial Relations Systems, in B. Barrett, E. Rohdes & J. Beishon eds., *Industrial Relations & the Wider Society*, (London: Collier Macmillan, 1990), pp.29-31.

국가 및 지방공무원을 대상으로 조사하였고, 일반시민의 경우 대구·경북 지역에 거주하는 주민들을 대상으로 조사하였다.

이상 두 차례 설문조사의 결과는 SPSS program을 사용하여 분석·처리하였다. 특히 각 집단별 차이점을 비교·분석하고 각 직종별 특성을 파악하기 위하여 빈도분석(Frequency), 교차분석(Cross tabs), 분산분석(ANOVA) 등의 통계분석기법을 활용하여 분석하였다.

제3절 공무원 노동조합의 특성 및 기능

일찍이 웹(Webb)부부는 노동조합이란 '임금생활자가 근로조건을 유지·개선할 것을 목적으로 조직한 상시적 단체'라고 정의한 바 있다. 따라서 공무원 노동조합이란 '공무원들이 단결권의 주체로서 근로조건의 유지·개선 및 경제적·사회적 지위향상을 위하여 자주적으로 조직하는 단체 또는 그 연합체'라고 정의할 수 있다.14)

여기서 공무원 노동조합의 제일의 존립이유는 민간조동조합과 마찬가지로 공무원의 근로조건의 유지·향상에 있다고 할 수 있으나 공무의 특수성, 사회적 역할기대, 권력구조적 위상 등 실제 운영 면에서 공무원 노동조합은 민간노동조합과 비교되는 특성을 지니게 된다.15)

일반적으로 노동조합의 기능으로 경제적 기능, 공제적 기능, 정치적 기능 등을 들 수 있으나16) 여기서는 공무원 노동조합의 기능을 순기능적 측면과 역기능적 측면으로 나누어 간단히 살펴보기로 한다.17)

---

14) 오석홍, 「인사행정론」, 박영사, 1997, p.680.
15) 이러한 특성으로는 노사대항적 성격의 박약, 교섭의 관찰력 취약, 교섭력의 차이 부인 등을 들 수 있다.(오석홍, 전게서, p.686; 김치선, 노동법문제연구, 박영사, 1970, pp.32~33 참조)
16) 노동조합의 기능에 관한 상세한 내용은 김유성, 전게서, pp.51~52 참조.
17) Felix. A. Nigro & Lloyd G. Nigro, *The New Public Personnel Administration* (Itasca: F. E. Peacock Publishers, Inc. 1986), pp.140-154; O. Glenn, Stahl,

1. 공무원 노동조합의 순기능(eufunction)

1) 경제적·사회적 지위의 향상

공무원 노동조합은 관리층과의 교섭을 통해 공무원들의 근무조건과 지위 및 복지를 유지·향상시킴으로 그들의 경제적·사회적 지위를 향상시키는 기능을 한다.

국가공무원법 제46조는 "공무원의 보수는 일반의 표준생계비, 민간임금 기타 사정을 고려하여 직무의 난이도 및 책임의 정도에 상응하도록 계급별로 정한다."고 규정하고 있다. 따라서 공무원이라면 그들이 필요로 하는 최소한의 기본생계비는 보장 받아야 하며, 민간의 임금과는 원칙적으로 동등해야 할 것이다. 그럼에도 불구하고 우리나라 공무원의 보수증가율은 대체로 GNP상승률에 못 미치고 있다. 공무원의 보수수준이 표준생계비에도 미달하는 공무원이 상당수 있는 현실에서는 공무원의 사기향상을 기대하기 어려울 뿐만 아니라 부정부패의 유혹에 빠질 위험까지 있는 것이다.

따라서 공무원 노조가 결성된다면 기본생활의 보장으로 인한 사기향상과 함께 부정부패 방지에도 도움이 될 것이다.

또한 공무원 노동조합은 개별적인 감독자나 단위행정기관 또는 행정부 전체로서 결정을 내릴 수 없는 중요한 문제에 관하여 공무원들의 집합적인 의견을 정부 전체의 정책결정구조나 입법기관 등에 표시함으로써 공무원들에게 유익한 정책결정이나 입법을 유도할 수 있다.

2) 쌍방적 의사소통의 통로

관리층에서는 공무원 노동조합을 통하여 공무원들의 좋은 의견과 협조를 효과적으로 구할 수 있게 되고 공무원들 역시 노동조합을 통하여 자신

Public Personnel Administration, 7th edition, (New York: Harper & Row, 1983) pp.427-428: 오석홍, 전게서, pp.682-690: 박동서, 「인사행정론」, 법문사, 1998, pp.354-356 참조.

들의 의사나 주장을 집단적으로 관리층에게 전달할 수 있게 되어 결과적으로 조합원인 공무원과 관리층 간의 의사소통이 원활하게 이루어질 수 있다. 따라서 공무원 노조가 관리층과의 대화와 협상을 통하여 상호이해의 증진과 관리층의 권위주의적 횡포를 통제함으로써 대내행정의 민주화와 행정발전에 기여할 수 있게 된다.

Frederick C. Mosher는 공무원 노동조합의 기본이념으로 민주성을 강조한 바 있다. 공무원 노조는 자신에 관계되는 사항의 결정에 참여할 기회를 제공하여 주고, 또한 근무조건을 개선하여 인간의 존엄성을 실현시키기 때문이다.[18] 특히 우리나라는 전통적으로 가부장적인 신분관계로서 공무원관계를 인식하여 왔고 권위적인 상하관계를 형성하여 온 면이 있다. 능률적이며 효과적인 행정을 수행하기 위하여는 행정의 민주화가 선결조건이기 때문에 공무원 노동조합을 인정하여 민주적인 풍토를 조성하여야 할 것이다.

이렇게 되면 우리나라 행정문화 중 가장 고질적인 권위주의적 행정문화가 약화되면서 면종복배나 강자에게는 약하고 약자에게는 강한 비민주적 행태를 시정할 수 있을 것이다.

3) 사회적 욕구의 충족 및 사기향상

일선 공무원들에게 기관운영에 대한 소외감을 해소하고 나아가 조직에 대한 일체감과 사기제고를 통한 업무효율 증진 등을 기대할 수 있다.

또한 공무원 노동조합의 활동에 의하여 얻어지는 근무조건의 개선 등 공무원의 복지증진이나, 공무원 노동조합의 활동과정은 일반적으로 공무원들의 참여의식, 귀속감, 안정감, 성취감 등 사회적 욕구를 충족시키며 결과적으로 사기제고에 기여할 수 있으며 행정능률 향상에 도움을 줄 수 있다.

---

18) Frederick C. Mosher, *Democracy and the Public Service*, (N.Y.: Oxford Univ. Press, 1988), pp.199~201.

4) 실적주의의 강화

공무원의 지위는 그 성질상 정치적 영향을 받기 쉽다. 따라서 공무원 노동조합을 인정하여 정치적 영향력을 최소한으로 줄이고 공무원의 신분보장을 꾀할 필요가 있으며 이렇게 되면 인사행정의 기본이념인 실적주의의 확립에도 기여할 것이다.

이리하여 공무원 노조는 실적주의의 보호와 확립에 앞장섬으로써 인사행정발전과 공무원의 정치적 중립성 확보에 기여할 수 있다. 공무원 노조는 인사행정에 대한 정치의 개입을 배제하고 공무원의 중립성을 확보하는데 있어서 일종의 압력단체로서 강력한 영향력을 발휘할 수 있을 것이다.

실적주의는 공무원 노조활동과 대립되는 측면도 있지만[19] 상호조화를 이루고 있다. 초기에 일부 공무원 노조 지도자들은 실적제와 단체교섭은 양립할 수 없다는 인식하에 실적제를 신랄하게 비판하면서 이를 철폐하려고까지 하였으나, 현재는 이 두 제도가 양립할 수 있고 인사행정에서 오히려 상승효과를 기대하고 있는 경향이 있다. 그리하여 노동조합은 주로 경제적인 편익의 증진, 고충처리의 문제, 승진, 휴직, 전보, 교육훈련의 구체적인 측면에 협상의 초점을 두는 반면, 채용과 승진은 아직까지 실적제가 지배하고 있다.

---

19) 실적주의와 공무원 노조활동과 충돌하는 경우를 보면 다음과 같다. 첫째, 공무원 노동조합이 조합원의 수를 늘림으로써 관리층에 대한 교섭력 강화를 도모하는 shop제도는 신분보장 등을 내용으로 하는 실적주의 일반원칙과 정면으로 배치된다. 둘째, 승진기준에 대해서도 노동조합은 원칙적으로 연공서열(seniority) 기준을 우선할 것을 주장해 능력위주의 실적주의에 반하게 된다. 셋째, 실적주의는 "동일한 업무에 대한 동일한 보수(equal pay for equal work)"를 주된 보수 결정 원칙으로 통일적인 보수체계를 지향한다. 반면 공무원 노동조합은 다양한 단체별로 교섭내용에 따른 상이한 보수체계의 인정을 주장해 보수체계의 수립에 있어 상당한 갈등이 야기될 수 있다. 그러나 미국의 경우를 보면 단체협약의 내용이 공무원법을 침해하지 못하도록 하거나 충원(recruitment), 시험(examination)은 물론이고, 승진(promotion), 전근(transfer), 업적평가(performance appraisal) 등에는 노동조합의 참여를 제한하는 방식 등으로 균형을 도모하고 있다. G. B. Siegel & R. C. Mytle, *Public Personnel Administration*(Boston: Houghton Mifflin Company, 1985), pp.380~382 및 F. A. Nigro and L. G. Nigro, op. cit., p.124 참조.

결과적으로 실적제와 공무원 노조활동은 상호조화를 통하여 실질적으로 양자가 균형을 이루면서 운영되고 있으며, 그 구체적인 양상은 각 국가의 사정에 따라 다양하게 전개되고 있다. 실제로 공무원 노동조합이 행정개혁을 촉진하는 압력단체로 작용한 예도 적지 않다.[20]

5) 직업윤리의 확립

공무원 노조는 공무원들의 올바른 직업윤리 확립과 자질향상에 기여할 수 있다. 공무원 노조는 공무원들이 직업적인 행동규범으로부터 이탈되는 것을 막는 사회적 견제기능을 할 뿐만 아니라 나아가 조합원들의 직업윤리 확립과 자질향상을 위한 교화활동을 전개하기도 한다. 또한 부패방지를 위한 타율적인 통제보다는 전문직업화를 통한 자율적 통제가 가능하도록 해준다.

2. 공무원 노동조합의 역기능(dysfunction)

1) 관리층의 권한 약화

공무원 노동조합을 인정하면 관리층의 권한을 지나치게 제약하고 조합원의 이익, 경력위주의 인사, 능률급의 반대 및 신분보장만 강화시키려고 하고 이에 따라서 모든 인사조치를 객관화하여 관리층의 재량과 신축성을 제약하여 부하직원에 대한 통제와 행정능률의 향상이 어렵다는 주장이 있다.

그러나 관리층의 권한을 약화시켜 행정운영에 방해가 된다는 입장은 일견 그러한 면도 있겠으나 이는 어느 나라의 경우나 마찬가지이며, 근본적으로 공무원들의 사익과 공익의 조화에 대한 태도의 문제이지 민간부문의 근로자와 구별지어서 공무원 노조를 제약할 아무런 타당한 근거가 되지 못한다.

---

20) 오석홍, 전게서, p.683 참조.

2) 공무원 임금인상으로 인한 조세부담 증가

공무원 노조가 인정되면 공무원의 봉급이 인상되고 따라서 국민의 조세
부담이 증가하는 등 임금인상의 문제점을 지적하고 있지만, 이것이 곧 공
무원 노조를 인정할 수 없다는 논리적 근거는 되지 못한다. 공무원들도 인
간다운 생활을 할 권리가 있으며 따라서 보수증가로 인한 조세부담의 증가
가 불가피하다면 반대로 공무원의 서비스향상을 요구할 권한이 국민에게
주어지는 것이고, 특히 우리 사회에 만연된 부정부패로 인한 국민들의 손
해를 고려한다면 이는 감내해야 할 성질의 것이라고 본다. 공무원들의 근
무조건이 향상되어 경제적·사회적 욕구가 어느 정도 충족되고 공무원들의
사기가 향상되어 행정능률과 서비스가 개선된다면 오히려 바람직한 일이라
고 할 것이다.

3) 국가안보의 위태화

자본축적을 통해서 경제발전을 무엇보다 조속히 이룩하여야 하는데 이
에 역행한다는 것이며 또한 남북분단 상황하에서 사회혼란은 국가안보를
위태롭게 할 우려가 있다고 한다.

그러나 이러한 이유는 과거 권위주의 정권하의 성장일변도시대에나 제
기되는 것이고 공무원과 사기업체 직원과 구별해야 하는 이유가 될 수는
없다. 더구나 단체행동권까지 인정할 것인가 하는 문제는 별도의 문제인
것이다.

우리나라에 있어서 공무원 노조는 그 기능적인 측면에서 매우 긍정적인
역할을 수행할 수 있을 것으로 전망된다. 즉 우리의 고질적인 권위주의적
행정문화는 바로 공무원 노조를 통한 관리층과의 대화와 협상을 통하여 상
호이해의 증진과 관리층의 일방적 결정을 통제함으로써만 극복될 수 있을
것이다. 일방적인 의사결정이 지난날에는 당연시되었으나 이제는 쌍방협상

적인 의사결정이 보편적이고 합리적인 방법이 되고 있음을 인식하여야 할 것이다.

　요컨대 공무원 노조는 역기능보다 순기능적인 측면을 보다 더 많이 내포하고 있다고 하겠다.

제2장 공무원 노동기본권의 이론적 기초

제1절 서 설

1. 논의의 순서

공무원의 노동기본권에 관해 고찰하기 위해서는 무엇보다 먼저, 공무원의 근로자성 여부부터 살펴보아야 한다. 그것은 우리 헌법상 노동기본권의 주체를 근로자로 규정하고 있기 때문이다. 즉 우리 헌법 제33조 제1항은 "'근로자'는 근로조건의 향상을 위하여 자주적인 단결권, 단체교섭권 및 단체행동권을 가진다"고 규정함으로써 노동기본권의 향유주체를 근로자에 한정하고 있다.[1] 이 점은 1948년의 제헌헌법 이래 우리 헌법에서 일관되고 있는 태도이다. 그러므로 공무원이 노동기본권의 향유주체가 될 수 있는가는 우선 공무원이 헌법 제33조 제1항에서 말하는 근로자에 해당하는가에 달려 있다고 할 수 있다.

공무원의 근로자성이 인정되는 경우 다음으로 살펴보아야 할 것은, 공무원의 노동기본권에 관한 현행법규정이다. 즉 공무원의 노동기본권의 구체화를 법률에 위임하고 있는 헌법 제33조 제2항의 규정과 함께 관련 노동관계법과 공무원관계법을 살펴보아야 할 것이다. 그리고 현행법규정의 의의와 위치를 분명히 하기 위해서는 입법사적 관점에서 종래의 관련 법규정과 최근의 입법논의도 함께 살펴보는 것이 타당할 것이다.

그런데 전술한 바와 같이 현행법에서는 극히 일부분의 공무원을 제외한 대부분의 공무원에 대해 노동기본권을 인정하지 않고 있다. 그러므로 공무원의 노동기본권에 관한 현행법규정의 고찰 다음으로 필요한 작업은 공무

---

1) 이 점은 누구든지 직업적 또는 경제적 이익의 유지, 개선을 위하여 단결권(우리나라의 노동기본권: 필자주)을 가진다고 정하고 있는 독일 기본법 제9조 제3항과는 매우 대조적인 것이다.

원에 대한 노동기본권제한의 이론적 근거이다. 이에 대한 고찰은 현행법규의 타당성을 검토하는 준거가 될 수 있을 뿐만 아니라 동시에 향후 입법작업의 출발점이 될 수 있을 것이다.

한편, 이러한 제반 논의를 출발하기에 앞서 분명히 해야 할 것이 있다. 그것은 논의의 대상이 되는 공무원 및 노동기본권의 개념이다. 이들 두 개념은 논자에 따라 그 범주가 반드시 동일한 것은 아니기 때문에 본 연구의 목적하에서 두 개념의 범주를 명확히 하고 다른 논의를 시작하는 것이 올바른 태도일 것이다.

그러므로 이하에서는 공무원 및 노동기본권의 개념→공무원의 근로자성→공무원의 노동기본권에 관한 법규정→공무원 노동기본권제한의 이론적 근거의 순으로 논의를 전개하고자 한다.

2. 공무원의 개념

공무원은 다의적 개념으로서 일반적으로 말하여 국가 또는 지방자치단체의 공무담당자를 그 기관으로서의 지위를 떠나 파악하는 개념이다.[2] 이를 최광의, 광의, 협의의 개념으로 나누어 설명하면 다음과 같다.[3]

1) 최광의의 공무원[4]

최광의 공무원은 국가 또는 지방자치단체의 일체의 공무담당자를 말한

---

2) 박윤흔, 「최신 행정법 강의(하)」, 박영사, 1999, p.193; 김동희, 「행정법 Ⅱ」, 박영사, 1998, p.105.
3) 김도창, 「일반행정법론(하)」, 청운사, 1990, pp.216-217. 한편 공무원을 광의(일체의 공무담당자)·협의(국가 또는 공공단체와 공법상 근무관계를 맺고 공무를 담당하는 기관구성자)로 나누어 파악하는 견해도 있다.(김남진, 행정법 Ⅱ, 법문사, 1997, pp.192-193)
4) 최광의의 공무원을 직접 또는 간접으로 국민에 의해 선출되어 국가나 공공단체의 공무를 담당하고 있는 자를 포함하여 파악하는 견해도 있다.(홍정선, 행정법원론 Ⅱ, 박영사, 1997, pp.148-149)

다. 이러한 의미의 공무원은 사법상 계약, 특허, 사무위임, 법률규정 등에 의하여 국가 또는 지방자치단체의 기관을 구성하여 한정된 공무를 담당하거나 공무원으로 간주되는 私人과 국가 또는 지방자치단체와 광의의 공법상 근무관계를 맺고 공무를 담당하는 기관구성자를 포함한다.

2) 광의의 공무원

광의의 공무원은 국가 또는 지방자치단체와 광의의 공법상 근무관계를 맺고 공무를 담당하는 기관구성자를 말한다. 이러한 의미의 공무원에는 근무관계가 헌법에 직접 규정되어 근무관계적 기속을 적게 받는 국가의 최고 기관구성자(대통령, 국회의원) 기타 선거에 의해 취임하거나 임명에 있어서 국회의 동의를 요하는 정무직 공무원과 국가·지방자치단체의 기관구성자이면서 근무관계적 기속을 적게 받는 명예직 공무원(비상임헌법재판관, 선거관리위원, 교육위원, 지방의회의원) 그리고 국가 및 지방자치단체와 협의의 공법상 근무관계를 맺고 공무를 담당하는 기관구성자가 포함된다.

3) 협의의 공무원

협의의 공무원은 국가·지방자치단체와 특별행정법관계 즉 협의의 공법상 근무관계를 맺고 공무를 담당하는 기관구성자를 말한다. 협의의 공무원은 단순한 노무에 종사하는 자나 계약직원 등도 포함하고 있다. 그러나 정무직 공무원 등의 특수경력직 공무원은 포함하지 않는다.

본 연구에서는 노동기본권의 향유주체가 되는 공무원을 중심으로 연구하므로 공무원의 개념을 '협의의 공무원'의 개념으로 사용하고자 한다. 따라서 본 연구에서는 공무원의 개념을 국가 또는 지방자치단체와 특별행정법 관계를 맺고 공무를 담당하는 기관구성자로 한정하며 공무원법상의 즉 국가공무원법 및 지방공무원법상의 경력직 공무원이 주된 분석의 대상이 된다. 따라서 특수경력직 공무원은 제외하되 고용직 공무원은 전술한 바와 같이 포함한다.

34

3. 노동기본권의 개념과 내용

1) 노동기본권의 개념

오늘날 노동기본권이라는 개념은 우리나라 헌법학계 및 노동법학계에서 널리 사용되고 있으나[5] 그 개념 속에 포함된 내용은 반드시 같지는 않다. 노동3권과 근로권·생활권을 포괄하는 의미로, 또는 노동3권과 근로권을 포괄하는 의미[6]로 사용되는가 하면 노동3권만을 의미하는 것으로 사용되기도 한다.[7]

노동기본권에 노동3권 외에 생활권과 근로권을 포괄시키는 입장은 현실 사회에서의 노동기본권 담당자로서의 근로자계급을 고려하는 발상에서 비롯되었다. 노동기본권에 생활권을 포함시키지 않는 입장은, 생활권은 노동3권 및 근로권의 이념적 기초이며 또한 생활권은 근로자뿐만 아니라 국민대중을 대상으로 하는 보다 광범한 사회집단의 기본권으로 표상되어 사회보장제도·공중위생 등의 확보를 주요내용으로 하는 데 착안하는 것이다. 이 입장은 노동기본권을 '기본권의 주체'에 착안하여 '근로자의 기본적 인권'으로 파악하므로 '노동'에 착안하여 '노동의 기본권'으로 보는 측과는 견해를 달리한다.[8]

요컨대 역사적으로 생활권·근로권·노동3권은 그 역사적 성격 및 사회적 기반을 같이 하는 것이면서, 또한 생활권은 근로권·노동3권의 이념적 기초로 되어 있다고 할 수 있다. 그리하여 이러한 권리들을 포괄하는 개념으로서는 노동기본권이라기보다는 생활권적 기본권 또는 사회적 기본권이라는 용어로서 표현하는 경향이 더 지배적이다. 현대시민경제사회에서 새

---

5) 김철수, 전게서, pp.447-453; 권영성, 전게서, pp.586-589; 허영, 전게서, pp.467-489; 구병삭, 전게서, pp.635-637; 김형배, 전게서, pp.131-141; 김치선, 「노동법강의」, 박영사, 1997, pp.131-133; 이을형, 「노동법」, 대왕사, 1998, pp.99-103; 이상윤, 「노동법」, 법문사, 1999, pp.51-52; 이병태, 「최신노동법」, 현암사, 1998, pp.61-64.
6) 구병삭, 전게서, p.635; 이상윤, 상게서, p.51.
7) 신인령, 전게서, pp.1-3 참조.
8) 신인령, 전게서, pp.1-4; 허영민, 전게논문, pp.21-23 참조.

로 등장한 이들 권리가 경제적 약자층의 생존을 확보하기 위한 기본권이라는 점에 착안하여 근대 시민경제사회의 기본권의 중핵을 이루던 '자유권적 기본권'과 대비하는 관점에서 '생활권적 기본권'이라 부르고 또 그것은 근로자의 경제적·사회적 지위향상을 위한 기본권이라는 의미에서 '사회권적 기본권'이라 부르기도 한다.9)

우리의 실정헌법상 보장형식에서 보면 생활권: 인간다운 생활의 보장권(제34조), 근로권: 일자리 및 일할 조건보장권(제32조), 등으로 나타나 있으며 생활권·근로권은 '모든 국민'을 권리주체로 하는 형식을 취하였고, 노동3권은 '근로자'만을 권리주체로 명시하여 정하고 있다. 또한 생활권·근로권을 예정하고 있는 것인 데 비하여 노동3권은 근로자 스스로 전개하는 생존확보활동을 국가가 탄압하지 않고 나아가 자본가의 침해로부터 적극적으로 보호해 줌으로써 실현되는 것이다. 한편 생활권은 임금근로자로서의 자본가와의 결합을 전제로 하지 않는 점에서 그것을 전제로 하는 근로권·노동3권을 내포하는 것으로 봐야 하는 것이지만, 그 가운데 보다 기본적인 내용은 역시 근로자 스스로의 생활방위권인 노동3권이라 할 것이다. 그러므로 좁은 의미에서는 노동3권만을 노동기본권이라 할 수 있다.10)

근로자의 기본권을 '기본적 인권'인 성격을 강조하여 논리를 전개하려 할 경우 그것은 노동기본권이라 부르는 것이 명확하기 때문에 이 연구에서는 노동기본권개념이 하나의 중심적 용어로서 사용되고 그 내용으로 포괄하는 것은 근로자의 자주적인 단결활동권인 노동3권에 국한하기로 한다.11)

---

9) 권영성, 전게서, pp.552-562: 구병삭, 전게서, pp.603-611.
10) 신인령, 전게서, pp.3-4: 이을형, 전게서, p.99 참조.
11) 법이론상 노동기본권이라고 할 때에는 생활권·근로권·결사권·단체교섭권·단체행동권 및 경영참여권 등 여섯 가지 기본권을 포괄하는 경우가 있다는 견해가 있는바 먼저 「생활권」은 헌법 제32조 제1항에 「모든 국민은 인간다운 생활을 할 권리를 가진다.」고 규정된 것이나. 이 헌법 제32조 제1항은 근로자를 대상으로 한 규정이 아니고 「국민」 전반을 대상으로 한 규정이므로 이를 노동기본권이라고 부르는 것은 부당하다고 한다. 물론 헌법 제32조도 제1항에서 「모든 국민은 근로의 권리를 가진다」고 규정하고 헌법 제32조 제2항은 「모든 국민은 근로의 의무를 진다」고 규정함으로써 근로권에 관한 헌법 제32조가 마치 국민 전반

2) 노동기본권의 내용

이상과 같은 의미에서의 노동기본권은 근로자의 인간다운 생활의 보장이라는 견지에서 경제적 약자인 근로자에 대해서 실질적 자유와 평등을 확보하기 위한 수단으로 보장된다. 우리 헌법도 제33조 제1항에서 "근로자는 근로조건의 향상을 위해 자주적인 단결권·단체교섭권 및 단체행동권을 가진다"라고 하여 단결권·단체교섭권 및 단체행동권을 독립한 기본권으로서 보장하고 있다. 이 규정은 일반국민의 집회·결사의 자유와는 달리 근로자의 단결권·단체교섭권을 포함한 단체행동권을 보장한 것이다.12)

이하에서는 이러한 단결권, 단체교섭권 및 단체행동권의 의미, 즉 이 연구에서 상정하고 있는 노동기본권의 의미에 대해 간략하게 살펴보기로 한다.

(1) 단결권

단결권은 근로자가 근로조건을 유지·개선할 것을 주목적으로 하여 일시적 또는 계속적인 단결체를 결성·가입하거나 이를 운영할 수 있는 권리를 말한다. 주로 노동조합의 결성·운영권이나 일시적인 단체의 결성·운영권을 포함하는 것으로 해석되고 있다.13) 우리나라 헌법에는 '단결' 개념14)에 대한 특별한 규정은 없고, 단지 헌법 제33조에 "근로자는 근로조건

을 대상으로 하는 규정인 것 같이 보일 수 있으나, 그러나 헌법 제32조가 근로자를 대상으로 하는 규정인 것은 명백하다. 우리나라 헌법 제34조의 생활권 규정과는 대조적으로 1947년의 이태리 헌법 제36조와 같은 경우에서는 「근로자는 자기의 노동의 양 및 질에 상응하고 또한 어떠한 경우에도 자기 및 그 가족에게 자유롭고 상당한 생활을 보장하는 데 충분한 보수를 받을 권리를 가진다」고 규정하고 있다. 이러한 이태리 헌법 제36조가 규정하는 생활권은 노동기본권의 일종으로 보장한 것이라고 보아도 좋을 것이다. 노동3권은 노동기본권의 핵심적 영역이며, 다음 경영참가권에 관해서는 1919년의 독일 바이마르 헌법 제165조, 1946년의 프랑스 제4공화국 헌법 전문, 전술한 이태리 헌법 제46조 등이 한결같이 경영참가권을 헌법상 기본권으로 보장하고 있으나 독일 기본법, 일본헌법 및 우리나라 헌법은 아무런 규정을 두고 있지 않다.(허영민, 전게논문, p.22 참조)

12) 김유성, 「노동법 Ⅱ」, 법문사, 1999, p.21; 김형배, 전게서, pp.141-142; 이을형, 전게서, pp.106-107; 이병태, 전게서, pp.61-65; 임종률, 「노동법」, 박영사, 1999, p.14.

13) 菅野和夫, 전게서, pp.19-20.

의 향상을 위하여 자주적인 단결권·단체교섭권 및 단체행동권을 가진다"
고 정한 데 불과하다.

결사의 자유와 관련하여 헌법 제21조는 국민 일반에 대하여 결사의 자유를
보장하고 있으나 헌법 제33조에서는 근로자에 대하여서만 단결권을 보장하고
있다. 여기서 결사의 자유와 단결권의 관계에 대하여 단결권은 광의의 결사의
자유에 포함된다는 견해와 전혀 별개의 기본권이라는 견해의 대립이 있으나
후자가 통설이다. 이것은 근로자가 단결함으로써 사용자와 대등한 입장에서
단체교섭을 통하여 근로조건의 유지·개선을 도모하고, 근로자가 인간다운
생활을 할 수 있도록 보장하려는 것이기 때문이다. 따라서 헌법 제21조의 결
사의 자유와 헌법 제33조의 단결권은 그 본질이 다르며 그 보장의 역사적 배
경과 성격 및 법적 효과에 있어서도 전혀 이질적인 것이라 하겠다.

단결권은 근로자가 단결함으로써 사용자와 대등한 입장에 서는데 그 취
지가 있다. 여기서 단결권의 보장에는 결사의 자유와는 달리 단결하지 않
는 권리 즉 소극적 단결권이 포함되는가에 대하여 학설의 대립이 있으나
단결하지 아니할 자유는 단결권 보장의 취지에 비추어 볼 때 소극적 단결
권으로서가 아니라 일반적 행동의 자유로 파악하는 것이 타당하다고 본
다.[15] 따라서 노동조합은 유니온 샵(union shop)제 등의 조직강제에 의해
어느 한도에서 근로자의 노동조합에의 가입을 강제할 수 있다.[16] 이를 실
현하기 위하여 노동조합은 다른 단체와 마찬가지로 구성원인 조합원에 대

---

14) 단결권에 관해서는 이를 협의의 단결권과 광의의 단결권의 두 가지 의미로 파악
   할 수 있는데 협의의 단결권은 단체교섭권 및 단체행동권과 일단 분리해서 생각
   할 수 있는 것으로서 근로자가 사용자 또는 사용자단체에 대항하여 이와 대등한
   지위에 서서 근로조건의 유지·개선 기타 근로자의 경제적·사회적 지위의 향상
   을 도모하기 위해서 단결할 수 있는 권리를 말한다. 광의로는 단체교섭권·단체
   행동권을 포함하는 권리, 즉 단결활동권(노동3권)으로 이해된다. 우리 헌법 제33
   조의 단결권은 전자의 의의로 파악되고 있다.(김치선, 전게서, p.147 참조)
15) 소극적 단결권에 대한 학설대립의 상세한 내용은 김유성, 전게서, pp.27-30: 이
   상윤, 전게서, pp.66-68 참조.
16) 김유성, 전게서, pp.28-30, 이을형, 전게서, 1998, pp.201-203: 김형배, 전게서,
   p.154.

하여 통제권을 행사할 수 있다.

헌법 제33조의 단결권 보장은 대국가적 효력뿐만 아니라 對私人的 효력도 있으므로 근로자의 단결활동을 국가의 침해행위로부터 보장함과 동시에 사인, 특히 사용자의 침해행위도 방지하는 것이다. 따라서 단결활동을 제한 금지하는 입법·행정처분은 무효로 되는 외에 이를 제한 금지하는 계약도 무효이며, 사용자가 노동조합의 결성 및 조합에의 가입을 방해하든지, 조합활동에 개입하는 행위는 부당노동행위에 해당하는 것으로서 이에 대해서는 제재와 구제가 인정된다.(노동조합 및 노동관계조정법 제83조 - 제85조).

(2) 단체교섭권

단체교섭권은 근로자가 근로조건을 유지·개선하기 위하여 노동조합 기타 단결체의 대표자를 선출하여 사용자 또는 사용자단체와 집단적으로 교섭할 수 있는 권리를 말한다. 광의로는 단체교섭의 결과 합의된 사항을 단체협약으로 체결할 권리도 포함한다.[17] 단체교섭권을 단결권 및 쟁의권과 명시적으로 구별하여 헌법상 노동기본권의 하나로서 보장하는 나라는 많지 않다.[18] 후술하는 바와 같이 ILO 제98호 협약과 제154호 협약은 노사 간에 자율적인 교섭의 개발 및 이용을 장려하고 촉진해야 할 의무를 과하고 있다. 이러한 단체교섭권은 근로자의 단결에 따른 조직력을 배경으로 하여 근로자 개인으로서는 획득할 수 없는 유리한 내용의 단체협약을 사용자와의 평화적 교섭에 의해 체결하는 것을 목적으로 하는 것이다. 따라서 단체교섭권의 보장은 노동조합의 목적활동의 자유를 보장한 것이라고 할 수 있다.

단체교섭권의 효과로서 근로자가 노조를 조직하여 사용자와 단체교섭을 함에 있어 국가가 이에 부당하게 방해하거나 간섭을 가하는 것이 허용되지 않는다는 것은 단결권의 경우와 동일하다. 또한 단체교섭권의 행사는 헌법상 보장되어 있는 권리의 행사이기 때문에 불법행위나 범죄가 되는 일은 없다(민·형사면책). 또한 사용자가 근로자의 단체교섭 요구에 정당한 이유 없이 거부할

---

17) 임종률, 전게서, p.20.
18) 후술하는 바와 같이 독일, 프랑스 등은 별도로 규정하고 있지 않다.

경우에는 단체교섭권의 침해로 보고서 현행법은 사용자의 단체교섭 거부를 부당노동행위(노동조합 및 노동관계조정법 제81조)의 하나로서 금지함으로써 단체교섭권의 실현을 도모하고 있다. 그러나 사용자도 단체교섭에 있어서 성의를 갖고 이에 대응할 의무(성실교섭의무)를 지지만 노조 측의 요구를 수용하여 단체협약을 체결할 의무까지 사용자가 지는 것은 아니다.(노조법 제2조 제6호, 제46조)

(3) 단체행동권

단체행동권이라 함은 근로자가 근로조건 등에 관한 자신의 요구를 관찰하기 위하여 동맹하여 행동하는 것을 보장하는 권리이다. 구체적으로는 쟁의권과 조합활동권을 말한다. 일부에서는 단체행동권이란 쟁의권을 말하는 것이라고 좁게 해석하는 경우도 있으나 조합활동권도 당연히 여기에 포함된다고 본다.[19]

단체행동권의 성질은 기본적으로 면책권이며 정당한 쟁의행위와 조합활동에 의하여 야기된 결과에 대한 책임(민·형사책임)으로부터 면제를 의미하는 것이다(노동법 제3조, 제4조). 또한 정당한 단체행동에 참가한 것을 이유로 해고하거나 불이익 취급하는 것은 단체행동권침해로서 금지된다(노조법 제81조 제5호).

(4) 노동3권의 상호관계

노동기본권, 즉 단결권·단체교섭권 및 단체행동권은 다같이 근로자의

---

19) 단체행동권은 「쟁의권」과 「조합활동권」의 2종류의 권리내용으로 되어 있다. 즉, 쟁의권은 일정범위 내에서의 행위(근로자의 요구를 관철하기 위하여 업무의 정상적 운영을 저해하는 압력행동 즉 파업·태업·피켓팅·직장점거 등의 쟁의)의 법적보장을 내용으로 하는 권리이며, 조합활동권은 쟁의행위 및 단체교섭 이외의 단결체의 행동(예컨대, 리본착용, 유인물배포, 집회, 연설 등으로 업무의 정상적 운영을 저해하지 않는 방식으로 사용자 또는 제3자에 대한 정보선전활동)을 일정한도에서 보장하는 권리로 구분된다.(菅野和夫, 전게서, p.26; 김유성, 전게서, pp.31-32; 이을형, 전게서, p.119; 김형배, 전게서, p.621; 대판 1990. 5. 15, 90도 357 참조)

생존확보를 목적으로 하는 생활권적 기본권으로서 이 3자는 밀접·불가분의 상호관계를 가지고 있다.[20)

노동기본권 중 가장 근원적인 것은 근로조건의 유지·개선을 추구하는 주체인 근로자단결체를 결성할 수 있는 권리 즉 단결권이다. 그러나 노동기본권의 보장은 궁극적으로 근로자와 사용자 또는 사용자단체와의 단체교섭을 유리하게 전개하기 위해 인정된 것이므로 단체교섭은 근로자단결체의 목적활동이라 할 수 있고 따라서 단결권과 단체교섭권을 분리해서 생각할 수는 없다.[21)

한편 근로자단결체가 단체교섭에 의하여 소기의 목적을 평화적으로 달성할 수 없는 경우에는 단체행동권의 행사라는 압력행동을 통하여 그 주장을 관철하지 않으면 안 된다. 그러므로 단결권·단체교섭권 및 단체행동권은 서로 유기적인 관련을 맺고 있는 상호의존적인 권리로서 단체교섭권이나 단체행동권이 없는 단결권 혹은 단체행동권이 없는 단체교섭권이란 진정한 의미의 단결권 혹은 단체교섭권이라고 할 수 없을 것이다.[22)

---

20) 김치선, 전게서, p.146; 권영성, 전게서, pp.588-589; 김형배, 전게서, pp.142-143; 이병태, 전게서, p.52.
21) 有泉亨, 「勞働基本權の 構造」, 基本的人權 5, 동경대학 사회과학연구소 편, 1976, p.170; 허영민, "공무원의 노동기본권론", 「공법이론의 현대적과제」, 구병삭 박사 정년기념논문집, 1991, p.719; 김치선 전게서, p.146; 김형배, 전게서, p.143; 이을형, 전게서, p.101.
22) 권영성, 전게서, p.589; 김치선, 전게서, p.146; 김형배, 전게서, p.143; 허영민, 전게논문집, p.720; 대판 1990. 11. 7, 89도 1579 참조. 김유성 교수는 노동3권의 상호관련성에 대하여 어느 하나의 권리가 다른 권리에 의하여 정당성이 규정되는 적극적 의미의 개념이 아니라 생활권이념의 실현을 위하여 노동3권 중 어느 하나라도 결여되어서는 안 된다는 소극적 의미로 파악하는 것이 타당하다고 한다.(김유성, 전게서, pp.32-33 참조)

제2절 공무원의 근로자성(勤勞者性)

1. 노동기본권 주체로서의 근로자

전술한 바와 같이 현행헌법 제33조 제1항은 "근로자는 근로조건의 향상을 위하여 자주적인 단결권·단체교섭권 및 단체행동권을 가진다"고 규정하여 노동기본권의 향유주체를 근로자로 한정하고 있다. 그러므로 공무원이 노동기본권의 향유주체가 되기 위해서는 우선 헌법 제33조 제1항에서 말하는 근로자에 해당하여야 할 것이지만, 그에 앞서 명확히 해야 할 것은 헌법 제33조의 근로자의 의미를 밝히는 것이다.

그런데 노동관계법에서는 각 법규의 보호대상 또는 규율대상으로서 '근로자'를 정하고 있지만 그 범위는 반드시 동일하지는 않다. 예를 들어 근로기준법(이하 '근기법'이라 한다)에서는 "이 법에서 근로자라 함은 직업의 종류를 불문하고 사업 또는 사업장에 임금을 목적으로 근로를 제공하는 자"(제14조)로 정의하고 있고, 노동조합 및 노동관계조정법(이하 '노조법'이라 한다)에서는 "근로자라 함은 직업의 종류를 불문하고 임금·급료 기타 이에 준하는 수입에 의하여 생활하는 자"(제2조 제1호)로 정의하고 있다. 그렇다면 헌법 제33조 제1항상의 근로자란 어떤 범주의 자인가?

이에 관해서는 명문의 규정이 없다. 그러나 종래 우리 헌법재판소는 '사립학교법 제55조 등에 관한 위헌심판의 결정'[23]에서 이에 관한 의견을 밝힌 바 있다.

먼저 다수의견과 재판관 김양균의 반대의견은 헌법 제33조상의 근로자를 여러 노동법규의 규정들을 종합적으로 고려하여 결정하여야 한다고 하였다. 즉 "우리 헌법은 노동3권의 향유주체를 '근로자'로 명시하고 있는데 다른 기본권이 대부분 '모든 국민'을 그 향유주체로 하고 있는 점과 대비해 볼 때 적어도 그 범위가 모든 국민보다 좁은 것은 명백하지만 적극적으로 그 개념정의를

---

23) 헌재 1991. 7. 22. 89헌가 106 결정.

하고 있지는 않기 때문에 헌법의 위임을 받은 하위법률에 의거하여 그 개념을 파악할 수밖에 없는 것이다. 근기법(제14조)이나 직업훈련기본법(제2조 제2호), 노조법(제4조) 등에서 근로자에 대한 개념정의 규정을 찾아 볼 수 있는데, 근기법은 「직업의 종류를 불문하고 사업 또는 사업장에 임금을 목적으로 근로를 제공하는 자」라고 하고 있고, 직업훈련기본법은 「사업주에 고용된 자와 취업할 의사를 가진 자」라고 하고 있고, 노조법은 「직업의 종류를 불문하고 임금, 급료 기타 이에 준하는 수입에 의하여 생활하는 자」라고 하고 있다. 이상의 법률에서의 근로자의 개념정의를 종합해보면, 근로자라 함은 첫째, 직업의 종류를 불문하고, 둘째, 근로를 제공하고, 셋째, 그 대가로 받는 임금, 급료, 기타 이에 준하는 수입으로 생활하는 자를 의미한다고 할 것"24)이라고 하였다.

이에 반해 재판관 변정수의 반대의견은 "헌법 제33조 제1항이 규정한 노동3권의 향유주체로서의 근로자란 노조법 제4조가 규정하고 있듯이 직업의 종류를 불문하고 임금, 급료 기타 이에 준하는 수입에 의하여 생활하는 자를 말"25)한다고 하였다.

필자는 헌법 제33조상의 근로자 개념은 노조법상의 그것과 같다고 본다. 그것은 노조법이 헌법 제33조상의 노동3권의 보장을 구체화하고 실효화하기 위한 기본법이라는 점에서 분명히 드러난다(노조법 제1조 참조). 또한 노조법상의 정의가 상당히 광범위한 것이어서 헌법 제33조상의 근로자에게 특별한 제한을 부여하고 있지 않으며, 또한 양자를 구별해야 할 특별한 요소가 보이지 않는다는 것도 이유가 될 것이다. 대부분의 헌법학자들 역시 양법상의 근로자 개념이 동일하다26)고 보고 있고 노동법학자들 역시 헌법 제33조에서 말하는 근로자는 단결권의 주체를 말하는 것27)이라고 하여 양

---

24) 동 결정문, pp.73-74.
25) 동 결정문, p.107.
26) 김철수, 전게서, p.525; 권영성, 전게서, p.551 등. 그리고 경제적으로 약자일지라도 자신의 재산으로 생업을 영위하는 자(이를테면 소농, 영세어민, 소상공업자 등)가 헌법 제33조상의 근로자에 해당하는가에 대해서는 모두 이를 부정하고 있다(김철수, p.526; 권영성, 전게서, p.551; 구병삭, 전게서, p.565; 허영, 전게서, p.484).
27) 가령 백재봉, "근로자의 개념과 조합가입자격", 법정, 1977. 8, p.165 등.

자가 동일하다는 것을 전제하고 있다.[28]

2. 공무원의 근로자성

노동3권의 주체로서 근로자란 노조법 제2조 제1호에서 말하는 근로자라고 할 때, 공무원은 여기에 속한다고 볼 수 있는가.

노조법 제2조 제1호의 근로자 정의규정에서 밝히고 있는 근로자의 요소를 보면, 첫째, 직업의 종류를 불문한다는 것과, 둘째, 임금·급료 기타 이에 준하는 수입에 의하여 생활한다는 것 두 가지이다. 이 두 가지를 공무원에 대입하여 보면 다음과 같다.

첫째, 직업의 종류를 불문하기 때문에 계약상대방이 사인이든 국가 등 공공기관이든 상관없고 또한 사법적 계약에 기한 것이든 공법적 계약에 기한 것이든 상관없다. 따라서 공무원이라고 하여 노조법상 근로자에서 배제될 이유가 없다.

둘째, 임금·급료 기타 이에 준하는 수입에 의하여 생활한다는 것인데, 공무원도 임금에 의하여 생활하는 자라는 점은 부정할 수 없다.

요컨대 공무원은 노조법 제2조 제1호상의 근로자에 해당한다고 할 것이다.[29] 이렇게 보는 것은 헌법재판소나 판례에 있어서도 마찬가지이다. 예를 들어 헌법재판소는 "공무원은 임명주체 등에 따라 국가공무원과 지방공무원으로 대별되고, 이들은 각각 다시 일반직·특정직·기능직으로 세분되는 경력직 공무원과 정무직·별정직·전문직·고용직으로 세분되는 특수경력직 공무원으로 구분된다(국가공무원법 제2조, 지방공무원법 제2조 참조). 일반적으로 말하여 공무원이란 직접 또는 간접적으로 국민에 의하여 선출 또는 임용되어 국가나 공공단체와 공법상의 근무관계를 맺고 공공적 업무를 담당하고 있는 사람들을 가리킨다고 할 수 있고, 공무원도 각종 노무의 대가로 얻는 수입에 의존하여 생활하는 사람이라는 점에서는 통상적인 의

---

28) 이상 강성태, "근로자의 개념", 서울대학교 박사학위논문, 1994, p.161 이하 참조.
29) 국내에서는 공무원의 근로자성을 인정하는 데 학설은 일치하고 있다.

미의 근로자적인 성격을 지니고 있으므로(근로기준법 제14조, 제16조, 노동
조합법 제4조 등 참조) 헌법 제33조 제2항 역시 공무원의 근로자적 성격을
인정하는 것을 전제로 규정하고 있다"[30]고 하여 공무원의 근로자성을 인
정하고 있다. 판례 역시 공무원은 근로기준법상의 근로자에 해당함을 인정
함으로써[31] 노조법상 근로자에도 당연히 해당된다고 보고 있다.

한편, 공무원의 근로자성은 사실 현행법규정에서도 당연한 것으로 전제
하고 있다. 예를 들어 헌법 제33조 제2항에서는 "공무원인 근로자는 법률
이 정하는 자에 한하여 단결권, 단체교섭권 및 단체행동권을 가진다"고 규
정함으로써 공무원의 근로자성을 전제로 하고 있고, 노조법 제5조 역시 단
서에서 "공무원과 교원에 대하여는 따로 법률로 정한다"고 하여 공무원의
근로자성을 전제하고 있다.

제3절 공무원 노동기본권에 관한 법규정

1. 개 설

공무원의 노동기본권에 관해서는 헌법을 비롯한 다양한 법령에서 규정
을 두고 있다. 헌법은 제33조 제2항에서 공무원은 법률이 정하는 자에게만
노동3권이 보장된다고 규정하고 있고, 이를 근거로 관련법령에서는 사실상

---

30) 헌법재판소 1992. 4. 28. 전원재판부 결정, 90헌바 27 등 다수.
31) 가령 대법원 제1부 1996. 4. 23 선고, 94다 446 판결은 "공무원도 임금을 목적
   으로 근로를 제공하는 근로기준법 제14조 소정의 근로자라 할 것이어서, 공무
   원연금법, 공무원보수규정, 공무원수당규정 등에 특별한 규정이 없는 경우에는,
   공무원에 대하여도 성질에 반하지 아니하는 한 원칙적으로 근로기준법이 적용
   되는 것이므로(대법원 1987. 2. 24. 선고, 86다카 1355 판결: 1987. 3. 24. 선고,
   86다카 1314 판결 등 참조), 국가의 부당한 면직처분으로 인하여 공무원이 그
   의사에 반하여 근로를 제공할 수 없는 경우 공무원의 최저생활을 보장할 필요
   성은 사기업의 근로자와 동일하므로 근로기준법 제38조는 공무원에게도 적용
   된다"고 하였다.

노무에 종사하는 일부의 공무원과 교육공무원(교원)에 대해서만 노동3권 또는 단결권·단체교섭권을 보장하고 있다. 이에 따라 대부분의 공무원은 국가공무원법 등에 의해 노동3권 전부가 부인되고 있다.

이하에서는 이러한 현행법규정의 내용과 역사적 변천과정을 간략하게 고찰한 후, 최근에 논의되고 있는 공무원의 노동기본권 보장과 관련된 입법논의를 살펴보고자 한다.

2. 헌법상의 규정

(1) 노동3권의 보장과 관련된 현행헌법 규정을 보면, 제33조 제1항에서 근로자의 노동3권을 규정하는 한편, 동조 제2항에서는 공무원에 대해 '법률이 정하는 자'에게 노동3권이 보장된다고 규정하고 있다. 이 규정에 의하면 공무원은 법률에서 정하는 자에게만 노동3권이 인정될 수 있고, 그렇지 않은 공무원은 노동3권 전체가 부인될 수 있다는 취지이다.

(2) 1948년 제헌헌법은 "근로자의 단결·단체교섭과 단체행동의 자유는 법률의 범위 내에서 인정된다"(제18조 제1항)고 규정함으로써 공무원에 대한 별도의 제한규정을 두고 있지는 않았다. 그러므로 헌법규정만으로 본다면 공무원에 관한 제한이 없었다고 할 수 있다. 이런 사정은 1962년 개정헌법 전까지 유지되었다.

1962년 개정헌법에서는 "공무원인 근로자는 법률로 인정된 경우를 제외하고는 단결권·단체교섭권 및 단체행동권을 가질 수 없다"라고 규정하여(제29조) 개별유보가 있는 방식으로 공무원에 관한 제한을 명시하였다. 이런 태도는 기본적으로 현행헌법(1987년 개정헌법) 시까지 유지되었다.

(3) 현행헌법은 1962년 개정헌법의 "…… …… 인정된 경우를 제외하고는 …… …… 가질 수 없다"는 규정형식을 "…… …… 한하여 …… …… 가진다"는 방식으로 바꾸었다. 이러한 규정형식은 공무원의 노동3권에 대하여 소극적으로 그 '제한'범위를 정하는 형태가 아니라 적극적으로 그 '허

용·범위를 규정하려는 형태를 취하는 것으로, 이로 인해 공무원의 노동3권의 제한은 보다 용이하게 하게 되었다고 할 것이다.[32]

3. 관련 법률상의 규정

(1) 공무원의 노동기본권에 관하여는 상당수의 관련 법률규정이 존재한다. 우선 노조법 제5조는 「근로자는 자유로이 노동조합을 조직하거나 이에 가입할 수 있다. 다만, 공무원과 교원에 대해서는 따로 법률로 정한다」라고 하여, 공무원의 노동기본권에 대해서는 별도의 법률에서 정하도록 하고 있다. 이에 따라 일반공무원과 교원인 공무원은 각각 별개의 법률에서 노동기본권에 관하여 규율되고 있다.

(2) 먼저 일반공무원의 노동기본권에 관한 기본적인 규정은 국가공무원법 제66조 제1항 및 지방공무원법 제58조 제1항이다.[33] 양 규정은 공히 "공무원은 노동운동 기타 공무 이외의 일을 위한 집단적 행위를 하여서는 아니 된다. 다만, 사실상 노무에 종사하는 공무원은 예외로 한다"라고 규정하고 있다. 여기서 '노동운동'이라 함은 노동기본권 보장활동, 즉 '근로조건의 향상을 목적으로 하는 노동조합 결성행위 및 그 활동'을 의미한다고 해석되고 있으므로, 결과적으로 일반공무원에게는 단결권, 단체교섭권, 단체행동권 전부가 부정된다.

(3) 예외적으로 노동기본권이 허용되는 '사실상 노무에 종사하는 공무원'의 범위에 대하여는 '국회규칙, 대법원규칙 또는 대통령령'에 위임하고 있다(국가공무원법 제66조 제2항).

이에 근거하여 대법원규칙은 '기능직 공무원 및 고용직 공무원'(법원공무원규칙 제91조)을, 대통령령은 '기능직 및 고용직 공무원으로서 정보통신

---

32) 이철수·강성태, 「공공부문의 노사관계법」, 한국노동연구원, 1998, pp.24-25 참조.
33) 이하 일반공무원의 노동기본권 관련 규정의 내용은 이철수·강성태, 전게서, pp.26-27 참조.

부 및 철도청 소속의 현업기관과 국립의료원의 작업현장에서 노무에 종사하는 자'(공무원복무규정 제28조)를 사실상 노무에 종사하는 공무원으로 규정하고 있다. 반면 국회공무원의 경우에는 국회규칙에 해당하는 국회공무원 복무규정에서 유사한 규정을 두고 있지 않으며, 헌법재판소 공무원규칙은 대통령령인 공무원복무규정을 준용하고 있다(제2조 참조). 사실상 노무에 종사하는 지방공무원의 범위에 대하여는 조례로 정한다(지방공무원법 제58조 제2항).[34]

한편, 구노동쟁의조정법 제12조 제2항은 사실상 노무에 종사하는 공무원의 쟁의행위를 금지하고 있었다. 즉 동조는 '국가·지방자치단체에 종사하는 근로자'의 쟁의행위를 금지하였다. 그런데 이에 관해서 헌법재판소는 헌법불합치(憲法不合致) 결정을 내림으로써,[35] 실효되었다.[36]

(4) 교원인 공무원의 노동기본권에 관해서는 1999. 1. 29. 제정된 「교원의 노동조합설립 및 운영 등에 관한 법률」(법률 제5727호: 1997. 7. 1. 시행. 이하 '교원노조법'이라 한다)이 규정하고 있다. 교원노조법은 교육관계

---

34) 공무원복무규정과 법원공무원규칙이 정하는 사실상 노무에 종사하는 공무원에 해당하는 자 중에서도, '서무·인사 및 기밀업무에 종사하는 자', '경리 및 물품 출납사무에 종사하는 자', '노무자의 감독사무에 종사하는 자', '보안업무규정에 의한 보안목표시설의 경비업무에 종사하는 자', '승용자동차의 운전에 종사하는 자'는 사실상 노무에 종사하는 자의 범위에서 다시 제외되고 있다(공무원복무규정 제28조 등 각 조항 단서 제1호에서 제5호).

35) 헌법재판소 1993. 3. 11. 결정 88헌마 5 노동쟁의조정법에 관한 헌법소원: 「헌법재판소판례집」, 제5권 1집(1993), pp.59-91.

36) 노동쟁의조정법 제12조 제2항이 모든 공무원에 대하여 단체행동권을 근본적으로 일률적으로 부인하는 것은 일정범위의 공무원에 대하여 단체행동권을 인정하도록 규정한 헌법 제33조 제2항과 충돌하고 저촉되는 것이지만, 헌법 제33조 제2항의 규정은 일부 공무원에게는 단체행동권을 주지 않는다는 것도 전제하고 있으므로 합헌적인 면도 포함되어 있다. 따라서 위 법률조항은 위헌선언을 하여 무효화시킬 법률이 아니고 앞으로 현행헌법과 충돌됨이 없이 합헌상태가 되도록 고쳐져서 재정비되어야 할 규정이다. 그리고 어느 범위의 공무원에 대하여 쟁의행위를 허용할 것인가는 헌법재판소에서 정할 수 있는 사항이 아니므로 위 법률조항에 대하여 우선 헌법불합치 선언만을 하여 위 법률조항의 효력을 지속시키고 1995년 말까지 국회가 법을 개정하여 위헌부분을 제거하도록 촉구한다는 내용을 결정을 한 것이다(이철수·강성태, 전게서, p.37 참조).

법의 특별법이 아니라 노동관계법의 특별법으로서 제정된 것[37]으로 그 주요내용을 보면 다음과 같다.

첫째, 노동3권의 보장 범위는 단결권 및 단체협약체결권을 포함하는 단체교섭권으로 한정된다. 즉 단체행동권은 인정되지 않는다. 그리고 단체협약체결권과 관련하여서도, 예산·법령·조례 등에 의해 결정되는 사항에 대해서는 단체협약의 효력을 부인한다.

둘째, 교원노조의 조직대상 즉 교원노조를 결성하거나 그에 가입할 수 있는 자는 초·중등교육법 제19조 제1항에서 규정하고 있는 '국·공·사립의 유치원·초등학교·중학교·고등학교·공민학교·고등공민학교·고등기술학교·특수학교·각종 학교의 교원'이다. 다만 해고된 자로서 노조법 제82조 제1항의 규정에 의하여 노동위원회에 부당노동행위 구제신청을 한 자의 경우에는 중앙노동위원회의 재심판정이 있을 때까지 이를 교원으로 본다(교원노조법 제2조 참조). 한편 노조법상 사용자 또는 그 이익대표자의 지위에 교장, 교감 등은 노조가입이 허용되는 교원의 범위에 포함되지 않는다고 보고 있다.

셋째, 노동조합의 조직체계는 전국단위 또는 특별시·광역시·도 단위로 설립하도록 하고, 학교단위의 설립은 금지하고 있다(교원노조법 제4조). 시행령에서는 둘 이상의 시·도에 걸치는 교원의 단위노동조합이 지부·분회를 설립하는 경우에는 시·도 단위의 지부·분회 등에 한하여 교원노조의 설립신고를 할 수 있도록 하였다.

넷째, 교원노조의 조합활동과 관련하여서는, 별도의 규정은 없고 다만 전임자에 대해서만 규정하고 있다. 교원은 임용권자의 허가가 있는 경우에 전임자가 될 수 있으며, 전임기간은 휴직처리하고, 전임기간 동안 임용권자로부터 봉급을 받지 못하도록 하였다(교원노조법 제5조 참조).

---

37) 교원노조법 제1조는 "이 법은 국가공무원법 제66조 제1항 및 사립학교법 제55조의 규정에 불구하고 노동조합 및 노동관계조정법 제5조 단서의 규정에 의하여 교원의 노동조합설립에 관한 사항을 정하고 교원에 적용할 노동조합 및 노동관계조정법에 대한 특례를 규정함을 목적으로 한다"고 규정하고 있다.

다섯째, 교원노조의 단체교섭은 광역시·도 또는 전국단위로 행한다. 공무원인 교원의 경우 노동조합의 대표자는 그 노동조합 또는 조합원의 임금·근무조건·후생복지 등 경제적·사회적 지위향상에 관한 사항에 대하여 교육부장관·시·도 교육감과 교섭하고 단체협약을 체결할 수 있다. 이때 노동조합의 교섭위원은 당해 노동조합을 대표하는 자와 그 조합원으로 구성하여야 하고, 조직대상을 같이하는 둘 이상의 노동조합이 설립되어 있는 경우에는 노동조합은 교섭창구를 단일화하여 단체교섭을 요구하여야 한다(교원노조법 제6조).

여섯째, 단체협약 체결과 관련하여는 원칙적으로 단체협약체결권을 인정하되, 예산·법령·조례 등에 의해 결정되는 사항에 대해서는 단체협약의 효력을 부인한다. 다만 협약당사자는 성실이행 노력의무를 진다(교원노조법 제7조 참조).

일곱째, 교원노조와 조합원의 쟁의행위는 금지된다(교원노조법 제8조). 한편 쟁의행위 금지에 따른 문제점을 보완하기 위하여 별도의 교원노동관계조정위원회를 설치하고 조정·중재제도를 마련하고 있다. 조정기간은 30일로 하고 있다. 그리고 중앙노동위원회 위원장의 직권 또는 노동부장관의 요청에 의하여 직권중재가 가능하다(제9조 내지 제12조).

(5) 요컨대 우리의 법체계에서 공무원의 노동기본권은 크게 세 가지로 나누어진다. 일반공무원 중 '사실상 노무에 종사하는 자'에게는 노동3권 전부가 인정되고, 나머지 일반공무원은 노동3권 전부가 부인되며, 교원인 공무원의 경우에는 교원노조법에 의해 단결권과 단체교섭권이 인정되고 있는 것이다.

이러한 현행법질서는 교원인 공무원을 제외하면, 1948년 정부수립 이래 일관된 입법태도라고 하겠다. 좀 더 구체적으로 보자. 우선 1953년에 제정된 노동조합법은 제6조에서 "근로자는 자유로 노동조합을 조직하거나 또는 이에 가입할 수 있다. 단 현역군인, 군속, 경찰관리, 형무관리와 소방관리는 예외로 한다"는 규정을 둠으로써 대다수 공무원의 노동3권을 특별히 제한하지는 않았다. 그러나 1947년 제정된 국가공무원법 제37조에서는 "공무원

은 정치활동에 참여하지 못하며 공무 이외의 일을 위한 집단적 행동을 하
여서는 아니 된다"는 규정을 두고 있어서 공무원 일반에 대하여 노동3권이
부인된다고 해석되었다(유권해석, 법무 1189호, 1959. 3. 14.). 다만, '단순한
노무에 종사는 공무원'은 별정직 공무원으로 분류되어 동 법의 적용을 받
지 않았으므로(제2조, 제3조 제5호), 노동3권의 보장을 받을 수 있었다.[38]

그 후 5·16으로 집권한 국가재건최고회의는 입법권을 행사하였는데,
1961년에 전술한 국가공무원법 제37조를 개정하여 "…… …… 노동운동 기
타 공무 이외의 일을 위한 집단적 행동을 하여서는 아니 된다"고 규정하여
일반공무원에게 노동3권이 보장되지 않는다는 점을 명확히 하였다. 또한
1962년 동 조항을 다시 개정하여 "단 사실상 노무에 종사하는 공무원의 노
동운동은 예외로 한다"는 단서규정을 신설하여 조문을 정비하였다. 이와 같
이 일반공무원의 노동3권을 부인하는 법규정에 대하여 1962년 개헌에서는
공무원에게는 예외적으로만 노동3권이 보장된다는 제한규정(제29조)을 신
설하여 헌법적인 근거를 마련하였다. 또한 1963년에는 기존의 관련 규정들
을 정비하여 노동조합법의 전면개정에서는 구노동조합법(1953년 제정법)에
서 군인, 경찰 등의 노동조합 조직을 부인하는 규정부분(제6조 단서)을 대
신하여 "근로자는 자유로이 노동조합을 조직하거나 이에 가입할 수 있다.
다만 공무원에 대하여는 따로 법률로 정한다"(제8조)라고 규정하고, 국가공
무원법 전면개정에서는 "공무원은 노동운동 기타 공무 이외의 일을 위한
집단적 행위를 하여서는 아니 된다. 다만 각령으로 정하는 사실상 노무에
종사하는 공무원은 예외로 한다"(제66조)라고 규정하였다. 그리하여 우리의
법체계에서는 일반공무원은 노동3권이 부정되고, 사실상 노무에 종사하는
공무원에게는 예외적으로 노동3권이 허용되는 구도, 즉 사실상 노무에 종사
하는지 여부를 기준으로 삼는 구도가 고정되어 현재에 이르고 있다.[39]

---

38) 이철수·강성태, 전게서, p.25 참조.
39) 이상 이철수·강성태, 전게서, pp.25-26 참조.

4. 최근의 개정논의

1) 1989년 노동조합법 개정법률안

헌법의 노동관계조항 개정(1987. 10. 29)과 노동3법의 개정(1987. 11. 28)에서도 공무원 노동관계법제에 관하여는 별다른 진전이 없었다. 1987년의 노동관계법 개정으로 노동운동이 더 활발하여지고 근로자들의 권리의식과 노동법에 대한 관심이 높아지면서, 1988년에 들어와서 노동법개정에 관한 논의가 다시 재개되었다.

이러한 상황에서 1989년 3월 7일 '6급 이하의 공무원'(현역군인, 경찰공무원, 교정공무원, 소방공무원은 제외)에 단결권 및 단체교섭권을 인정하는 노동조합법 개정법률안이[40] 여당인 민주정의당의 반대로 야당3당(당시의 평화민주당, 통일민주당, 신민주공화당)만의 합의안으로 하여 국회 노동위원회를 통과하였다. 동 개정안은 같은 해 3월 16일 임시국회 본회의를 통과하여 3월 19일 정부에 이송되었다. 「여소야대」의 상황에서 야당의 새로운 시도가 일단 성공을 보는 듯 하였다.

그러나 정부에 이송된 노동조합법 개정안에 대하여 1989년 3월 25일 당시 노태우 대통령은 첫째, 공무원은 공익추구목적이 현저한 업무에 종사하는 자로서 단결권, 단체교섭권, 단체행동권을 인정하면 그로 인한 부담은 조세형태로 국민에게 귀착된다는 점, 둘째, 노동조합법에 6급 이하 공무원을 포함한 모든 근로자에게 단결권, 단체교섭권을 인정하는 규정을 신설하면 국가공무원법 제66조 제1항 단서규정(사실상 노무에 종사하는 공무원에게만 노동운동 허용)과 상충이 발생한다는 점, 셋째, 보수, 복무 등 공무원 근무여건은 예산, 법령에 의하여 결정하도록 규정하고 있으므로 노동3권을 보장하는 실익이 희박하다는 점 등을 들어 거부권을 행사하였다. 공무원

---

40) 노동조합법 개정법률안은 제8조에서 "6급 이하의 공무원을 포함한 모든 근로자는 자유로이 노동조합을 조직하거나 이에 가입할 수 있고 단체교섭을 할 수 있다. 다만, 현역군인, 경찰공무원, 교정공무원, 소방공무원은 그러하지 아니한다"고 규정하고 있었다.

노동관계법의 획기적 발전을 위한 노력은 이렇게 좌절되고 말았다.[41)]

하지만 '6급 이하의 공무원'(현역군인, 경찰공무원, 교정공무원, 소방공무원은 제외)의 단결권 및 단결교섭권을 인정하는 노동조합법 개정법률안이 국회에서 통과된 것은 우리나라 공무원 노동관계법제사에서 의의 깊은 사건이 아닐 수 없었다. 「사실상 노무에 종사하는 공무원」을 제외한 모든 공무원의 노동기본권을 금지해 온 과거의 입법정책으로부터의 극적인 방향전환이었기 때문이다.

그러나 동 개정법률안은 다음과 같은 몇 가지 문제점을 내포하고 있었다.[42)]

① '6급 이하의 공무원'(현역군인, 경찰공무원, 교정공무원, 소방공무원은 제외)의 단결권 및 단체교섭권을 인정하는 노동조합법 개정법률안은 「사실상 노무에 종사하는 공무원」을 제외한 모든 공무원의 「노동운동」을 금지하고 있는 국가공무원법 제66조와 상충되는 바 이에 대한 입법상의 정비가 이루어지지 않았다.

② 단결권 및 단체교섭권의 허용범위를 일률적으로 6급 이하의 공무원으로 제한한 것은 합리적인 이유가 부족하다. 동 규정은 노동법 원칙에 비춰 보면 1953년 3월 8일 노동조합법 제6조의 규정에 비하여 불합리하다고 볼 수 있다.

③ 공무원 노동관계의 특수성을 전혀 감안하지 아니하고 민간부문의 근로자에게 적용되는 노동관계법의 모든 내용을 공무원에게 그대로 적용하고

---

41) 당시 노동부의 입장을 보면 법률상 문제점으로 헌법상 공무원의 정치적 중립성을 보장하는 취지에 위배되고, 국가공무원법의 공무원 노동운동 기타 집단행위의 금지규정과 상충되며, 사립학교법의 교원복무에 저촉된다는 점이다. 현실적인 문제점으로는 국민 전체 봉사자로서의 공무원의 책임감을 상실할 우려가 있다는 점, 단체교섭 상대가 궁극적으로 국민이므로 교섭결과는 국민부담으로 귀결된다는 점, 공무원 노조는 노동조합주의의 본래 목적보다 정치개입, 인사권 개입 등으로 노조에 의하여 입법부, 사법부, 행정부가 운용될 가능성이 있다는 점, 노사관계의 미성숙으로 국가기능이 마비되어 국민생활권을 위협할 가능성이 있다는 점을 지적하였다. 노동부 내부자료, 노동조합법 개정에 따른 조항별 문제점 검토(1990) 참조.
42) 박길상, 「공무원·교원의 노동관계법에 관한 연구」, 한양대학교대학원 박사학위논문, 1998, pp.20-21 참조.

있는바.[43] 이는 일반 노동관계법과 공무원 노동관계법과의 차이에 대한 이해 부족에서 연유한 것으로 보인다.

④ 동 개정법률안이 논의되고 있던 당시에 교원노조 문제에 대한 논란이 크게 일고 있었음에도 불구하고 교원을 적용대상에서 제외하고 있는 것도 동 개정법률안의 문제점이라고 하겠다.

2) 노동관계법연구위원회의 개정안

1989년 3월 공무원 노동관계법의 개정 시도가 좌절되었으나 1992. 4. 24. 노동부장관의 민간자문기구인 노동관계법연구위원회(이하 「연구위원회」라 한다)가 발족되어 노동관계법 개정초안을 마련하기 위한 작업에 착수하였다.

「법안작성기초위원회」가 공무원·교원 문제에 대하여 제시한 기본방향을 살펴보면 다음과 같다.[44]

(가) 단결권의 보장에 대하여는 ① 기능직, 고용직, 그리고 일반직 및 특정직 공무원 중 일반직 6급 상당 이하의 공무원(경찰·소방·군인·안기부직원 및 유사업무 담당자는 제외)에 대하여 단결권을 인정하고, ② 교육공무원은 교원단체로서 단결권을 인정하고, ③ 6급 상당 이하의 공무원이라도 관리자(노동조합법 제3조 단서1호에 해당)는 노동조합 가입을 금지하되, 그 구체적인 범위는 법률(명령이나 규칙이 아니라)로 규정하도록 하고 있다.

(나) 단체교섭에 관하여는 ① 관리운영에 관한 사항은 단체교섭사항에서 제외하고, ② 단체협약은 법령 및 국회나 지방의회의 예산결의에 저촉되지 않는 범위 안에서만 효력을 발생하도록 하고 있다(다만, 사용자인 행정기관장은 명령 및 규칙과 단체협약이 가급적 저촉되지 않도록 노력할 책

---

43) 이는 외국, 특히 일본의 입법례와 비교하더라도 매우 파격적인 접근방법이라 할 수 있으나 입법과정 참여자들이 공무원 노동관계의 특수성과 외국의 입법 례에 대한 이해와 조사연구가 미흡하였기 때문인 것으로 보인다.

44) 노동관계법연구위원회, 『노동관계법개정건의안(기초위원회안)』, 1996. 8., pp.119-121.

무를 지는 것으로 함).

(다) 쟁의행위에 관하여는 ① 기능직 공무원과 고용직 공무원 이외에는 쟁의행위를 금지하고, ② 쟁의기간 중 사용자의 대체·채용을 허용하고, ③ 관공서 점거·농성을 금지하는 것으로 하고 있다.

(라) 이 밖에 ① '유니온 샵'은 공무원의 신분보장제와 모순되므로 '오픈 샵'을 명문화하고, ② 노조전임은 중앙행정기관 및 광역자치단체의 관청에 한하여 인정하되 그 인원은 법률이 정하는 범위 안에서 단체협약으로 정하고 선정·취임에 대한 승인제는 폐지하며, ③ 지방노동위원회에 대치할 공무원노동위원회를 주요지역에 설치하여 중앙노동위원회 위원장의 관할 아래 두도록 하면서, ④ 법률형식에 있어서는 특별법을 제정하는 방안도 있고, 공무원 관련 법률을 개정하여 노동조합법 및 노동쟁의조정·중재법45)에 대한 특례규정을 삽입하는 방안도 있음을 제시하였다.

3) '문민정부'하의 논의

1993년 3월 25일 문민정부 출범 이후에도 WTO체제의 출범(1994. 1. 1), OECD 가입추진 등 급속히 변화되고 있는 국제환경 속에서 노동관계법 개정문제는 국내·외적인 관심과 논란의 대상이 되었다. 1993년 문민정부 출범 후에 작성된 「신경제 5개년계획」도 그 중점과제 속에 「노사관계의 재정립」을 내걸고 그를 위한 정책과제의 첫 번째로 「노동법개정」을 들었다.

이러한 추세 속에서 1996년 4월 24일 「대통령의 신노사관계구상」(이하 「신구상」이라 한다)이 발표되고 추진되었다. 이러한 「신구상」에 따른 개혁방안을 마련하기 위해 1996년 5월 9일 대통령 자문기구인 「노사관계개혁위원회」(이하 「노개위」라 한다)가 구성되어 출범하였는바 「노개위」에서는 공무원·교원 노동관계법을 전면 개정하는 문제에 관하여도 많은 논의가 있었다.

1996년 8월 12일 「노사관계법개정요강소위」(이하 「법개정요강소위」라

---

45) 「연구위원회」의 개정건의안에서는 노동쟁의조정법을 '노동쟁의조정·중재법'으로 그 명칭을 바꾸는 것으로 하고 있다.

한다)에 참여한 공익위원들은 공무원 직무의 공공성·특수성에 비추어 공무원을 일반근로자와 달리 취급할 필요성이 있다는 데 의견을 같이하였다. 이에 따라 공익위원들은 공무원관계법에서 '노동조합이 아닌 직원단체'의 결성 및 협의권을 인정하되 시행을 유예하는 방안(제1안)과 「노개위」의 제2차 제도개혁과제로 이관하는 방안(제2안)을46) 「법개정요강소위」에 제시하였는바 제1안의 요지는 다음과 같다.47)

가) 단체의 성격에 관하여는 ① 노동조합법의 적용을 받지 않는 근로자단체로서 공무원관계법령에서 단결권을 허용토록 하고, 단체의 목적은 근무조건의 유지·향상으로 하며, ② 노동조합이 아닌 '직원조합' 또는 '직원단체' 등의 명칭(이하 '직원단체'로 함)을 사용토록 하였다.

나) 조직의 범위에 관하여는 ① 직급/직책은 일반직 7급 이하, 기능직 및 고용직 공무원으로 하되 지휘감독 직책에 근무하는 공무원은 제외토록 하고,48) ② 군인, 경찰, 소방, 교정 등의 특수직종은 제외토록 하며, ③ 인사, 예산, 경리, 비서, 기밀, 안전·보안 등 특수직 근무자(사용자의 이익을 대표하는 자)는 제외토록 하고, ④ 안전기획부 등 특수기관에 근무하는 공무원은 제외토록 하였다.

다) 단체는 소정 양식의 신청서에 의하여 등록하도록 하고, 임원 및 조합원 명부와 규약을 첨부토록 하며, 단체는 총무처와 관할 지방자치단체에 등록하도록 하고 총무처와 관할 지방자치단체는 관련법령으로 정한 바에 따라 직원단체의 등록효력을 정지하거나 또는 취소할 수 있도록 하며(불복신청은 불가), 단체 해산의 경우에도 총무처와 관할 지방자치단체에 그 취지를 신고토록 하고 규약의 작성·변경은 조합원 재적 과반수의 동의를 얻

---

46) 공익위원들은 공무원이 헌법상 국민 전체에 대한 봉사자로서 업무의 공익성이 현저하고, 근무조건의 향상이 입법과 예산에 의해 통제되는 현실을 감안할 때 보다 심층적인 연구와 국민의 여론형성을 위하여 시간을 두고 제도개선방안을 논의하는 것이 바람직하다는 이유로 제2차 개혁과제로 검토하자는 제2안을 대안으로 제시하였다.
47) 노사관계개혁위원회, 「노동관계법개정요강 토의자료」, 1996. 9. 16, pp.40-42.
48) 노개위 전게서, p.43. 지방공무원의 경우 6급 직도 지휘감독직책에 임용되는 현실을 고려하여 조직대상을 7급 이하로 한정한 것이라고 설명하고 있다.

도록 하며, 규약의 기재사항으로서 ① 명칭 ② 목적 및 업무 ③ 주된 사무소의 소재지 ④ 구성원의 범위 및 그 자격의 상실에 관한 규정 ⑤ 이사 기타 임원에 관한 규정 ⑥ 이하에 규정된 사항을 포함한 업무집행, 회의 및 투표에 관한 규정 ⑦ 경비 및 회계에 관한 규정 ⑧ 기타 직원단체와의 연합에 관한 규정 ⑨ 규약의 변경에 관한 규정 ⑩ 해산에 관한 규정을 제시하였다.

라) 전임자에 관하여는 ① 관할 행정기관장이 전임을 허가하되 인원수 및 허가기간은 당해 기관의 업무와 직원단체의 활동실태 등을 고려하여 결정할 수 있도록 하고 전임기간은 5년을 초과할 수 없도록 하며, ② 전임을 허가 받은 직원은 그 허가기간 동안 휴직자가 되며 어떠한 급여도 지급되지 않도록 하되 직원단체로부터 보수를 받을 수 있도록 하였다.

마) 단체교섭에 관하여는 ① 단체협약체결권을 포함하지 않는 협의권만 인정토록 하고, ② 국가나 지방자치단체는 협의에 성실히 임해야 할 의무를 명시하고 협의대상자는 협의사항에 관해 적법하게 관리하거나 결정할 수 있는 행정기관으로 하며, ③ 협의대상은 임금, 근로조건, 인사관리기준 등으로 한정하고 정책결정 및 관리운영사항은 협의대상에서 제외토록 하고 있다. 관리운영사항 집행의 결과로서 근무조건에 영향에 있을 때에는 그 영향이 있는 근무조건의 한도에서 협의대상이 될 수 있도록 한다. 예컨대 승진, 배치전환 등의 개별, 구체적인 결정은 인사권의 행사이기 때문에 관리운영사항으로서 협의대상이 안되지만, 그러한 결정의 일반적 기준인 인사기준은 협의대상이 될 수 있는 것으로 하였다.

바) 협의과정에서 합의된 사항은 국회나 지방의회에서 승인되지 못하면 효력이 없으며 이 경우 국회 및 지방의회의 사후결정이 최종안이 되도록 하였다.

사) 단체행동을 금지하고, 시행은 2000년부터 실시토록 하였다.

「노개위」는 1996년 노동관계법·제도개혁 과정에서 공무원 단결권 보장 방안을 논의하여 한때 직원단체 형식으로 단결권을 보장하는 방안에 대하여 논의하였으나 결론을 내리지 못하고 제2기 개혁과제로 넘긴 바 있다.

따라서 「노개위」는 1997년에 1996년의 논의내용을 토대로 수차의 논의를 거쳐 같은 해 12월 23일 개최된 마지막 전체회의에서 「공무원 단결권 보장방안」과 관련하여 노·사·공익위원 안이 상정되었다. 동 회의에서는 공익위원 안을 중심으로 토론을 거듭한 끝에 공익위원 안 가운데 공무원 노조의 시행시기를 준비기간을 두어 조속히 시행하는 것으로 수정하여 만장일치로 의결하였다.[49] 비록 그 내용이 충분하지는 않지만 노·사·공익 3자가 「공무원 단결권 보장방안」에 대하여 합의를 한 것은 우리나라 사상 초유의 일로서 그 의미가 크다고 하겠다.[50] 그 요지는 다음과 같다.

(가) 공무원의 단결권은 고충처리 등을 목적으로 하는 직장협의회와 보수 등 근무조건 향상을 목적으로 하는 공무원 노조로 이원화하여 보장하도록 한다.

(나) 직장협의회를 우선 설치·운영하되 공무원 노조에 관한 사항은 국민적 여론수렴 및 관련 법규의 정비 등을 고려하여 준비기간을 두어 시행하도록 한다.

(다) 공무원의 근로자로서의 권익과 국민에 대한 봉사자로서의 지위가 조화되도록 하고 국제기준과 관행을 존중하여 공무원의 단결권과 단체교섭권은 인정하되 단체협약체결권과 쟁의권은 인정하지 않도록 한다.

(라) 직장협의회

가) 각 부처, 기초자치단체 및 그 하부 행정기관에는 고충처리 등을 위하여 가칭 『직장협의회』를 설치하도록 한다. 각 부처, 기초자치단체 및 그 하부 행정기관에는 노조 설립을 인정하지 않는 대신, 일반사업장의 노사협의회와 유사한 기능을 가지는 협의체가 필요하다.

나) 직장협의회는 각 직급·직능별로 직원을 균등하게 대표할 수 있도록 구성한다.

---

49) 노사관계개혁위원회, 『노사관계개혁백서』, 1998. 2., pp.355-359.
50) 노·사·공익위원들이 모여 공무원의 노동기본권에 대하여 '논의'를 했다는 사실 자체뿐만 아니라 '합의'에 도달한 것은 우리나라 공무원노동관계법제사에서 처음 있는 일로서 뜻 깊은 사건이 아닐 수 없다.(박길상, 전게논문, p.45)

(마) 공무원 노조

가) 노조 가입자격은 6급 이하 일반직, 기능직·고용직으로 한정하되, 이에 해당하더라도 지휘감독의 직책이나 인사·예산·경리·비서·기밀·보안 등에 종사하는 자는 노조가입을 금지하고, 안기부 등의 특수기관에 종사하는 공무원 및 군인·경찰·교정·소방 등의 특수직종도 노조가입 대상에서 제외하도록 한다. 교원에 관하여는 우리 위원회의 1996년 11월 7일자 개혁방안에 따른다.

나) 가입과 탈퇴의 자유를 보장하고 「유니온 샵」을 인정하지 않는다.

다) 국가공무원은 소속부처를 초월한 전국 차원의 노동조합을, 지방공무원은 광역자치단체(특별시·광역시·도) 차원의 지역 노동조합을 설립할 수 있고, 각 부처와 기초자치단체 및 그 하부 행정기관별로는 노조를 설립할 수 없도록 하고, 다만 현업공무원 노조는 기존의 조직형태를 유지할 수도 있도록 허용한다.

라) 공무원의 보수 기타 근무조건 및 인사관리기준에 관한 단체교섭은 허용하되 단체협약 체결은 허용하지 않으며 정책결정사항이나 관리권한사항에 관해서는 교섭할 수 없도록 한다. 국가공무원 노조는 총무처 등 관계부처로 구성된 교섭단과 통일적으로 교섭할 수 있도록 하고, 지방공무원 노조는 광역자치단체(특별시·광역시·도)와 교섭할 수 있도록 한다.

마) 교섭의 결과 합의된 사항이 있으면 정부는 그 이행에 노력하도록 하되 법령 또는 국회나 지방의회의 의결내용과 저촉되지 않아야 효력을 발생하도록 한다.

바) 단체교섭이 결렬되더라도 쟁의행위는 금지하도록 한다. 다만, 기존의 현업공무원 노조는 예외로 한다.

사) 노동조합의 설립·운영, 부당노동행위 기타 필요한 사항은 관련 특별법에서 규정한다.

(바) 직장협의회는 1999년 1월 1일부터 설치·운영하되 공무원 노조에 관한 사항은 국민적 여론수렴 및 관련 법규의 정비 등을 고려하여 준비기간을 두어 조속히 시행하도록 한다.

4) 1998년 노사정위원회의 개혁

'국민의 정부' 출범 직전인 1998년 1월 15일 노사정위원회가 출범한지 22일이 지난 1998년 2월 6일 노·사·정 3자의 대타협이 이루어졌다. 특히, 노사정위원회에서 공무원·교원의 노동기본권 보장과 관련하여 정부는 ① 1999년 1월부터 공무원의 직장협의회 설치를 위한 관련 법안을 1998년 2월 임시국회에 제출하고, 공무원의 노동조합 결성권 보장방안은 국민적 여론수렴과 관련 법규의 정비 등을 고려하여 추진하고, ② 1999년 7월부터 교원의 노동조합 결성권이 보장되도록 1998년 정기국회에서 관련 법률의 개정을 추진하기로 노·사·정 3자의 합의가 이루어 졌다.

특히, 공무원의 노동기본권과 관련하여서는 이를 보장하기 위한 구체적인 방안에 대하여 합의하였다. 즉, 제1단계로 직장협의회를 허용하기로 하고 그 구체적인 내용으로서 ① 각 부처, 광역시·도, 시·군·구 단위로 설치하고, ② 고충사항 등을 처리하며, ③ 1999년부터 시행하는 것으로 하였다. 제2단계로는 노동조합을 허용하기로 하고 그 구체적인 내용으로서 ① 국가공무원은 전국단위, 지방공무원은 광역시·도 단위로 설립하고, ② 보수 기타 근무조건에 관한 단체교섭은 허용하되, 단체협약체결권 및 단체행동권은 불인정하며, ③ 그 시기는 국민적 여론수렴 및 관련 법규의 정비 등을 고려하여 시행하기로 합의하였던 것이다.[51]

노사정위원회에서의 대타협의 결과로 공무원에 대하여는 1998년 2월 법률 제5516호로 제정된 공무원직장협의회설치·운영법률(이하 '직장협의회법'이라 한다)에 의해 1999년 1월부터 직장협의회를 설치·운영하게 되었다. 또한 교원에 대하여는 1999년 1월 법률 제5727호로 제정된 교원노조법에 의해 1999년 7월 1일부터 교원노조가 합법적으로 출범할 수 있게 되었다.

---

51) 노사정위원회, 「경제위기 극복을 위한 사회협약」, 1998. 2. 6.

제4절 공무원 노동기본권제한의 근거

1. 문제의 소재

앞서 본 바와 같이, 현행법상 공무원도 근로자임에 분명하지만, 그들의 노동기본권은 일반근로자에 비해 매우 제한되고 있다. 특히 '사실상 노무에 종사하는 공무원'과 교원인 공무원[52]이 아닌 일반공무원은 노동3권이 전면적으로 부인되고 있다. 그렇다면 일반공무원은 왜 근로자이면서도 일반근로자와는 달리 노동3권이 전면적으로 부인되어야 하는지에 대해 살펴볼 필요가 있다.

이하에서는 일반공무원의 노동기본권제한에 관한 기존의 학설과 헌법재판소의 입장을 알아본 후, 그 타당성을 검토하여 보기로 한다.

2. 기존의 학설

1) 특별권력관계론

이 견해는 국가와 공무원 사이의 관계를 소위 특별권력관계로 파악하여 공무원의 노동기본권이 제한될 수 있다는 견해이다. 즉 공무원은 그 자유의사에 의하여 국가와의 소위 특별권력관계에서 포괄적 지배를 받는 지위에 있으므로 국가와 일반국민 간의 일반권력관계에서 보장되는 기본권은 그 범위 내에서 제한될 수 있으므로, 공무원의 노동기본권은 이러한 이유에서 제한된다는 견해이다.[53] 즉 법률에 의한 기본권제한의 일반원칙을 무

---

52) 교원의 노동기본권 보장에 대해서도 전혀 문제가 없는 것은 아니다. 이에 관한 상세한 내용은 김소영, "교원의노동조합설립및운영등에관한법률의 쟁점과 과제", 한국노동법학회, 1999년도 춘계정책토론회, (1999. 5. 29.) 참조.
53) 허영, 전게서, pp.283-287; 구병삭, 전게서, p.1125; 권영성, 전게서, pp.325-327; 김철수, 전게서, pp.229-230.

시하고 기본권을 제한할 수 있는 이론적 근거는 특별권력관계 성립에 대한 '당사자의 동의'와 이 동의 속에 내포되어 있는 '기본권의 포기'라고 하는 것이다.

그러나 이 이론은 19세기의 절대주의적·관료적 입헌주의의 산물로, 제2차대전 후 독일에서는 물론 일본이나 우리나라에 있어서도 권위주의적 구시대 법이론이라 하여 많은 비판을 받고 있다.[54] 그러므로 공무원관계를 특별권력관계로 보고 노동기본권을 제한하는 것은 절대주의 법이론의 잔재에 불과하다.

2) 국민 전체 봉사자론

이 이론은 공무원 노동기본권제한의 근거를 공무원은 국민 전체의 봉사자라는 이유에서 구한다.

즉 공무원 노동기본권제한의 근거로 헌법 제7조 제1항과 제2항 "공무원은 국민 전체에 대한 봉사자이며 국민에 대하여 책임을 진다."고 하는 규정과 "공무원의 신분보장 및 정치적 중립성의 보장"규정에서 찾을 수 있다고 한다. 이 견해는 공무원은 국민 전체의 봉사자이므로 공무원노동관계는 사적 근로관계와는 달리 공무원의 노동기본권을 제한할 수 있다고 보는 것이다.[55]

그러나 원래 공무원이 국민 전체의 봉사자라는 의미는 국민의 신탁에 의해 공무를 담당하기 때문에 국민 전체의 이익을 위해 직무를 행하여야

---

54) Hesse는 종래의 특별권력관계라는 개념으로 표시하려던 국가와 국민의 관계는, 일반국민이 부담하는 의무보다 더 큰 의무를 과할 수도 있고 또 반대로 일반국민보다 더 많은 권리를 인정할 수도 있는 일종의 '특수한 신분관계'에 지나지 않는다고 본다. 소위 특별권력관계론에 대한 상세한 비판은 허영, 전게서, pp.283-287; K. Hesse, Grundzüge des Verfassungsrechts der Bundesrepublik Deutschland, 20. neubearb. Aufl., 1995, S. 144 ff., RNr. 321 ff.참조; 이에 대한 포괄적인 연구에 대해서는 W. Loschelder, Vom besonderen Gewaltverhältnis zur öffentlich-rechtlichen Sonderbindung, 1982, S. 7, FN 8 참조.
55) 신인령, 전게서, p.165; 中山和久外 5人 공저, 「入門勞働法」(제3판), 有斐閣, 1999, p.314 참조.

하고, 일부의 국민과 특정의 계층 내지 당파의 이익을 위해 행동하여서는
안 된다는 것을 의미한다. 이러한 국민 전체의 봉사자라는 개념은 공무원
의 직무수행상의 기본적 태도, 즉 공무원이 국민과 주민을 접촉하는 경우
(말하자면 대외적인 경우)에 취하여야 할 자세를 나타낸 것이고, 공무원의
근로관계 즉 노무제공을 주축으로 하는 내부적인 고용의 경우에 문제로 되
는 노동3권과는 직접 관계를 갖지 않는 개념이다. 또한 사용자라고 하는
것은 근로자를 지휘하기도 하고 근로조건의 결정 기타의 근로관계의 제 문
제에 관하여 권한을 갖는 자를 가리키는 것이고, 공무원의 경우에는 정부
와 소속기관의 장 등이 이에 해당한다. 이들을 넘어서 '궁극의 사용자'는
누구인가를 묻는 것은 적어도 노동법상은 무의미하다. 국민은 납세자로서
공무원의 급여를 부담하고, 또한 정부와 의회를 구성하기 위해 선거권을
행사할 권한은 있어도, 공무원을 직접 지휘감독하거나 공무원의 근로조건
을 결정할 권한은 갖고 있지 않기 때문이다.[56]

3) 공공복리론

이 견해는 공무원 직무의 공공성 때문에 공공복리의 이념하에 공무원의
노동기본권을 특별 취급하는 것은 당연하다는 입장이다. 즉 국민의 모든
자유와 권리는 공공복리에 반하지 않는 한 입법 기타 행정상 침해할 수 없
지만, 정부의 기능을 저해하고 국민생활의 행복과 질서를 해치는 공공부문
근로자의 쟁의행위는 일반근로자와 달리 특별한 취급을 받는 것은 당연하
므로, '질서유지와 공공복리'를 위하여 쟁의권을 제한하기 위한 법률을 제
정하는 것은 필요하다는 것이다.[57]

---

56) 이철수 · 강성태, 전게서, p.13; 신인령, 전게서, p.165 참조.
57) 이 논리에 입각한 판례로 日本國鐵 室蘭管理局 職場離脫事件, 札幌高裁判,
1949. 11. 15이 있다. 이 판결에서는 "공공복리는 기본적 인권보다도 우위에 있
다고 보이므로, …… …… 노동3권과 같은 사회적 기본권은 공공복리를 이유로
제한되며 이는 헌법 자체가 미리 예상하여 있는바"라고 판시하고 있다. 우리나
라 판례로는 서울고법 1991. 5. 30. 90구 587판결 참조.

그러나 공공복리의 개념은 원래 자본소유권을 중심으로 한 시민적 자유를 제한하기 위한 개념으로 노동기본권의 보장 자체가 공공복리에 부합하는 것이기 때문에 인정한 것인데, 공공복리의 개념을 노동기본권의 제한원리로 삼는 것은 모순이라고 하겠다. 공공복리는 생활권적(사회권적) 기본권에서는 그 실천목표가 된다고 할 수 있으므로 공무원 노동기본권을 제한하는 근거로 원용될 수 없다고 하겠다.[58]

4) 대상조치론(代償措置論)

이 견해는 노동기본권 보장에 대치할만한 제도적 조치 즉 대상조치를 강구함으로써 이에 상응하는 노동기본권제한이 가능하다는 견해이다. 즉 근로자의 노동기본권은 그 자체가 목적이 아니라 근로조건의 유지·개선 기타 경제적·사회적 지위를 향상하기 위한 것이므로, 다른 제도에 의하여 임금 기타 근로조건이 보장되는 대상조치가 이루어지는 경우에는 그 제한이 가능하다는 입장이다. 예컨대 공무원법상 각종의 특별보호, 배려(직업공무원제도, 신분보장, 행정구제제도 등), 근무조건에 관한 행정위원회의 행정조치 또는 공무원 노동관계의 중재제도 등에 의하여 대상조치가 이루어진다면 공무원의 노동기본권을 제한할 수 있다는 것이다.

그러나 이 견해는 기본권을 목적이 아닌 수단으로 본다는 점에서 문제가 있으며, 또한 대상조치는 노동기본권이 근로자의 경제적·사회적 지위의 향상에 미치는 본래적 기능을 대행할 수가 없다는 점을 고려한다면, 타당치 못하다고 하겠다. 또 대상조치의 '충분성' 여부의 판단도 문제로 될 것이다.

예컨대 공무원제도의 신분보장에 있어서도 공무원법이나 정원 변경 또는 예산 감축에 의해 강등·면직될 수도 있고, 의무위반 행위로 인하여 징계·면직당할 수도 있다는 점에서 일반근로자와 다를 바 없으므로 공무원법상의 신분보장이나 위법처분에 대한 행정구제 등도 노동기본권제한의 충분한 대상조치라고는 할 수 없다.[59]

---

58) 신인령, 전게서, p.167 참조.

64

5) 국민생활 전체의 이익확보론

이 견해는 노동기본권 특히 쟁의권의 제한은 신중을 기해야 한다는 전
제 아래, 근로자가 담당하는 직무의 성질이 공공성이 강하여 그 존폐가 국
민생활 전체의 이익을 해치고 국민생활에 중대한 장애를 가져올 염려가 있
는 것을 피하기 위해 불기피한 경우에 제한할 수 있다는 입장이다.[60] 이는
전체의 봉사자론 내지 공공복리론의 비판을 받아들여 국민생활 전체의 이
익확보라는 새로운 개념을 도입하여 쟁의권제한의 법리로 삼으면서 '필요
최소한도의 원칙'을 제시함으로써 종래의 추상적인 견해를 구체화하였다.

그러나 국민생활 전체의 이익확보라는 개념은 여전히 추상적이어서 자
의적으로 해석될 여지가 있으며, 공공의 편익이나 사회생활의 안정이라는
초인권적 법익으로 오해 또는 남용될 우려가 있다.[61]

6) 필수적 사업유지론

이 견해는 주로 미국에서 논의되는 공공부문에서의 파업금지의 논거로
주장된 견해인데 공공부문의 근로자에게는 공공사업(Public Services)자체
가 일반국민의 건강, 안전, 복지 등 필수적인 서비스를 제공하기 때문에,
이에 대항하는 동맹파업이 금지된다는 입장이다. 이는 주로 미국에서 논의
되는데 공공부문 중에서 경찰관 및 소방관들과 같은 필수서비스와 그 외의
비필수서비스를 구별해야 하며, 필수서비스에 속하는 공무원들의 파업만은
법으로 제한해야 한다는 주장이다.

그러나 모든 공공사업이 동등하게 국민의 복지에 필수적인 것은 아니며,
또한 필수적인 공공사업성이 안정되어도 장기적인 관측으로는 모든 사업의

---

59) 신인령, 전게서, p.169; 中山和久外 5人 공저, 전게서, pp.313-314 참조.
60) 일본의 유명한 中郵判決의 논지에서 밝혀진 것으로, 노동기본권의 제한은 노동
기본권을 특히 존중하여 확보해야 할 필요성과 국민생활 전체의 이익을 유
지·증진해야 할 필요성을 비교형량하여 양자가 적정한 균형을 보유할 것을
기준으로 결정해야 한다고 한다.(일본 최고재판소 판결, 1966. 10. 26)
61) 신인령, 전게서, pp.169-170 참조.

필수적인 공공사업성은 인정될 수 없으므로, 모든 공공근로자도 사기업 분야의 근로자와 마찬가지로 파업권을 포함한 일체의 노동기본권을 누리는 것이 타당하다고 하겠다.[62]

7) 근로조건법정주의론·재정민주주의론

근로조건법정주의론은 공무원 급여의 재원은 조세에 의해 마련되고, 그 근무조건은 민주국가의 규칙에 따라 결정되는 것으로 사기업과 같이 자유로운 단체교섭에 의한 합의에서 결정되는 것이 아니라, 원칙적으로 의회가 제정한 법률·예산에 의해 정해지므로 공무원의 쟁의행위는 국회의 의결권을 침해할 우려가 있다는 이론이다.

그러나 의회에 의해 결정되는 공무원의 근무조건이 공정하다는 것은 의제적인 것에 불과하다. 공무원과 사용자인 정부 사이에 노사관계가 현실로 존재한다는 사실을 긍정하여야 하고 그 관계는 노사의 자주적인 해결을 원칙으로 하여야 하며, 따라서 그 근무조건은 단체교섭에 의해 결정하는 것이 좋을 것이고 법률에 의해 결정하는 것은 오히려 자주적 해결수단으로서의 단체교섭을 좁히는 결과라는 비판을 받는다.[63]

한편, 재정민주주의론은 공무원의 근무조건은 국가 자산의 운용·처분과 밀접하게 관계되어 있기 때문에, 의회의 의사와 무관하게 노사 간의 단체교섭에 의해 공동결정하는 것은 헌법상 허락되지 않는다는 이론이다.

그러나 재정민주주의 원칙은 행정권력에 의한 재정처리가 자의적·비민주적으로 되는 것을 방지하기 위해, 국민의 의사와 이익에 합치하도록 운영되는 것을 목적으로 하여 거기에 의회의 의결이라고 하는 요건을 과한 것이다. 따라서 재정민주주의의 원칙을 적용 받는 자는 본래 정부이고, 따라서 이를 근거로 노동기본권을 부인하는 것은 타당하지 않다.[64]

---

62) 신인령, 전게서, pp.171-173 참조.
63) 中山和久外 5人 공저, 전게서, pp.311-313 참조.
64) 김재훈, "공무원의 노동기본권, 그 보장과 한계", 「법과 사회」 제2권, 1990, pp.206-207: 이철수·강성태, 전게서, pp.14-15 참조.

66

8) 기존 학설의 검토

앞에서 공무원의 노동기본권을 제한하여야 한다는 입장에 있는 특별권
력관계론, 국민 전체 봉사자론, 공공복리론, 공공복리론, 대상조치론, 국민
생활의 이익확보론, 필수적 사업유지론 근로조건법정주의론·재정민주주의
론 등의 견해를 검토하였다. 이러한 제 견해는 각각 표현하는 근거는 상이
하지만, 공무원 지위의 특수성 내지 국가가 단순한 재화를 공급하는 사기
업과 달리 공공서비스를 제공한다는 점을 중시하고 있는 점은 동일하다고
하겠다.

그러나 이상의 견해들은 모두 충분한 법리성과 타당성을 가지지 못하고
있다고 하였다. 근로자에게 노동기본권을 인정하는 것은, 근로자의 결사자
유 및 생활권적 기본권을 보장하기 위한 것이므로, 구체적인 공무원 내지
그 업무를 고려하지 않고 공무원이라는 지위에 있는 자를 일괄하여 노동기
본권을 제한하는 것은 타당성이 없다고 하겠다.

다만 공무원에 대하여 노동기본권을 제한할 수 있는 경우가 있다면, 그
것은 공무원이라는 신분에 기인하는 논리 필연적인 것이 아니라, 직무성질
상 특수성에서 근거하는 경우에 가능하다고 보아야 할 것이다. 또한 공무
원이 가지는 '공공적 성격'이라는 직무상 특수성은 각 공무원의 근무의 태
양(態樣) 및 내용에 따라 차이가 있으므로 일률적으로 규제하는 것은 타당
하지 않고 각 직무의 성질을 구체적으로 검토하여 그 직무의 성질상 단결
권을 제한할 필요가 있는 경우에 한정되어야 할 것이다.[65]

3. 헌법재판소의 입장

일반 공무원의 노동3권 부인을 정한 가장 대표적인 법률규정은 앞서 본
바와 같이 국가공무원법 제66조 제1항이다. 그리고 이 규정의 합헌 여부는

---

65) 김치선, 전게서, p.134; 신인령, 전게서, pp.173-175; 이철수·강성태, 전게서, p.18.

동일한 내용을 담고 있는 지방공무원법 제58조 제1항에도 그대로 적용될 수 있다.

그러므로 국가공무원법 제66조 제1항의 합헌 여부를 정면으로 다룬 헌법재판소의 1992년 결정[66]을 살펴봄으로써, 현행 공무원 노동기본권제한의 유권적 근거를 확인할 수 있을 것이다. 한편 이 결정에 대해서는 변정수재판관의 별개의견이 있었기 때문에, 그 개요를 말미에 첨가한다.

1) 사건의 개요

청구인들은 교육공무원인 국·공립학교의 교원으로 각 근무하면서 전국교직원노동조합에 가입하여 활동함으로써 국가공무원법 제66조 제1항 본문을 위반하여 노동운동을 하였다는 이유로 청구인들 소속 각 교육위원회 교육감으로부터 해임 등 처분을 받았다.

이에 청구인들은 각 교육감을 상대로 하여 관할법원인 서울고등법원 또는 광주고등법원에 청구인들에 대한 각 해임처분취소 등의 행정소송을 제기하였다. 청구인들은 행정소송사건이 계속 중인 고등법원에 해임처분의 근거가 된 법률조항인 국가공무원법(이하 "이 법"이라 한다) 제66조 제1항 본문에 대한 위헌심판제청을 신청하였으나 모두 기각되었다.

이에 청구인들은 헌법재판소법 제68조 제2항에 따라 이 법 제66조 제1항의 위헌 여부에 관하여 헌법소원심판을 청구하였다.

2) 청구인들의 주장

청구인들은 다음과 같은 이유로 이 법 제66조 제1항의 무효를 주장한다.

첫째, 이 법 제66조 제1항 본문의 "노동운동"이라는 규정은 특정한 행위유형을 구체화한 것으로 보기 어렵다. 기본권을 제한하는 법률이 명확하게

---

[66] 헌법재판소, 1992. 4. 28. 전원재판부 결정 90헌바 27 등. 이외에도 1993. 3. 11. 전원재판부 결정 88헌마 5 등도 있다.

규정되지 아니하고 모호하다면 법집행기관에 의하여 자의적으로 남용되어 기본권의 보장이 유명무실하게 될 우려가 있으므로 무효이고, 이러한 명확성의 원칙은 형사처벌 및 징계사유를 규정하는 경우에 더욱 엄격하게 요구된다.

둘째, 노동기본권의 보장과 그 제한의 한계를 정한 헌법 제33조 제1항과 제37조 제2항은 공무원인 근로자에게도 적용되므로 입법권자로서는 노동3권을 향유하는 공무원의 범위를 되도록 넓게 규정하여야 한다. 헌법 제33조 제2항의 취지는 그 직무상 특수성을 갖는 일부 공무원의 경우에만 일반근로자와 달리 국가안전보장, 질서유지 등을 위하여 필요불가피한 범위 내에서 예외적으로 본질적 내용의 침해가 되는 노동3권의 배제를 법률로써 정할 수 있다는 것에 불과하다. 이러한 공무원의 직무의 공공성은 각 공무원의 직무의 형태 및 내용에 따라 다르므로 각 직무의 성질을 검토하여 필요한 범위 내에서의 최소한도의 예외적 제한만이 가능한 것이다. 그럼에도 불구하고 이 법 제66조 제1항 본문이 공무원의 구체적인 직무의 공공성의 정도에 따른 구별을 하지 아니하고 모든 공무원의 노동운동을 전면금지하고, 특히 단결권마저 박탈한 것은 노동3권의 본질적인 내용을 침해한 것으로서 헌법 제33조 제1항·제2항에 위반된다.

셋째, 이 법 제66조 제1항 본문은 공무원에 대하여 단지 공무원이라는 신분을 이유로 일반근로자와 차별하여 노동3권을 박탈하고 있어서 평등의 원칙을 선언하고 있는 헌법 제11조 제1항에 위반된다. 각 공무원의 직무의 공공성의 정도는 각 공무원의 소속·직렬·직급 등에 따라 다르므로 그에 따라 달리 취급되어야 함에도 불구하고 모든 공무원을 동일하게 취급하는 것은 평등의 원칙에 어긋나는 것이다.

3) 헌법재판소 결정의 요지

헌법재판소는 다음과 같은 이유에서 이 법 제66조 제1항은 위헌이 아니라고 보았다.

　공무원은 임명주체 등에 따라 국가공무원과 지방공무원으로 대별되고, 이들은 각각 다시 일반직·특정직·기능직으로 세분되는 경력직 공무원과 정무직·별정직·전문직·고용직으로 세분되는 특수경력직 공무원으로 구분된다(국가공무원법 제2조, 지방공무원법 제2조 참조).

　그런데 공무원은 그 임용주체가 궁극에는 주권자인 국민 또는 주민이기 때문에 국민 전체에 대하여 봉사하고 책임을 져야 하는 특별한 지위에 있고, 그가 담당한 업무가 국가 또는 공공단체의 공공적인 일이어서 특히 그 직무를 수행함에 있어서 공공성·공정성·성실성 및 중립성 등이 요구되기 때문에 일반근로자와는 달리 특별한 근무관계에 있는 사람이다. 그리하여 우리 헌법도 제7조 제1항·제2항에서 "공무원은 국민 전체에 대한 봉사자이며 국민에 대하여 책임을 진다. 공무원의 신분과 정치적 중립성은 법률이 정하는 바에 의하여 보장된다."라고 규정하고 있고, 기타의 다수의 관련 규정을 두고 있다.

　우리 헌법의 이러한 태도는 바로 공무원의 지위의 특수성과 직무의 공공성에서 비롯되는 것이다. 위와 같은 헌법조항들의 취지에 따라 제정된 공무원관계법률은 공무원의 신분을 정권교체 등 외부의 영향을 받지 아니하게끔, 어떤 경우에도 정당한 이유와 적법한 절차에 따르지 아니하고는 그 의사에 반하여 해임 등의 불이익처분을 당하지 아니하도록 하는 등 두텁게 보장하고 있다.

　한편 공무원의 보수의 수준 등 근로조건의 향상을 위한 재정적 부담은 궁극적으로는 조세 등을 통하여 실질적으로 국민 전체의 부담이 되는 것이다. 그러므로 공무원의 근로조건의 향상은 그것이 전체국민의 복리의 증진을 부당히 침해하지 아니하고, 그 시대의 국가 또는 사회공동체의 경제수준 내지 담세능력과 조화될 수 있는 범위 내에서 합리적으로 정해져야 하기 때문에 그 결정은 전체국민을 대표하는 국회에서 민주적인 절차에 따라 입법과 예산의 심의·의결을 통하여 합목적적으로 이루어지는 것이다.

　그리하여 앞에서 본 헌법 제33조 제2항이 공무원의 노동3권을 제한하면서 노동3권이 보장되는 주체의 범위를 법률에 의하여 정하도록 위임한 것은 다음과 같은 의미를 갖는다.

그 하나는 공무원은 국민 전체에 대한 봉사자이며, 그 담당직무의 성질이 공공성·공정성·성실성 및 중립성이 보장되어야 한다는 특수한 사정이 있으므로 이러한 사정을 고려하여, 전체국민의 합의를 바탕으로 입법권자의 구체적인 입법에 의하여 공적이고 객관적인 질서에 이바지하는 공무원제도를 보장·보호하려는 것이다.

다른 하나는 입법권이 국가사회공동체의 역사·문화에 따라 형성된 공무원제도의 유지·발전과 공무원제도의 다른 쪽 당사자로서 주권자인 전체국민의 복리를 고려하고, 헌법상 보장된 공무원제도 자체의 기본 틀을 해하지 않는 범위 내에서 그 제도에 관련된 여러 이해관계인의 권익을 서로 조화하면서 공공복리의 목적 아래 통합·조정할 수 있음을 의미하는 것이다.

그런데 이 법 제66조 제1항은 "공무원은 노동운동 기타 공무 이외의 일을 위한 집단적 행위를 하여서는 아니 된다. 다만, 사실상 노무에 종사하는 공무원은 예외로 한다."고 하고, 같은 조 제2항은 "제1항 단서의 사실상 노무에 종사하는 공무원의 범위는 국회규칙·대법원규칙 또는 대통령령으로 정한다."고 규정하여, 노동3권이 보장되는 공무원의 범위를 "사실상의 노무"에 종사하는 공무원으로 한정하고 있다.

그러므로 위 법률조항의 합헌성 여부를 판단함에 있어서는 우선, 위 법률조항에 따라 노동3권이 보장되는 공무원의 범위가 사실상의 노무에 종사하는 자로 한정되어 있는 것이, 앞서 본 바와 같이 노동3권의 주체를 법률로 정하도록 위임하고 있는 헌법 제33조 제2항의 법률유보에 내재하고 있는 목적에 어긋나는 것은 아닌가라는 의문이 생길 수 있다.

일반적으로 근로자의 노동3권은 우리 헌법이 추구하는 가치지표로서의 실질적인 평등이념, 재산권보장 및 계약의 자유 등을 내용적으로 조화시키기 위한 헌법적 표현이라고 말할 수 있다. 그러므로 입법권자가 헌법 제33조 제2항의 규정에 따라 노동3권의 주체가 될 수 있는 공무원의 범위를 정함에 있어서는 노동3권을 보장하고 있는 헌법의 정신이 존중되어야 함은 물론 국제사회에 있어서의 노동관계 법규 등도 고려되어야 한다. 그러나 다른 한편, 근로자인 공무원의 직위와 직급, 직무의 성질, 그 시대의 국가·사회적 상황 등도 아울러 고려하여 합리적으로 결정하여야 한다. 이때에 비로소 헌법상 근로자에 대한 노동3권의 보장을 통하여 실현되어야 할 가치질서와, 합리적인 직업공무원제도의 유지·발전을 통하여 달성되어야 할 주권자인 전체국민의 공공복리의 목적이 적절히 조화될 수 있을 것이기 때문이다.

입법자가 고려하여야 할 위와 같은 여러 가지 입법상의 참작사유 등에 미루어 위 법률조항을 살펴볼 때, 위 법률조항이 노동3권이 보장되는 공무원의 범위를 사실상의 노무에 종사하는 공무원에 한정하고 있는 것은, 노동3권의 향유주체가 되는 공무원의 범위를 정함에 있어서 공무원이 일반적으로 담당하는 직무의 성질에 따른 공공성의 정도와 현실의 국가·사회적 사정 등을 아울러 고려하여 사실상의 노무에 종사하는 자와 그렇지 아니한 자를 기준으로 삼아 그 범위를 정한 것으로 보여진다. 이러한 입법내용은 앞서 본 바와 같이 헌법상 근로자에 대한 노동3권의 실질적 보장이 전제되고 있으면서도 헌법 제33조 제2항이 노동3권이 보장되는 공무원의 범위를 법률에 의하여 정하도록 유보함으로써 공무원의 국민 전체에 대한 봉사자로서의 지위 및 그 직무상의 공공성 등의 성질을 고려한 합리적인 공무원제도의 보장, 공무원제도와 관련한 주권자 등 이해관계인의 권익을 공공복리의 목적 아래 통합 조정하려는 의도와 어긋나는 것이라고는 볼 수 없다.[67]

4) 변정수재판관의 별개의견의 요지

국·공립학교 교사도 다른 공무원과 함께 당연히 노동3권을 향유하는 근로자에 속하는 것이다. 그럼에도 불구하고 헌법 제33조 제2항은 "공무원인 근로자는 법률이 정하는 자에 한하여 단결권·단체교섭권 및 단체행동권을 가진다."라고 규정하여 공무원에 대하여는 원칙적으로 노동3권을 제

---

67) 청구인들이 제기한 명확성의 원칙 및 평등의 원칙에 관해서는 위의 헌법재판소 결정이 거의 반복되고 있어 생략하였다.

한 내지 박탈할 수 있도록 특별유보조항을 두었는데 엄연히 근로자로서 노동3권을 향유하여야 할 공무원에 대하여 직무의 성격을 구별함이 없이 오직 그들의 신분이 국가 또는 지방자치단체에 근무하는 공무원이라는 이유만으로 노동3권을 박탈하는 것은 경제적·사회적 영역에 있어서 다른 근로자와 차별하는 것이다.

공무원이 국민 전체의 봉사자라는 점에서 다른 근로자와 다르다고는 할지라도 근로자의 노동3권은 그들의 생활권과 행복추구권의 보장을 위하여는 필요불가결한 조건이므로 공무원이 국민 전체의 봉사자라는 이유는 그들의 노동3권을 박탈할만한 합리적 이유가 될 수 없다. 노동3권의 제한 내지 박탈은 그 해당 근로자의 신분을 기준으로 할 것이 아니라 그가 종사하는 직무의 성격에 따라 최소한도로 이루어져야 하는 것이다.

그러므로 공무원 신분이라는 이유만으로 원칙적으로 노동3권을 박탈하고 예외적으로 법률로써 인정할 수 있도록 규정한 헌법 제33조 제2항은 그보다 상위규정이며 민주주의 헌법의 기본이념이고 헌법핵(憲法核)이라고 할 수 있는 헌법 제11조 제1항 소정의 평등원칙에 위배되는 조항일뿐더러 인간의 존엄과 가치 및 행복추구권을 규정한 헌법 제10조에도 위배되는 조항으로서 앞으로 헌법개정 등을 통해 재검토되어야 할 매우 부당한 위헌적인 헌법규정이다. 이처럼 헌법에 사회적 신분에 의한 기본권제한 내지 박탈규정을 두거나 반대로 사회적 신분에 의한 특전을 부여하는 규정을 두는 것은 뚜렷한 합리적 이유가 없는 한 민주주의 헌법의 기본이념인 평등원칙에 반하는 것이며 세계 어느 나라 헌법에도 헌법 제33조 제2항과 같은 공무원의 노동3권에 관한 특별유보조항을 둔 예는 없다. 그리고 만일 헌법규정에 대하여는 어떠한 경우라도 위헌문제를 제기할 수 없다고 한다면 이는 헌법의 기본원칙과 기본권보장에 역행하는 어떠한 내용의 헌법규정을 두어도 괜찮다는 것이 되어 헌법의 본질과 기본권보장은 형해화(形骸化)되고 말 것이다.

위헌적인 헌법 제33조 제2항에 근거한 국가공무원법 제66조 제1항은 공무원(사실상 노무에 종사하는 자 제외)의 노동3권을 완전히 박탈하였다. 이들

규정은 공무원의 노동3권의 본질적 내용을 침해하는 것이어서 헌법 제37조 제2항의 일반유보조항에 의하여서도 정당화될 수 없는 위헌적인 법률인 것은 두말할 것도 없으나, 위 법률조항들이 헌법의 특별유보조항(제33조 제2항)에 근거를 두고 있기 때문에 아직은 그것에 대하여 쉽사리 위헌선언을 할 수 없을 뿐이다. 그러나 국가공무원법 제66조 제1항의 근거가 되는 헌법 제33조 제2항이 헌법의 기본이념(헌법핵 규정)에 배치되는 규정인 것을 감안할 때 노동운동이 허용되는 공무원을 사실상 노무에 종사하는 공무원에 한정할 것이 아니라 그 범위를 되도록 넓혀서(국·공립학교 교원도 포함시켜야 한다) 위헌적인 헌법규정으로 인한 공무원의 노동3권 침해를 최소화하는 방향으로 국가공무원법 제66조 제1항은 개정되어야 할 것이다.

4. 사견: 공무원 노동기본권제한의 한계

1) 이상의 헌법재판소의 결정에 관해서는 여러 학자들의 비판이 있었다. 필자도 변정수재판관의 별개의견과 견해를 같이 하면서, 다음과 같은 이유에서 헌법재판소의 위 결정에 대해서는 비판적이다.

2) 우리나라 현행헌법의 기본권제한의 유형은 헌법 직접적 제한과 헌법이 기본권제한의 가능성을 법률로 위임한 헌법상 간접적 제한 즉 일반적 법률유보가 있다. 우리헌법 제33조 제1항은 근로자의 노동3권을 제한적 법률유보 없이 완전히 자주적인 권리로서 보장하고 있다. 그리고 동법 제2항은 공무원인 근로자는 법률로 정하는 자에 한하여 노동3권을 가진다고 규정하고, 동법 제3항은 법률이 정하는 주요 방위산업체에 종사하는 근로자의 단체행동권은 법률이 정하는 바에 의하여 이를 제한하거나 인정하지 아니할 수 있다고 규정하고 있다.

그러므로 헌법 제33조의 법문의 형식에 의하면 법률에 의하여 노동기본권이 인정되지 않는 공무원을 제외하면 모든 근로자에 노동기본권 또한 우리 헌법의 자유권은 법률의 유보에 의하여 그것을 제한할 수 있는 것이지만 사회적 기본권에 있어서는 법률의 유보는 그 권리에 대한 제한이 아니라 그 권리의 형성을 의미하는 절차의 유보를 뜻한다는 주장도 가능하므로 노동기본권이 사회적 기본권으로 이해되는 부분[68]에 대한 법률의 유보는 헌법 해석론적 문제가 제기될 여지가 없는 것도 아니다. 그렇지만 노동기본권의 행사도 무제한하게 보장될 수 없음은 명백한 일이다. 그러나 기본권에 대한 법률유보는 법률의 형식에 의하지 않고서는 기본권이 함부로 제한될 수 없다는 것을 의미하기 때문에 법률의 유보는 우선 적법한 공권력에 의하지 않고서는 이를 침해할 수 없다는 것을 뜻한다.

그러나 이러한 "적법"한 공권력에 의한 제한이라고 하더라도 기본권의 법률유보의 원칙을 규정하고 있는 헌법 제37조 제2항에 의하면 이러한 헌법 제37조 제2항에 의한 기본권제한의 일반적 기준은 우선 "국가안전보장·질서유지·공공복리"이다. 국가안전보장이란 국가의 존립과 안전에 관계되는 모든 경우를 말하며, 질서유지란 공공의 안녕·질서의 유지를 말하는 것으로서 경찰법상의 안녕·질서의 의미로 이해되고 있다. 그러나 공공복리에 대한 내용이 무엇이냐에 관해서는 의견이 분분하며 추상적으로는 개별적인 국민의 이익이 전체적 조화 또는 사회적 정의 등을 의미한다고 한다. 따라서 이 개념은 매우 막연한 것이라 할 수 있다. 그런데 노동기본권의 제한과 관련하여 "공공의 복리"가 오늘날까지 가장 중요한 근거로 제시되고 있으나 공공의 복리라는 개념은 공공의 편의로 잘못 대체되어 노동기본권의 보장을 잘못 무의미하게 할 위험이 있다. 공공복리가 자의적으로

---

68) 노동기본권은 이미 전술한 바와 같이 국가의 법제도적 뒷받침이 없이는 이의 실질적인 보장은 어렵기 때문에 생활권적인 성질을 지닐 뿐만 아니라 또한 국가 등 공권력은 이 기본권을 사실적인 방법이나 민사법적 혹은 형사법적인 방법 등으로 침해하여서는 안 된다는 자유권 내지 방어권(Abwehrrecht)으로서의 성질을 가지게 된다고 할 수 있으므로 자유권적·생활권적 성질을 동시에 가지는 복합적인 기본권(혼합권설)이라고 하겠다. 이는 전술한 바와 같이 헌법재판소의 판례나 일반적인 학설의 태도이다. 그러나 노동기본권에 이 두 부분의 성격이 복합적이어서 실제에 있어서 분리취급이 불가능할 정도로 얽혀 있는 것은 또한 아니다.(권영성, 전게서, p.588; 구병삭, 전게서, p.563; 허영, 전게서, p.478; 김유성, 전게서, pp.22-25; 신인령, 전게서, p.106 참조)

풀이될 때는 쟁의권 내지 쟁의행위의 제한이 안이하게 긍정되는 결과를 가져오기 쉬우므로 노동3권을 제한하는 공공복리의 개념을 근로자를 포함한 국민 전체의 생존확보를 위한 요청을 그 내용으로 하는 것이라고 엄격하게 해석하여야 할 것이다.

국가위기 사태에 있어서 대통령의 긴급재정경제처분·명령 등 긴급명령에 의하여 노동3권이 잠정적으로 제한될 수 있는데(헌법 제76조) 이를 단순히 직접 헌법에 의한 제한의 유형으로 분류하여 기본권제한 시에 지켜져야 하는 비례의 원칙과 기본권의 본질적 내용침해 금지 등의 원칙의 적용이 배제되게 하여서는 안 된다. 왜냐하면 비록 대통령의 긴급재정경제처분·명령 등 긴급명령이 직접헌법에 의한 기본권의 제한으로 분류가 된다고 하더라도 비례의 원칙과 기본권의 본질적 내용 침해금지 원칙은 기본권의 본질적인 내용에 속하기 때문에 헌법에 명문의 규정이 없더라도 기본권에 적용이 되어야 할뿐만 아니라 이러한 대통령의 긴급재정경제처분·명령 등 긴급명령은－물론 이러한 대통령의 긴급명령에 따른 기본권제한의 헌법규정에 따라 다른 법률유보에 의한 기본권제한의 경우와 달리 예컨대 발동을 위한 중대한 재정·경제상의 위기상황 등의 현황요건에 따른 특유사항, 복리증진 등의 목적이 아닌 국가안전보장, 공공의 안녕·질서를 유지하기 위하여 긴급한 조치가 필요하는 등의 소극적 목적, 즉 목적요건에 따른 특유사항, 국회의 집회를 기다릴 여유가 없을 사유, 국무회의 심의(헌법 제89조), 국가안전보장에 관한 경우는 국가안전보장자문도 필요(헌법 제91조), 문서로써 할 것, 국무총리 및 관계국무위원의 부서, 국회승인 얻지 못할 경우에는 효력을 상실하고 개폐된 법률효력 회복하는 등에 있어서 절차·효력 등에 있어서 특유사항이 존재하기는 하지만－국회의 승인을 얻었을 경우에는 그 효력에 있어서 법률과 같은 효력을 가지므로 헌법의 규정에 의한 이러한 특유사항을 제외하고는 법률에 의한 제한으로 보아 법률유보에 의한 기본권제한에 관한 원칙을 규정하고 있는 헌법 제37조 제2항의 규정이 적용된다고 하여야 할 것이다.[69]

또한 비상계엄령 선포에 의해서도 단체행동이 제약받을 수 있는데(헌법

76

제77조, 계엄법 제9조) 이 경우에도 - 대통령의 긴급재정경제처분·명령 등 긴급명령의 경우와 마찬가지로 - 헌법에 직접적인 규정이 존재하기는 하지만 이에 관한 병력사용 등 헌법의 규정에 따른 여러 가지 특유사항을 제외하고는 계엄법이라는 법률에 따라서 기본권이 제한되게 되므로 대통령의 긴급재정경제처분·명령 등 긴급명령의 경우와 같이 이러한 특유사항을 제외하고는 또한 여기에서도 법률에 의한 제한으로 보아 법률유보에 의한 기본권제한에 관한 원칙을 규정하고 있는 헌법 제37조 제2항의 규정이 적용된다고 봄으로써 기본권제한의 경우 비례의 원칙과 본질적 내용의 침해금지 등의 원칙이 적용된다고 해석하여야 할 것이다.

따라서 이와 같은 경우에는 노동3권도 잠정적으로 정지되거나 제한을 받게 될 것이나 그 제한도 최소한도에 그쳐야 할 것이다.

3) 기본권제한에 있어서 비례의 원칙은 기본권보장의 경우의 이익과 기본권제한의 경우의 공공의 이익과를 비교하여 양자 간의 균형을 유지하려고 하는 이익형량의 이론으로서, 헌법재판소도 이를 기본권제한의 한계의 기준으로서 적용하고 있다. 즉 헌법재판소는 과잉금지 원칙의 네 가지 요소로서 목적의 정당성, 방법의 적정성, 즉 적합성의 원칙(Geeignetheitsprinzip), 피해의 최소성, 필요성의 원칙(Erforderlichkeitsprinzip), 법익의 균형성, 즉 협의의 비례의 원칙(Verhältnismäßigkeitsprinzip im engeren Sinne) 등을 들고 있는데, 「국가작용 중 특히 입법적용에 있어서의 과잉금지의 원칙이라 함은 국가가 국민의 기본권을 제한하는 내용의 입법활동을 함에 있어서 준수하여야 할 기본원칙 내지 입법활동의 한계를 의미하는 것으로서, 국민의 기본권을 제한하려는 입법의 목적이 헌법 및 법률의 체계상 그 정당성이 인정되어야 하고, 그 목적의 달성을 위하여 그 방법이 효과적이고 적절하여야 하고, 입법권자가 선택한 기본권제한의 조치가 입법목적달성을 위하여 설사 적절

69) 이 경우에도 앞의 대통령의 긴급재정경제처분·명령 등 긴급명령의 경우와 마찬가지로 비례의 원칙과 기본권의 본질적 내용 침해금지 원칙은 기본권의 본질적인 내용에 속하기 때문에 헌법에 명문의 규정이 없더라도 기본권에 적용이 되어야 한다고 할 수 있다.

하다 할지라도 가능한 한 보다 완화된 형태나 방법을 모색함으로써 기본권의 제한은 필요한 최소한도에 그치도록 하여야 하며, 그 입법에 의하여 보호하려는 공익과 침해되는 사익을 비교형량 할 때 보호되는 공익이 더 커야 한다는 법치국가의 원리에서 당연히 파생되는 헌법상의 기본원리의 하나인 비례의 원칙을 말하는 것」이라고 한다.70)

4) 이 헌법규정과 헌법재판소 판례는 이러한 비례의 원칙 이외에 노동기본권의 제한한계로서 노동기본권의 본질적 내용을 밝히고 있는데, 여기서 노동기본권의 본질적인 내용은 근로자가 자주적으로 단결하여 그 조직을 통해 사용자와 대등한 교섭에서 근로조건의 유지·개선을 도모하는 것으로 보아야 하므로 본질적 침해란 그 침해로 말미암아 당해 기본권이 유명무실하게 될 정도의 권리침해를 말하므로 노동기본권의 경우 단결권과 단체교섭권을 제한하는 것을 의미하는 것으로 보아야 한다71)는 것이 지금까지는 일반적이다.

5) 우리 현행헌법은 공무원의 노동기본권을 일반적 법률유보조항에 근거하지 아니하고 헌법 제33조 제2항에 의한 헌법직접적 기본권제한(verfassungsunmittelbare Grundrechtsschranken)72)의 방법으로 제한하고 있고 이에 따라 국가공무원법 제66조 제1항 및 지방공무원법 제58조 제1항을 두어 노동기본권의 보장을 사실상 노무에 종사하는 공무원에 한정되도록 제한하

70) 헌재 1992. 13. 23. 92헌가 8 결정 참조.
71) 이병태, 전게서, pp.84-85: 이상윤, 전게서, p.83: 권영성, 전게서, p.324: 허영, 전게서, p.278: 김철수, 전게서, p.217: 헌재 1990. 9. 3(89 헌가 95)결정 참조.
72) 여기서 말하는 "헌법직접적 기본권제한"(verfassungsunmittelbare Grundrechtsschranken)을 국내의 문헌들은 예컨대 "기본권의 헌법적 한계"(허영, 전게서, p.271 참조) 혹은 "헌법유보"(권영성, 전게서, p.315 참조: 이러한 헌법유보라는 용어에 대한 비판적 견해로는 허영, 전게서, p.271, 각주 1 참조. 그러나 "기본권의 헌법적 한계"라는 표현도 기본권의 헌법직접적 제한규정에 의한 제한을 의미하고 있는 것은 명백하지만 그 의미를 명백하게 나타 내주는 표현이라고 보기는 어려운 점도 있다) 혹은 "헌법직접적 제한"(김철수, 전게서, p.215 참조) 등의 표현 등을 사용함으로써 아직 용어 자체가 통일되어 있지 않으나 본 연구에서는 대체로 김철수 교수와 독일 헌법학계의 표현 방식을 빌려 헌법직접적 기본권제한 혹은 단지 헌법직접적 제한 등으로 표현하기로 한다.

고 있다.

그러나 이러한 국가공무원법 제66조 제1항 및 지방공무원법 제58조 제1
항은 헌법의 노동기본권을 공무원의 노동기본권을 지나치게 제한하는 입법
이라고 하여야 할 것이다. 왜냐하면 헌법이 비록 제33조 제2항에서 "공무
원인 근로자는 법률이 정하는 자에 한하여 단결권·단체교섭권 및 단체행
동권을 가진다."라고 규정하여 헌법 제33조 제1항에서 모든 근로자에 대해
서 노동기본권을 보장한 다음 예외적으로 공무원인 근로자에 대해서는 그
노동기본권을 법률로 제한 가능하게 하였다고 하더라도 그 제한은 가능한
한 최소한에 그치도록 하여 헌법에 의해 공무원의 노동기본권도 최적으로
보장되도록 함으로써 그만큼 헌법의 규범성(Normativität)[73]이 제고되도록
해석하여야 한다고 할 수 있기 때문이다.[74]

따라서 공무원의 노동기본권에 대하여 '보장'을 원칙으로 하고 '제한'을

---

73) 여기서 헌법의 규범성이라 하면 헌법의 규범으로서의 성질, 즉 지켜져야 하는
당위성과 실제로 지켜질 수 있는 실효성을 결합한 개념으로 허영 교수의 헌법
의 생활규범성(허영, 전게서, pp.28, 123 참조)이나 K. Loewenstein의 규범적
헌법의 규범성(K. Loewenstein, Verfassungslehre, 3. Aufl., Tübingen, 1975, S.
144 f. 참조)과 그 의미에 있어서 같은 개념이라고 할 수 있다.

74) 참고로 독일헌법학계에서는 기본권의 보호영역(Schutzbereich) 내지 구성요건
(Tatbestand)에 관하여 넓은 기본권 구성요건 이론과 좁은 기본권 구성요건
이론이 대립되어 있는바, 좁은 구성요건 이론에 따를 경우 기본권의 구성요건
은 결과적으로 보아 반드시 기본권으로서 보호될 수 있는 영역만을 포함하게
되고 넓은 구성요건에 따를 경우에는 이와는 반대로 결과적으로 보아 기본권
으로서 보호될 수 없는 영역도 우선 기본권의 보호대상으로서 원칙적으로 포
함되게 된다. 따라서 공무원 노동기본권의 경우 극히 일부의 사실상의 노무에
종사하는 등의 공무원만을 제외하고 헌법상 노동기본권을 보장받지 못 하게
된다고 할 경우에 이 극히 일부의 공무원만을 제외하고는 공무원은 노동기본
권의 기본권 구성요건에 포함되지 못하게 되지만, 이와는 반대로 넓은 구성요
건에 따를 경우에는 결과적으로 보아 모든 공무원이 노동기본권의 보호를 받
지 못한다고 하더라도 일단은 헌법상 기본권인 노동기본권의 구성요건에 포함
되게 된다. 이런 넓은 기본권 구성요건 이론에 관한 대표적인 문헌으로(R.
Alexy, Theorie der Grundrechte,1.Aufl.,1986, S. 272 ff.)를 들 수 있으며 국내
문헌으로는 윤재만, "기본권의 구성요건이론", 「헌법연구」, 5집 1호, 한국헌법
학회(1999), pp.165-193 참조.

예외로 하여야 한다. 공무원 신분이라는 이유만으로 원칙적으로 노동기본권을 박탈하고 예외적으로 이를 인정하는 입법은 민주주의 헌법의 기본이념이라고 할 수 있는 헌법 제11조 제1항 정의 평등원칙에 위배될 뿐만 아니라 인간의 존엄과 가치 및 행복추구권을 규정한 제10조에도 그 만큼 부합한다고 볼 수 없기 때문이다.

6) 이상의 논의의 결과 명백해지기는 하였지만 입법연혁과 관련하여 다시 한번 지적해두고자 하는 것은 노동기본권이 제한되는 공무원의 범위의 불합리한 점이다. 즉, 국가공무원법 제66조 제1항 및 지방공무원법 제58조 제1항을 헌법에 부합하지 아니하는 입법이라고 보고 넓은 기본권 구성요건 이론을 취할 경우 - 이 이론의 적용결과 실제로는 공무원의 단체행동권의 경우는 대부분 제한되겠지만 - 공무원의 노동기본권을 원칙적으로 인정하고, 위에서 언급한 바와 같이, 공무원이기 때문에 각각 개별적·구체인 경우에, 즉 hic und nunc[75) 비례의 원칙에 의해 제한될 수밖에 없는 합리적인 이유가 있는 한도 내에서만 제한하여야 하기 때문에 구체적인 경우에 그 제한의 근거가 되는 법익과 공무원의 노동기본권을 비례의 원칙에 의해 형량하여 개별적·구체적으로 제한범위가 정해져야 한다. 즉 직무의 중단이 공익에 미치는 불이익과 노동기본권 제한으로 인하여 공무원이 입게 되는 불이익을 구체적으로 비례의 원칙에 따라 판단하여 그의 노동기본권의 제한범위가 결정되어야 하는 것이다. 이러한 요청에 부응하려면 적어도 공무원이 담당하는 직무의 성질을 고려하여 노동기본권 제한 여부와 그 보장 범위를 개별적으로 검토하여야 할 필요가 있다. 이러한 점에서 볼 때 사실상 노무에 종사하는 자를 제외한 공무원 일반에 대하여 일률적·전면적으로 단결권조차 배제하는 현행 국가·지방공무원법상 규정된 기준은 불합리하다고 할 것이다.[76)

---

75) "여기에 그리고 지금"
76) 김유성, 전게서, pp.39-40; 허영민, 전게연구, pp.724-727; 신인령, 전게서, pp.34-36.

제3장 공무원 노동조합법제의 비교법적 고찰

본 장에서는 ILO의 국제노동기준(International Labor Standards)과 주요외국의 공무원 노동조합법제를 공무원 노동기본권의 보장을 중심으로 비교법적 고찰을 함으로써 우리나라 공무원 노동조합법제의 장기적인 입법방향제시에 많은 시사점을 얻고자 한다.

여기에서의 주요외국은 독일, 영국, 프랑스, 미국, 일본 등의 선진국으로 한정하였다.

제1절 ILO의 국제노동기준

ILO(국제노동기구)는 각국의 근로자대표와 사용자대표 및 정부대표가 한자리에 모여 노동문제를 협의·모색하는 UN산하의 전문기구[1]로, 1919년 창설된 이후 많은 협약(convention)과 권고(recommendation)를 통하여 국제노동기준[2]을 설정하고 각국이 이를 채택·준수케 함으로써 궁극적으

---

1) ILO는 다른 UN 전문기구와 달리 정부대표만이 참가하는 것이 아니라 근로자대표와 사용자대표도 함께 참여하는 노·사·정 3자협의기구(tripartite)라는 특징을 가지고 있다. ILO는 매년 개최되는 총회(General Assembly)인 국제노동회의(International Labour Conference)와 사업집행기관인 이사회(Governing Body) 및 국제노동사무국(International Labour Office)으로 구성되어 있다. 또한 지역회의와 산업별위원회 및 전문가회의와 같은 보조기구들을 통해서도 업무를 수행한다. 총회는 주요업무로서 ① ILO 노동기준인 협약과 권고의 채택, ② 매 2년마다 활동프로그램과 조직을 위한 예산확정, ③ UN 비회원국인 신규회원국의 가입 및 재가입승인 등을 수행한다. ILO의 활동은 근로기준설정·기술협력·조사연구의 세 분야로 크게 나누어지며, 그중에서 기준설정이 ILO가 가장 역점을 두는 분야라고 할 수 있다(김태기, 「ILO가입과 노사관계의 변화 방향」, 한국노동연구원, 1993, p.4 참조.)
2) ILO 총회는 국제노동기준으로서 협약과 권고라는 두 가지 국제문서를 채택하여

로 각국 근로자의 근로조건 개선에 기여해 왔으며 이를 통하여 산업평화를 달성하고 세계평화를 구축하는 데 일익을 담당하여 왔다.

ILO의 협약 중에서 근로자의 단결권 및 단체교섭권을 보장하고 있는 기본협약은 1948년 제87호 협약(결사의 자유 및 단결권보호에 관한 협약)이다. 기본협약인 제87호 협약 이외에 1949년 제98호 협약(단결권 및 단체교섭권원칙의 적용에 관한 협약)과 1978년 제151호 협약(공공부문의 단결권보호 및 고용조건의 결정을 위한 절차에 관한 협약)이 있으며, 단체교섭권의 보장에 관한 또 다른 협약으로는 1981년 제154호 협약(단체교섭촉진에 관한 협약)이 있다.

단결권 및 단체교섭권에 관한 권고로서는 1978년 제159호 권고(공공부문에서의 고용조건결정절차에 관한 권고)가 있다.

또한, 결사의 자유위원회3)가 제출하고 있는 방대한 보고서에는 단결권,

왔는데, 여기서 협약은 회원국이 준수하여야 할 최저의 기준을 제시하는 것으로서 국내의 근로기준법과 마찬가지로 최저의 수준만을 제시한 것이다. 그러므로 그 이상의 유리한 조건이 다른 협약이나 국내법에서 보장될 때에는 유리한 기준이 우선적으로 적용되어야 한다. 또한 최저기준을 핑계로 근로조건을 개선하지 않는 것은 국제노동기준의 원칙에 위배되는 것이다. 한편 권고는 단지 기준만을 설정한 것으로써 의무를 수반하는 협약과는 다른 것이다. 국가에 따라 사정이 서로 다르기 때문에 협약으로는 기준을 강제하기 어려워서 각국에 적합한 방법으로 기준을 적용할 필요가 있는 경우에 권고라는 방식을 취한다. 협약은 일단 비준하면 구속력을 갖지만, 권고는 수락하더라도 단지 국내조치의 지침이 될 뿐이다. 즉 권고는 법률 내지 단체협약에 대한 유력한 지침으로서의 효과가 있다. 그러나 협약화하기 위한 예비적인 조치로서 권고를 채택하는 경우도 많으며, 또한 최근에는 동시에 같은 주제의 협약과 권고를 채택하면서 원칙적인 사항은 협약으로 규정하고 자세한 항목은 권고로 보충하는 경우가 증가하고 있다. 이러한 의미에서 권고에 규정된 기준은 이상적인 기준과 세계 각국의 평균적인 관행 간의 타결점에 가깝다. 그러므로 협약은 국제적인 최저의 노동기준을 설정하는 것으로 비준시 국제적으로 이행하여야 하는 법적의무를 부담하는 의무창설문서(Obligation Creation Instrument)이나, 권고는 의무라기보다 진보를 목적으로 국내조치의 지침이 되는 기준규정문서(Standard Defining Instrument)의 성격을 가진다고 할 수 있다.(국제노동연구소, 「ILO란 무엇인가」, 돌베개, 1991, p.57: 최준섭·이수영, 「ILO와 국제노동기준」, 중앙경제사, 1992, pp.141~142 참조.)

3) 결사의 자유위원회는 1951년 1월 ILO이사회 산하 특별위원회 중의 하나로서 설치되었으며 노·사·정 각 그룹에서 각각 3명씩 총 9명의 위원으로 구성되어 있다. 동위원회는 결사의 자유에 관한 ILO 협약의 비준 여부에 관계없이 모든

단체교섭권, 파업권 등에 관한 동 위원회의 입장이 집약되어 있다.[4]

1. 단결권

1) 국제노동기준으로서의 결사의 자유

ILO가 가장 중시하고 있는 기본원칙은 단결권(결사의 자유)[5]이다. ILO 헌장전문에서 이를 '급선무'의 하나로 명시하고 있으며, 헌장의 부속서로서 ILO의 기본원칙을 천명한 '필라델피아 선언'에서는 "표현의 자유 및 결사의 자유는 부단한 진보를 위하여 필수적인 것이다"(ILO헌장 제1조, 필라델피아 선언 제1장 b항)라고 규정하여 다시 강조하고 있다.

ILO는 창립당시부터 근로조건의 향상에 본질적인 요소를 이루는 단결권(결사의 자유)에 대하여 특별한 중요성을 부여해 왔으며 이에 대한 국제적 보장을 위해 여러 가지 협약 및 권고의 채택과 각종의 위원회를 설치하여 많은 활동과 결의를 채택해 왔다. 따라서 ILO는 단결권을 보장하기 위하여 설립된 조직체라고 해도 지나친 말이 아닐 만큼 노동조합을 위한 결사의 자유에 관해서의 기준은 국제노동법 중에서도 특별한 지위를 점하고 있다. 왜냐하면 단결권은 근로자가 자기의 권익을 지키기 위한 기본적 수단이며 일반적인 결사의 자유권의 한 측면 즉, 기본적 인권의 하나로 보기 때문이다.[6]

국가에 대한 진정 및 제소사건을 취급한다.(국제노동연구소, ILO와 단결권, 돌베개, 1991, pp.36-37)

4) 동 위원회 보고서의 내용을 자세히 수록한 편저로는 ILO, Freedom of Association, *Digest of Decisions and Principles of the Freedom of Association Committee of Governing Body of ILO*, 3rd ed.(Geneva: International Labour Office, 1985) 및 이원희·이상덕 편, 『공공부문 노사관계 관련 ILO 결사의 자유위원회 판정사례집』 (한국노동연구원, 1994) 등이 있다.

5) ILO에서 다루고 있는 단결권(결사의 자유)의 개념은 원칙적으로 전술한 광의의 단결권 즉 단결활동권으로 파악하여야 할 것이다. 왜냐하면 단결활동권을 전제로 하지 않는 단결권은 무의미하기 때문이다.

6) 이을형, "결사의 자유에 관한 서설 -ILO 제87호 조약을 중심으로-", 우전 이병태 교수화갑논문집 『신세기 노동법의 전개』, 1996, p.93.

ILO 제87호 협약(결사의 자유 및 단결권보호에 관한 협약)은 결사의 자유에 관한 기본협약으로서 모든 근로자에게 단결권을 보장하고 있는바, 그 보장은 공무원에게도 적용된다. 다만, 군대 및 경찰에 대하여 동 협약이 규정하는 보장이 적용되는 범위는 국내법령에 따르도록 되어 있다.(제9조 제1항)

제87호 협약 제2조는 "근로자와 사용자는 사전허가를 받지 아니하고 스스로 선택하는 단체를 설립할 수 있는 권리와 그 단체의 규약에 따를 것을 조건으로 그 단체에 가입할 수 있는 권리를 어떠한 차별도 없이 보장 받아야 한다."라고 규정하고 있다. 이 규정은 ① 근로자와 사용자는 사전허가 없이 스스로의 선택에 의해 단체를 결성하고 가입할 권리가 있다는 사전허가금지의 원칙, ② 결사의 자유에 관하여 어떠한 차별대우도 있어서는 안된다는 무차별의 원칙, ③ 근로자와 사용자는 스스로 선택한 단체에 가입할 수 있다는 노동조합 선택자유의 원칙을 명시한 것으로서 이를 상설하면 다음과 같다.[7]

첫째, 사전허가 금지의 원칙이다. 근로자가 노동조합을 결성하기 위하여 행정당국으로부터 일정한 형태의 사전승인이 요구된다면, 이는 동 협약의 기본원칙에 위배된다.[8] '결사자유위원회'는 정부의 허가가 있어야만 단체의 결성을 인정하는 법규는 결사의 자유원칙에 위배된다고 확인하고, 과거 '근로자단체 및 사용자단체의 자유위원회'도 전적으로 동일한 입장을 확인하였다. 즉 노동조합설립에 관하여 일정한 형식절차는 각국의 법이 규정할 수 있지만, 이러한 규정이 실질적으로 노동조합의 자유로운 결성을 침해하는 내용이 되어서는 안 되며, 그 규정이 노동조합의 설립을 지연시키거나 방해하는 식으로 활용되어서도 안 된다.

둘째, 무차별의 원칙이다. 이는 공무원의 노동기본권 보장문제와 결부된 원칙으로서 제2조에 의하면 근로자는 "어떠한 차별 없이(without distinction whatsoever)" 단결권을 향유할 수 있다. 이 의미에 대하여 결사의 자유위원

---

7) 홍기갑, "ILO 제87호 협약에 관한 연구", 숭실대학교대학원 박사학위논문, 1990, pp.36~37; 이을형, 전게논문, pp.96~99 참조.
8) ILO, Freedom of Association, op. cit., p.56.

회는 "직업, 성별, 피부색, 인종,9) 신앙, 국적, 정치적 견해 등을 이유로 차별
해서는 안 되며 사적부문뿐만 아니라 공무원이나 공공부문의 고용인에게도
일반적으로 적용된다."라고 선언하고 있다.

동 협약의 적용범위에 관한 단 하나의 유보는 제9조 제1항의 "본 협약
규정된 보장들을 군대와 경찰에 적용하는 범위는 국내법령으로 정한다"라
는 내용뿐이다. 그럼에도 불구하고 동조는 이어서 "ILO헌장 제19조 제8항
에 명시된 원칙에 의거하여 본 협약을 비준한 회원국의 경우 군대 또는 경
찰에 대하여 본 협약에서 보장한 권리를 인정하고 있는 국내의 기존법률,
판례, 관습 또는 협약은 본 협약의 비준으로 영향을 받지 않는다."라고 규
정하고 있다. 이것은 군인 및 경찰관을 예외로 하고, 동 협약이 어떠한 차
별도 없이 모든 근로자 및 모든 사용자에게 적용됨을 확인한 것이다. 따라
서 결사의 자유에 대한 보장은 공공부문의 근로자이든 민간부문의 근로자
이든, 공무원이든 민간인이든 차별 없이 군대와 경찰을 제외하고는 모든
근로자에게 적용된다고 할 수 있다. 현재 많은 나라에서는 공공부문 근로
자와 공무원에게도 단결권을 인정하고 있으며, 그 방식으로는 공무원과 공
공부문 근로자를 일반근로자와 구분하지 않고 단결권을 보장하는 경우10)
와 공무원과 공공부문 근로자에게 적용되는 특별법을 통하여 단결권을 보
장하는 경우11)가 있다.

셋째, 노동조합 선택자유의 원칙이다. 스스로 선택한 단체를 결성하고
가입할 수 있는 권리를 행사한다는 것은, 노동조합 조직의 구조와 조합원
구성원을 자유롭게 할 수 있음을 의미한다. 그러나 많은 나라에서 근로자
및 사용자의 자유로운 조직결성권이 법령에 의해 제한받고 있는데, 이에
대해 ILO 결사의 자유위원회와 협약 및 권고의 적용에 관한 전문가위원회

9) 결사자유위원회는 남아프리카공화국사건(제102호 사건)에서, 아프리카인 근로자
   의 노동조합 결성 및 가입을 금지하는 법은 단결권협약의 원칙에 위배된다는
   결정을 내린바 있다.(국제노동연구소 편, ILO와 단결권, pp.69~70)
10) 독일, 프랑스, 러시아, 네덜란드, 오스트리아, 영국 등이 있다.(홍기갑, 전게논문,
    pp.36-37, p.40.)
11) 벨기에, 캐나다, 일본, 스페인, 스위스, 미국 등이 있다.(상게논문, p.40.)

등에서는 이러한 경우의 상당수가 제87호 단결권협약 제2조에 위반된다는
입장을 밝히고 있다.

요컨대 동 협약에 규정된 기준들은 '어떠한 차별도 없이' 모든 근로자에
게 적용되어야 하므로, 공공부문 근로자에게도 적용되어야 한다는 것이
ILO결사의 자유위원회의 기본입장이라고 할 수 있다. 민간부문 근로자들과
공공부문 근로자들은 자신의 권익을 옹호하기 위하여 단결권을 보유하므로
공공부문과 민간부문 사이에서 노동문제에 관해 어떠한 차별을 두는 것은
형평에 어긋나는 것으로 간주된다.[12]

2) 공무원 단결권의 보호(부당노동행위)

단결권보호를 위한 제98호 협약(단결권 및 단체교섭권원칙의 적용에 관
한 협약)[13]이 공공부문 근로자에게 적용되는가에 관해 해석상 논란이 있
어 왔고, 그 과정에서 몇몇 국가의 정부는 다수의 공공부문 근로자의 집단
을 ILO 제98호 협약의 적용범위에서 제외하고 있다는 문제점이 지적되어
왔다. 그리하여 공무원을 포함한 공공부문 전체에 관해 단결권 및 단체교
섭권을 보장하는 협약이 요청되었고, 그 결과 1978년 ILO 제151호 협약(공

---

12) ILO, Freedom of Association, op. cit., para 213.
13) 제87호 단결권협약이 성립한 지 1년 뒤인 1949년 ILO 정기총회에서 성립된 제
   98호 협약은, 단결권협약에 의해 결사의 자유가 행정권으로부터 충분히 보장된
   다고 하더라도 근로자의 경우는 사용자나 사용자단체의 행위에 의해 단결권이
   침해될 수 있다는 사실에 주목하여 채택되었다. 이 협약은 고용과 관련된 반조
   합적 차별행위에 대한 보호(제1조), 사용자의 지배에 대한 보호(제2조), 자주
   적인 교섭절차의 장려(제4조) 등을 규정하고 있다. 그러나 동 협약은 국가행정
   에 종사하는 공무원의 신분에 대하여는 다루지 않는다고 되어 있다(제6조). 여
   기서 '국가의 행정에 종사하는 공무원'이란 '그 직무가 국가의 행정에 직접 종
   사하는 자, 곧 정부의 부처나 그와 유사한 기관에 고용되어 있는 관리, 기타
   그러한 관리를 보좌하는 자'라고 보았다.(전문가 위원회 보고서 176항)
   특히 제98호 협약은 부당노동행위를 금지하고 있는데, 이는 노동조합의 임원을
   반차별행위로부터 보호하기 위하여 해고 시 노동감독관의 사전인가가 필요하
   다든가, 사용자가 근로자를 해고한 동기가 노동조합의 활동에 관련된 것이 아
   님을 입증할 책임을 부여하고 있다.(전문가위원회 보고서 271-272항)

공부문의 단결권보호 및 근로조건의 결정을 위한 절차에 관한 협약)이 성
립되었다.(제151호 협약 전문 참조)

ILO 제151호 협약은 공공부문 근로자의 노동조합활동에 대하여 고용에
관한 반조합적 차별로부터 충분한 보호를 받거나 공공기관의 간섭으로부터
보호를 받는 등 단결권의 보호 등을 규정하고 있는 바 이를 상술하면 다음
과 같다.[14)

① 동 협약은 공공기관이 고용하고 있는 모든 근로자에게 적용되며, 다
른 협약에서 보다 유리한 규정이 적용될 수 있다.(제1조 제1항) 다만, 공공
부문 근로자 중에서 정책결정 또는 관리에 관계하고 있다고 통상적으로 생
각되는 직무를 가진 고위직에 있는 근로자 또는 고도의 기밀적인 성질의
임무를 가진 근로자에 관하여 이 협약에서 규정하는 보장을 적용하는 범위
는 국내법령으로 하도록 하고 있다.(제1조 제2항)

② 공공부문 근로자는 고용에 관한 반조합적 차별대우로부터 보호를 받
아야 한다. 특히 근로자단체에 가입하지 아니하거나 또는 근로자단체로부
터 탈퇴할 것을 고용조건으로 하는 행위 및 공공부문 근로자단체의 조합원
이라는 이유 또는 공공부문 근로자단체의 정상적인 활동에 참가하였다는
것을 이유로 공공부문 근로자를 해고하거나 기타 불이익한 취급을 하는 행
위 등으로부터 보호를 받아야 한다.(제4조, 이러한 보장은 제98호 협약의
제1조에 규정된 보장내용과 유사하다)

③ 공공부문 근로자단체는 공공기관으로부터 완전한 독립을 보장받아야
한다. 공공부문 근로자단체는 그 설립, 활동, 운영에 관한 공공기관의 간섭
으로부터 보호받아야 한다. 특히 공공부문 근로자단체를 공공기관의 지배
하에 두기 위하여 공공기관의 지배를 받는 근로자단체의 설립을 꾀하거나
또는 근로자단체에 재정상 원조를 하는 행위는 간섭으로 간주된다.(제5조,
이러한 보장은 제98호 협약의 제2조에 규정된 보장내용과 유사함)

④ 승인된 공공부문의 근로자단체의 대표자가 근무시간 중이나 근무시

---

14) 이철수·강성태, 「공공부문의 노사관계법」, 한국노동연구원, 1998, pp.68~69 참조.

간 외에 그 업무를 신속하고 효율적으로 수행할 수 있도록 적당한 편의가 당해 대표자에게 제공되어야 한다. 그 편의의 제공은 관계있는 관공서 또는 기관의 효율적인 운영을 저해하는 것이 되어서는 아니 된다. 편의제공의 성질 및 범위는 제7조에서 규정한 방법(교섭 등의 결정참여절차) 기타 적당한 방법으로 정하여야 한다.(제6조)

또한 1978년 ILO 제159호 권고(공공부문에서의 근로조건결정절차에 관한 권고)가 성립되어 1978년 제151호 협약의 내용을 보충하고 있다.[15]

3) 공무원 노조의 조직대상 및 조합결성형태

이상과 같은 ILO의 협약 및 권고에 의하면, 모든 공무원의 단결권이 보장되어야 하며 따라서 소방직 공무원, 교정직 공무원, 교사, 일반의 관리직·감독직·기밀직 공무원에 대하여도 공공근로자임을 이유로 단결권 및 단체교섭권을 제한할 수 없다고 보고 있다. 다만 군인, 경찰, 중요한 정책결정이나 관리를 담당하는 고위직 공무원, 또는 고도의 기밀업무를 담당하는 공무원에 대하여는 국내법령에 의해 단결권 및 단체교섭권이 제한될 수 있음을 인정하고 있다.

그러나 해고자·실직자의 조합원자격문제는 제87호 협약 제2조와 제3조의 자율적 규약제정권에 따라 조합 스스로 결정하도록 하여야 한다.

한편 공무원 노조의 경우 복수노조 금지규정은 제87호 협약 제2조에 위배한 것이 된다.[16]

---

15) 동권고의 내용은 최준섭·이수영, 전게서, pp.356-377: 이철수·강성태, 전게서, pp.71~73 참조.
16) ILO는 일찍부터 일관되게 복수노조를 입법적으로 금지하는 것은 협약의 정신과 상치된다고 해석하고 있다.(박영범·이철수·Sinichi Ago, 『노동기준과 국제무역』, 한국노동연구원(1994), pp.61~62 참조.)

2. 단체교섭권

1) 전술한 바와 같이 제98호 협약 및 제151호 협약에 의해서, 공공부문 근로자 중에서 군인, 경찰, 중요한 정책결정이나 관리를 담당하는 고위직공무원, 또는 고도의 기밀업무를 담당하는 공무원에 대하여는 국내법령에 의해 단체교섭권이 제한될 수 있으나 그 밖의 모든 공무원 즉 소방직 공무원, 교정직 공무원, 교사, 일반의 관리직·감독직·기밀직 공무원, 국유기업의 종사자 등에 대하여 공공근로자임을 이유로 단체교섭권을 제한할 수 없다. 입법기관에 대한 예산권한을 이유로 공공기관에 의해 또는 이를 대리하여 체결된 단체협약의 준수가 방해되어서는 아니 된다.[17]

다만, 제151호 협약 제7조에서 규정하고 있는 근로조건의 결정방식의 선택은 반드시 단체교섭에 국한되는 것은 아니며, 어느 정도의 유연성이 허용된다.[18]

2) ILO 제151호 협약(공공부문의 단결권보호 및 근로조건의 결정을 위한 절차에 관한협약) 제7조에서는 "관련 공공기관과 공공부문 근로자단체 사이의 근로조건의 교섭을 위한 절차 또는 공공부문 근로자 대표가 근로조건의 결정에 참여할 수 있는 여타 방법을 충분하게 개발하고 이용하도록 장려하고 촉진하기 위하여, 필요한 경우에는 국내 사정에 적합한 조치를 취하여야 한다"고 규정하고 있다. 전술한 ILO 제98호 협약 제5조에서는 "단체협약을 통한 근로조건의 결정을 목적으로 하는 사용자 또는 사용자단체와 근로자단체 간의 자율적인 교섭을 위한 절차를 충분하게 개발하고 이용하도록 장려하고 촉진하기 위하여, 필요한 경우에는 국내 사정에 적합한 조치를 취하여야 한다"고 규정하고 있다.

또한, 전술한 바와 같이 1978년 ILO 제159호 권고(공공부문에서의 근로조건결정절차에 관한 권고)가 성립되어 1978년 제151호 협약의 내용을 보충하고 있다.[19]

---

17) ILO, Freedom of Association, op. cit., para 604.
18) ILO, Freedom of Association, op. cit., para 606.

3) ILO 제154호 협약(단체교섭촉진에 관한 협약)은 모든 경제활동 분야에 적용된다. 다만, 군대 및 경찰에게 동 협약에 규정된 보장이 적용되는 범위는 국내법령 및 국내 관행으로 정할 수 있으며, 공공부문에 대하여는 동 협약의 적용을 위한 특별한 형식을 국내법령 및 국내 관행으로 정할 수 있다.(제1조) 동 협약은 단체교섭을 촉진하기 위하여는 국내 사정에 적합한 조치가 취해져야 한다고 규정하고 있다.(제5조 제2항) 그러한 조치는, ① 모든 경제활동 분야에서 단체교섭이 가능할 것, ② 단체교섭의 대상은 근로조건과 고용조건의 결정은 물론, 사용자와 근로자 간의 관계, 사용자 또는 사용자단체와 단일 또는 복수의 근로자단체 간의 관계 등의 모든 문제에까지 점진적으로 확대되어 갈 것, ③ 서로 합의하는 절차규칙을 수립하도록 장려할 것, ④ 단체교섭의 절차에 적용되는 규칙의 부재, 불충분, 부적절 등을 이유로 단체협약이 저해되어서는 아니 될 것, ⑤ 노동쟁의의 해결을 위한 기구나 절차는 단체교섭의 촉진에 기여할 수 있도록 입안되어야 할 것 등을 목적으로 하여야 한다.(제5조 제2항)

3. 단체행동권

공공부문에 있어서의 파업권 등 단체행동권의 보장에 대하여는 전술한 ILO단결권(결사의 자유)의 개념 즉 단결활동권에 입각해서 볼 때 당연히 보장된다고 볼 수 있으며 그 제한을 규정하고 있는 ILO 협약은 아직 없다. 다만, 결사의 자유위원회는 파업권에 대하여 '공공당국의 대리인인 공무원이거나' 엄격한 의미에서의 필수적 사업에 종사하는 자에 대하여만 파업권의 제한이 허용될 수 있다고 보고 있다.[20]

"본 위원회는 파업권은 근로자와 근로자단체의 기본적 권리의 하나이며, 그들이 자신의 직업적 이해를 증진·옹호할 수 있는 필수적인 수단 중의

19) 이철수·강성태, 전게서, pp.71~73 참조.
20) 이철수·강성태, 전게서, pp.73~74 참조.

하나라는 입장을 항상 견지해 왔음을 재차 강조한다. …… 본 위원회는 파업권은 공공서비스(공권력을 대표하는 지위에 있는 공무원)나 엄격한 의미에서의 필수적 사업(즉 그 업무의 정지로 인하여 생명, 신체의 안전 또는 국민 전체 혹은 일부의 건강을 위태롭게 할 수 있는 사업)에 한하여 제한 또는 심지어 금지할 수 있다는 점을 상기한다. 그러나 본 위원회는 교육근로자는 필수적 사업 또는 공공당국의 권한을 행사하는 공공서비스의 정의에 해당되지 않는다고 생각한다.”(1990년 결사의 자유위원회 제272차 보고서, 사건 제1503호(페루), 제116항 및 제117항; 1991년 결사의 자유위원회 제277차 보고서, 사건 제1528호(독일), 제258항; 1991년 결사의 자유위원회 제278차 보고서, 사건 제1570호(필리핀), 제165항; 1993년 결사의 자유위원회 제286차 보고서, 사건 제1629호(한국), 제563항 등)

결사의 자유위원회는 필수적 사업의 개념을 그 사업의 중단이 생명, 신체의 안전 또는 국민 전체 혹은 일부의 건강을 위태롭게 할 수 있는 부문에 한정하여 매우 엄격하게 해석하고 있다. 지금까지의 사례를 통해서 보면, 결사의 자유위원회는 전술한 교사의 경우뿐만이 아니라,[21] 정상적인 환경에서 일반적인 항만사업, 항공기 정비와 모든 운송업, 금융업, 농업, 금속 및 석유산업, 식료품의 분배 및 공급사업, 조폐업, 정부의 인쇄사업, 술·소금·담배 등의 국가독점사업, 금속과 탄광부문 등은 필수적 사업에 해당되지 않는다고 보고 있다.[22]

한편, 결사의 자유위원회는 병원부문, 식수공급사업은 필수적 사업에 해당된다고 보고 있으며, 항공교통관제사도 그 서비스의 중단은 수많은 승객과 승무원의 생명과 안전을 위태롭게 할 수 있으므로 필수적 사업이라고 보고 있다.[23]

---

21) ILO, Freedom of Association, op. cit., para 404 참조.
22) 이철수·강성태, 전게서, pp.73~74 참조.
23) ILO, Freedom of Association, op. cit., para 412 참조.

4. 쟁의조정

전술한 ILO 제151호 협약(공공부문의 단결권보호 및 근로조건의 결정을 위한 절차에 관한 협약)은 분쟁해결의 절차에 관하여(공공부문의 노동관계에서) 근로조건의 결정과 관련하여 발생하는 분쟁은 당사자 간의 교섭을 통하거나 또는 관련 당사자의 신뢰를 보장할 수 있는 공정한 방법으로 수립된 독립기구나 중립기구의 알선·조정·중재 등을 통하여 해결되어야 한다"고 규정하고 있다.(제8조)

제2절 독 일

독일에서 공공 분야(offentlicher Dienst)에 종사하는 근로자에는 公法인 공무원법에 의해 그 신분이 법적으로 보장되고 근로조건이 법정되는 공무원(Beamte)[24] 이외에도, 비공무원인 근로자(Arbeitnehmer)가 있는데 이들은 다시 私法上의 고용계약 기타 이와 유사한 계약에 의해 공공부문에 고용된 사무직 근로자(Angestellte)와 노무직 근로자(Arbeiter)로 분류된다.[25] 사무직 근로자 및 노무직 근로자뿐만 아니라 공무원 모두에게 단결

---

24) 1953년 연방공무원법(Bundesbeamtengegetz: BBG)이 제정되어 공무원의 근무관계를 규율하고 있다. 따라서 연방공무원의 근로조건도 이 법률에 따라 정해진다(근로조건 법정주의). 동법의 적용을 받는 연방공무원에는 연방정부를 임용권자로 하는 공무원(직접 연방공무원)과 공법상의 연방직할단체 및 영조물 또는 재단을 임용권자로 하는 공무원(간접 연방공무원)이 모두 포함된다. 한편, 주 이하의 자치정부에 소속되어 있는 공무원의 노동관계에 대해서는 주정부가 각기 규율한다. 그러나 연방법은 지방법에 우선하며(기본법 제31조), 1957년에 제정된 연방법률인 공무원법규기본법(Beamtenrechtsrahmengegetz: BRRG)에서는 주 공무원의 근무관계에 관한 주정부의 입법에서 지켜야 할 기준을 설정하고 있는데, 그것은 연방공무원법의 내용과 유사하다. 따라서 사실상 연방공무원의 근로조건과 주 이하의 공무원의 근로조건은 거의 동일하다.(B. Müller, Arbeitsrecht im offentlichen Dienst, 2.Aufl. München, 1992, S. 2ff. 참조)
25) Ders., aaO, S. 44 ff. Angestellte는 화이트칼라 근로자에 해당하고 Arbeiter는

권이 보장된다. 사무직 근로자와 노무직 근로자는 민간부문의 근로자와 동일한 노동관계 법률이 적용되어, 단체교섭권 및 쟁의권이 동일하게 인정되는 반면, 공무원(Beamte)에게는 단체교섭권 및 쟁의권이 부정된다고 일반적으로 해석되고 있다. 따라서 공공부문 근로자의 근로조건 결정은 공무원에 대해서는 법정되고, 사무직 근로자(Angestellte) 및 노무직 근로자(Arbeiter)에 대해서는 단체협약에 의해 정해지는 이원적인 구조를 취하고 있다.[26]

따라서 본 연구에서는 Beamte를 중심으로 고찰하되 필요한 경우 Angestellte와 Arbeiter도 함께 언급하기로 한다.

1. 단결권

1) 단결권 보장과 조합원 자격

독일의 기본법(본 기본법을 말하며 우리나라의 헌법에 해당한다: 필자 주)에서는 모든 국민에게 단결의 자유를 보장하고 있다. 즉 기본법 제9조 제3항은 "근로조건 및 경제조건을 유지·개선하기 위하여 단결체를 결성할 권리는 누구에게나 그리고 어떠한 직업에도 보장된다. 이 권리를 제한하거나 방해하려는 약정은 무효이며, 이를 목적으로 하는 조치는 위법이다"라고 규정하고 있다. 따라서 공공부문 근로자인 사무직 근로자 및 노무직 근로자는 물론 공무원에게도 단결권은 보장되고 있다.

기본법을 좇아서 연방공무원법 제91조 제1항에서도 "공무원은 단결의 자유에 의거하여 노동조합 또는 직능단체를 결성하는 권리를 갖는다. 공무원은 법률에서 별도로 정함이 없는 한 소속된 노동조합 또는 직능단체에 대표권을 위임할 수 있다"고 규정하고 있다. 또한 동조 제2항에서는 "공무

블루칼라 근로자에 해당한다.
26) 이철수·강성태, 전게서, pp187~208, 박영범·이상덕, 「공공부문의 노사관계」, 한국노동연구원, 1990, pp.318~326 참조.

원은 누구든지 자신이 가입한 노동조합 또는 직능단체를 위한 활동을 이유로 직무상 처분을 받거나 불이익한 대우를 받지 않는다"고 규정하여 단결활동을 보장하고 있다.

독일에서는 경찰관, 군인, 소방대원을 포함하여 모든 직종의 공무원에게 예외 없이 단결권을 보장하고 있다.

직급이나 직책에 따른 조합가입자격에 제한을 두고 있지 않으므로 장관도 조합원인 경우가 있을 정도로 고급공무원도 노동조합에 많이 가입해 있다.[27]

공무원법이 적용되지 않는 사무직 근로자 및 노무직 근로자에 관해서는 기본법상의 조항 이외에 별도의 법규정이 없으나, 기본법상의 조항 자체에 의해 단결권이 법인된다. 이는 일반 민간부문에서의 근로자의 경우와 마찬가지이다.

2) 조합결성의 형태 및 사용자단체

독일에서 민간부문 및 공공부문 노동조합 결성의 형태에 관한 법적인 제약은 없다. 독일의 노동조합은 주로 산업별 또는 직업별 전국 조직으로 되어 있으며, 다시 전국중앙연맹을 결성하고 있다. 공공부문 근로자들은 그들만의 노동조합을 결성하거나, 또는 일정 산업별 또는 직업별로 민간부문의 근로자들과 함께 구별 없이 노동조합을 결성하고 있다.

공공부문 근로자가 가입되어 있는 노동조합 중 대표적인 것으로 먼저 DGB(Deutscher Gewerkshaftsbund: 독일노동조합총연맹)가 있다. DGB는 독일의 대표적인 전국중앙조직으로 산하에 독일 최대의 단위노조인 IG Metal(금속노조) 외에도 총 17개의 산업별 단위노조로 구성되어 있다.[28] DGB 산하의 노조들에게는 민간부문의 사무직 근로자 및 노무직 근로자뿐만이 아니라 공공부문의 공무원, 사무직 근로자 및 노무직 근로자들이 함께 가

---

27) 이철수 · 강성태, 전게서, p.191 참조.
28) 강수돌, 「독일 공공부문 노사관계의 구조와 영향」, 한국노동연구원, 1997, pp.33-
    39.

입해 있다. 그중 공공부문과 특히 관련이 있는 것으로는 공무 · 운송 · 교통노조(Gewerkshaft öffentliche Dienste, Transport und Verkehr: ÖTV), 독일체신노조(DPG), 독일철도노조(GDED), 경찰노조(Gewerkshaft der Polizei), 교육학술노조(Gewerkshaft Erziehung und Wissenschaft: GEW) 등이 있다. ÖTV는 그 조직범위가 연방정부 · 주정부 · 지방정부의 공무원, 사무직 근로자 및 노무직 근로자를 포괄하고 가스 · 수도 · 전기사업, 경찰, 감옥, 보건위생, 의료기관, 학교사무직 근로자, 근거리교통기관, 연방철도를 제외한 철도기관, 항만사업, 항운사업, 원양 및 근해어업, 항공사업, 운송사업 등에 걸치는 거대 노동조합으로서 큰 단결력을 지니고 있다.[29)]

DGB 이외에 독일 사무직 근로자노동조합(Deutsche Angestelltengewerkschaft: DAG), 독일공무원연맹(Deutscher Beamtenbund: DBB) 등이 조직되어 있다.

하나의 행정기관 또는 하나의 공기업에 근무하는 근로자일지라도 특정한 노동조합에 통일적으로 조직되어 있지 않고, DGB, DAG, DBB 등의 전국중앙연맹 소속의 복수의 노동조합에 분산되어 조직되어 있다. 한편, 연방의 공공부문 근로자에 대해서는 내부장관이, 주의 공공부문 근로자에 대해서는 독일주정부사용자단체(Tarifgemeinschaft Deutscher Länder), 기초자치단체의 집행기관에 소속된 공공부문 근로자에 대해서는 독일지방정부사용자단체(Vereinigung der kommunalen Arbeitgeberverbände)가 사용자로서의 역할을 담당하고 있다.

3) 조합전임제도

독일의 노동조합에 대해서도 협약에 의해 조합 임원에게 전임이 인정되며, 전임기간 동안의 유급이 인정되고 있다. 공무원의 경우에도 마찬가지로 인정되고 있는데, 법적인 근거로는 연방공무원법 제89조 제2항을 들 수 있다. 동 조항에서는 "연방정부는 전항의 경우(요양휴가) 이외에 기타의 사

---

29) 이철수 · 강성태, 전게서, pp.192~193 참조.

유에 의한 휴가를 허가할 수 있으며, 이 휴가기간 중 급여의 지급 여부 및
정도에 관해 결정한다"고 규정되어 있다. 또한 당국은 동조항에 의해 비전
임 임원에게 조합활동 참가를 위한 일시 유급휴가도 허가하고 있다.

2. 단체교섭권

1) 단체협약체결능력

독일에서는 공공부문의 노동관계는 물론 민간부문의 노동관계에 대해서
도 단체교섭권에 관한 헌법상의 명문의 보장은 없다. 또한 단체교섭권이라
는 개념이 독일 노동법상 존재하지 않는다.

단체협약법(Tarifvertragsgesetz) 제2조 제1항에서는 "단체협약의 당사자
는 노동조합, 개별사용자 및 사용단체이다."라고 규정하여 단체협약의 기본
적 당사자로 노동조합이라는 개념을 도입하고 있는데, 이때의 '노동조합'의
개념은 '단체협약체결능력(Tariffähigkeit)'이 있는 단결체로 해석되고 있
다.30) 따라서 이 '단체협약체결능력'이라는 개념이 우리나라 식의 단체교섭
권 개념을 대신한다.

그런데 공무원(Beamte)의 노동조합에 대해서는 위와 같은 단체협약체결
권을 부정하는 명문규정은 없다. 공무원 노동조합에게는 연방공무원법 제
94조에 의거 공무원 근로조건을 결정하는 법령의 입법단계에서 일정 정도
이에 관여할 수 있는 '관여권'이 인정되지만, 그 반대해석으로 당연히 단체
교섭권이 부정되는 것도 아니다.31) 교섭의 결과인 합의에 법적 구속력으로

---

30) 이철수, "단체교섭의 근로자 측 주체에 관한 비교법적 연구", 서울대학교 박사
    학위논문, 1992, pp.5~12 참조.
31) 다만, 해석론상 공무원에 대해서는 단체협약체결권을 부정하는 견해가 통설이
    며, 판례도 이를 지지하고 있다.(가령, 1945년 11월 18일의 연방 헌법재판소 판
    결) 단체협약체결권이 부정된다는 해석의 이유는 기본법 제33조 제4항이 공무
    원의 관계를 국가에 대한 공법상의 성실근무관계(Treudienstverhältnis)로 규정
    하고 있는 것에 근거하여 공법상의 근무관계 및 성실의무관계에 있는 공무원

서의 효력을 부여하지 않는 경우도 많으나, 최종적 결정권한자가 교섭결과
를 사실상 존중하고 따르는 관행에 의해 교섭의 기능을 유지해 오고 있다.

한편 공공부문의 사무직 근로자(Angestelle) 및 노무직 근로자(Arbeiter)
의 근로조건은 민간부문의 경우와 마찬가지로 노동조합과 사용자가 체결한
단체협약에 의해 근로조건이 결정되고 있다.(연방공무원법 제191조 참조)
사무직 근로자 및 노무직 근로자의 노동조합은 단체협약체결능력이 인정된
다고 해석되고 있다. 공공부문의 단체협약도 민간부문의 단체협약과 마찬
가지로 단체협약법이 적용된다.

다만, 특정 공공부문에 관한 개별 법률에서는 단체협약의 효력이 일정
정도 제한되기도 한다. 가령 연방철도법(Bundesbahngesetz) 제14조 제5항
에서는 "임금협약이 연방철도의 예산집행이나 계획실행에 중대한 변경을
필요로 하는 경우에는 교통장관이 내무장관 및 재무장관과 협의한 후의 승
인이 있어야 한다"고 규정하고 있다. 이러한 특별한 예외를 제외한다면, 공
공부문의 사무직 근로자 및 노무직 근로자에 대한 단체협약은 민간부문과
동일한 효력을 갖는다.

2) 단체교섭의 방법

일반적으로 공무원(Beamte)의 경우 법률에 의해 근로조건 등이 법정되
어 있기 때문에 단체교섭을 통해 근로조건을 결정할 수는 없다. 그러나 사
실상 공식적 · 비공식적 방법으로 소기의 목적을 달성하고 있다.[32]

가. 공식적 방법

연방공무원법(Bundesbeamtengesetz: BBG) 제94조는 '적법한 노조연합
은 공무원관계의 일반적 규칙 제정에 관여할 수 있다.'라고 규정하고 있어

의 성격에 반하는 형태의 단체협약의 체결은, 공무원의 노동조합에는 인정되지
않는 것으로 보기 때문이다. 이에 따라 공무원의 노동관계에 대해 단체협약이
체결된 사례는 보이지 않고 있다.(이철수 · 강성태, 전게서, p.196 참조.)
32) 서원석, ILO 전게서, pp.62~64 참조.

서, 공무원들이 입법과정에 영향을 미칠 유일한 제도적 장치는 그 초안단계에 영향을 행사하는 것이다. 「독일노동조합연맹」(DGB)와 「독일공무원연맹」(DBB)는 적법한 단체로 이러한 단계에 직접 관여하고 있다.

공무원 노조는 다음의 단계를 거쳐서 관여하게 된다. 먼저, 내무부의 관료와 노조가 양측의 기대와 요구를 결정하기 위해 비공식적 회의를 개최한다. 그리고 내무부는 재무부와 협의하여 기초법안을 작성한 후 이를 노조 측에 제공한다. 그 뒤, 노조는 기초법안을 검토한 후 미비한 점에 대해서 자신들의 요구사항을 주장하고 정당과 토의한다.

나. 비공식적 방법

전술한 공식적인 방법 이외에 제도적인 관여방법이 없다. 즉, 제도적으로 초안 작성단계에만 공무원 노조가 관여할 수 있다. 그러나 공무원들은 초안 작성 및 법제화 단계에서도 자신들에게 유리한 환경조성을 의하여 로비활동을 전개한다. 이것은 연방의회와 각 정당에 많은 수의 공무원들이 근무하고 있어서 비공식적 활동이 매우 효과적인 영향을 미치기 때문이다. 이러한 상황으로 인해 연방의회나 정당의 큰 반대 없이 공무원 노조의 이해가 반영되고 있다.

다. 연방인사위원회

연방공무원법에 의해 연방인사위원회(Personalausschuß)가 설치된다. (연방공무원법 제94조) 연방인사위원회는 공무원의 신분에 관한 일반적 규정의 제정에 협력하고, 공무원의 교육·시험·연수 등에 관한 규정의 제정에 협력하고, 중요한 의의를 가진 고충처리를 해결하는 권한을 갖고 있다. 그러나 일본의 인사원과 같이 급여에 관한 권고권은 없다.

이러한 연방인사위원회의 구성에 노동조합의 대표도 참여하고 있다.

한편 사무직 근로자와 노무직 근로자의 경우 단체교섭의 구조를 보면 다음과 같다.

사용자는 근로자 측과 1년에 한번 교섭에 임한다. 「독일사무직 근로자노동조합」(DAG)과 ÖTV의 분열에 의해 사용자는 양측과 개별적이지만 유사한 협상을 한다. 단체교섭 합의유형은 크게 2가지로 구분된다. 기본합의(Grundlage Vereinbarung)는 약 5년 동안 효력이 있고, 직위분류와 같은 비경제적 문제를 다룬다. 그리고 보통합의(Allgemeine Vereinbarung)는 대개 1년간 유효하여[33] 임금문제를 최우선 과제로 하는 등 경제적 문제를 다룬다.

또한 단체교섭의 범위는 민간부문과 마찬가지로 노동법에 의해서 결정된다.[34]

3. 단체행동권

공무원(Beamte)에 관해서 쟁의권을 특별히 제한하는 헌법상의 명문규정은 없다. 연방공무원법상으로도 연방공무원에 대해 쟁의권을 보장하거나 쟁의행위를 금지하는 명문규정은 없다.(다만 일부 주에서는 주공무원에 대하여 쟁의행위를 금지하는 각종 제한 규정이 있음)

그러나 기본법상의 단결권 보장에는 쟁의권까지 포함되는 것은 아니며, 공무원에 대해서는 쟁의행위가 금지된다고 해석하는 견해가 통설이다. 즉 일반적으로 공무원의 쟁의행위는 국가에 대한 공법상의 근무관계 및 충성관계와 양립하지 않는다는 점, 공무원의 근로조건은 법률에 의해 정해진다는 점, 직장폐쇄와 같은 대항수단의 행사가 불가능하다는 점, 국가기관의 정폐(停廢)는 공공복리에 반한다는 점, 공무원의 파업은 국가와 국민에게 압력을 가하게 된다는 점 등을 이유로 하여 해석론상 쟁의행위 금지를 이끌어내고 있다.[35]

---

33) 최근에 단체합의는 18개월 동안 유효한 것으로 변경되었다.
34) 사무직 근로자 및 노무직 근로자의 경우는 연방공무원법(BBG) 제191조 '사무직 근로자 및 노무직 근로자의 법률적 관계를 단체협약(Tarifvertrag)에 의해 정한다'라고 규정하여, 실제로 많은 교섭이 행해져 여러 가지 단체협약이 체결되었다.(서원석, 전게서, p.64 참조.)

사실 공무원의 쟁의행위 금지는 바이마르 시대에도 일반적인 견해였고, 제2차 세계대전 이후 연방공무원법을 제정함에 있어서도 법 제57조에서 "근무의 회피나 근무의 정폐는 근로조건의 확보 또는 개선을 위해서도 인정되지 않는다."는 규정이 있었지만, 공무원관계의 본질, 직무전념의무, 종신적 임용, 성실근무관계 등에 의해 일반근로자와 구별되는 특수성이 공무원에게는 인정되므로 쟁의행위 금지는 당연한 것이라고 보아, 법안의 심의 과정에서 삭제되었다.

한편 공공부문의 사무직 및 노무직 근로자는 민간부문의 근로자와 마찬가지로 쟁의권이 인정된다고 해석되고 있다.

독일에서는 공익사업을 이유로 하는 개별적인 쟁의행위제한 입법이 존재하지 않는다. 다만, 생존배려에 필요한 최소한도의 급부를 확보해야 한다는 관점에서 일반국민의 생존에 필요한 일정한 분야, 예컨대 에너지, 수도, 우편, 방송, 국방, 치안 등의 분야에서의 쟁의행위에 대해서는 쟁의행위제한을 정당화하는 동시에 일정한 요건하에서 강제중재도 예외적으로 허용될 수 있다는 견해가 주장되고 있으며, 일부 주에서는 이러한 입장에서 쟁의행위제한 법률을 제정하고 있다.

한편, 사무직 근로자 및 노무직 근로자의 파업에 대하여 그 업무에 파업근로자들을 대체하여 공무원을 투입하는 것은 허용된다고 하는 것이 연방행정법원의 입장이다.(BVerwG 2C 18.82)

4. 쟁의조정

공무원(Beamte)의 경우 새로운 권리의 형성과 관련되는 이익분쟁 시 이를 해결할 수 있는 절차가 법적으로는 존재하지 않는다. 그러나 이미 상술한 바와 같이 공무원들은 공식적・비공식적 방법들을 동원하여 분쟁 예방 또는 입법 초안 단계에서 영향력을 행사하고 있다.

---

35) 이철수・강성태, 전게서, p.197 참조.

공무원(Beamte)의 지위는 법률에 의해 규제되므로 그들과 관련된 대부분의 권리분쟁 즉 기존권리의 적용과 해석에 관련된 분쟁은 행정법원에 의해 해결된다(공무원기본법 제126조 참조). 그러나 분쟁해결에 관한 다른 사법권과 초재판적 형태들 또한 중요하다. 주재판소(Landgericht)는 ⅰ) 국가에 대한 시민의 의무에 관련된 경우(연방기본법 제839조)와 ⅱ) 공무원이 임금에 대해 국가에 제소하는 경우(연방공무원법 제78조)에 정식법원이 된다.

내부 불만처럼 권리에 관련되지 않은 공무원의 일반적인 불만은 행정부 내에서 운영되는 소청심사절차에서 다뤄진다. 징계문제는 행정부에서 조사되고 추가적으로 「연방징계법원」에 의존할 수 있다. 이에 대한 항소는 「연방행정법원」에서 한다.

한편 사무직 근로자(Angestellte)와 노무직 근로자(Arbeiter)는 단체협상 과정에서 이익분쟁이 발생하는데, 중재절차(Schlichtungsverfahren)를 통해 이를 해결하고 있다.[36]

중재절차의 중심 역할은 「중재위원회」(Schlichtungskommission)에서 담당한다. 중재위원회는 노사 동수의 사용자대표와 근로자대표 및 투표권을 가진 1명의 독립적인 의장으로 구성된다. 위원회의 결정은 다수결에 의해 이루어진다.

중재 중에는 파업이 허용되지 않으며, 평화유지의무(Peace obligation)가 노사양측에 부과된다. 중재위원회는 어떤 이유에서건 8일(예외적으로 14일) 안에 협상대표에게 권고안을 제출하여야 한다.

사무직 근로자(Angestellte)와 노무직 근로자(Arbeiter)의 경우는 권리분쟁 시 일반적으로 「노동법원」(Arbeitsgericht: AG)에서 해결한다.

---

36) 서원석, 전게서, pp.65~68 참조.

5. 직원협의회

독일에서 노동관계법상 중요한 지위를 차지하는 경영참가에 있어서는 민간부문의 경영협의회제도에 상응하는 직원협의회제도가 있어, 공공부문과 민간부문의 차이는 적다. 직원협의회는 직원대표법에 의거하여 공무원 및 사무직 근로자 · 노무직 근로자가 함께 구성하므로 Beamte와 Arbeitnehmer로 구분되는 2원적 구조는 의미가 줄어든다.[37]

1) 직원협의회의 설치와 구성

직원협의회는 근무기관마다 설치된다. 즉 연방, 주, 지방정부, 기타 공공단체의 개별 관청, 행정기관 및 사업소, 공적시설, 공법상의 단체마다 설치된다(직원대표법 제6조 1항). 이는 민간부문에서 경영협의회가 각 사업장 단위로 설치되는 것에 비교할 수 있다.[38]

근무기관이 여러 단계로 구성되어 있을 경우, 그 단계에 상응하는 직원협의회가 계층별로 설치된다. 즉 하부행정기관에는 직원협의회를, 중간행정기관에 지구직원협의회(Bezirkspersonalrat)를, 중앙의 최고행정기관에는 중앙직원협의회(Hauptpersonalrat)를 설치한다.

이러한 계층적 대표제도는 전술한 관여 및 공동결정 분야에서 중요한 기능을 한다. 근무기관의 장과 직원협의회 사이에 견해가 일치되지 못하면, 상급 근무기관과 그곳에 해당되는 지구직원협의회에 제출된다. 거기에서도 합의가 이루어지지 않는 경우 비로소 중재위원회를 거쳐 분쟁해결기구가 등장하게 된다.

직원협의회는 민간부문의 경영협의회와 마찬가지로, 4년 임기로 선출된 위원들로 구성된다(동법 제26조). 선거권은 근무장소의 모든 근로자가 가

---

37) M. Löwisch, Arbeitsrecht, 3. Aufl., 1991, Rnr. 803 ff 참조.
38) 독일의 민간부문 경영참가제도에 대한 상세한 내용은 이철수 · 강성태, 전게서, pp.199~201; 신홍, "근로자참여 및 협력증진에 관한 법률의 시행과 과제 — 그 문제점과 개선방안", 「서울시립대학교 논문집」(제31집), 1997, pp.138~140 참조.

지며, 그 근무기관의 장도 이에 포함된다. 선거는 공무원, 사무직 근로자 및 노무직 근로자 각 집단마다 별개로 실시된다(동법 제17조). 이 3개 집단에서 선출된 위원들을 통합하여 직원협의회가 구성되지만, 직원협의회의 활동에 있어서도 각 집단의 구분이 유지된다. 1개의 집단에만 관계되는 사항은 직원협의회에서 공동으로 협의되지만, 결의는 당해 집단을 대표하는 위원만이 행한다(동법 제38조).

2) 직원대표위원의 법적 지위

직원대표위원의 법적 지위는 민간부문의 경영협의회에서의 종업원대표위원과 유사하다. 직원대표위원도 명예직으로서 무보수로 그 직무를 행하지만, 임금이 삭감되는 근무면제 청구권을 가지고 있다(직원대표법 제46조 1 내지 3항).

민간부문의 경영협의회와 마찬가지로, 비교적 대규모의 근무기관에서는 일정수의 직원대표위원에게 그 근무를 완전히 면제한다.(직원대표법 제46조 4항) 근무면제를 받은 직원대표위원은 민간부문의 종업원대표위원과는 달리, 매월 특별공무수당을 지급 받는다.(직원대표법 제46조 5항)

3) 직원협의회의 권한

직원협의회에는 직원의 이익의 옹호를 위해 행정기관의 대표와 사회적 사항·인사적 사항에 관해 관여 또는 공동결정하고 근무협정을 체결하는 권한이 인정된다. 직원협의회의 권한은 1974년 직원대표법의 개정으로 민간부문의 경영협의회와 큰 차이가 없게 되었다. 다만 민간부문의 경영협의회에서 인정되는 경제적 사항에 대한 참가는 직원협의회에 인정되지 않는다.

또한 다른 한편으로는, 직원협의회에 관여권과 공동결정권을 인정하여 근무기관의 장이 그 결정에 구속되는 것은 장이 의회에 대해 책임을 지며 독자적으로 업무를 수행한다는 점과 저촉될 가능성이 있다. 그리하여 연방노동재판소는 일찍이 브레멘주정부가 계기가 된 1959년 4월 27일 판결에서, 정부권력의 본질적 구성부분인 결정권은 국민대표에 대하여 책임을 부담하는 해당기관에서 박탈하지 않고 유보되어야 한다고 판시하였다.[39] 그리하여 직원협의회는 공무원(Beamte)의 인사사항과 기본적인 조직적 문제에 대해서는 단순히 관여권만을 가짐에 그친다. 현행 직원대표법에서도 그러한 취지에서 기본규정을 두고 있다.(직원대표법 제104조)

사무직 근로자 및 노무직 근로자는 민간부문과 마찬가지로 사회적 사항과 인사사항에 관한 공동결정권과 관여권이 인정되며 공무원의 경우는 직원대표법에 공무원의 인사사항에 관한 직원협의회의 공동결정권을 규정하고 있다. 즉 채용, 승진, 고위 또는 저위로 평가되는 직무로의 전속, 배치전환, 3개월을 초과하는 기간 동안의 파견, 주거선택자유의 제한을 가져오는 명령, 겸직승인의 거부 또는 취소, 파트타임 근로신청의 거부, 보양휴가 신청의 거부, 정년에 따른 퇴직 연기 등 인사사항이 그것이다.(직원대표법 제76조 1항)

또한 직원협의회는 공무원에 관한 내부적인 사회적 사항 및 인사사항에 관한 근무기관의 행정명령의 제정단계에서 관여권을 가지며, 근무기관 전체나 중요부분의 폐지, 축소, 이전, 합병에 대한 관여권을 갖는다. 이 관여권에 대해서는 협의의무에 관한 규정(직원대표법 제72조 참조)이 적용된다.

제3절 영 국

영국에는 성문헌법이 존재하고 있지 않기 때문에 헌법적 의미에서 노동기본권의 비교검토는 불가능하다. 그러나 법률적 차원에서 노동기본권을 본다면 영국에서 근로자의 노동3권은 주로 노동조합의 제반활동에 대한 형

---

[39] BVerfGE 9, 268＝AP Nr.1 zu §59 PersVG Bremen＝NJW 1959, S.1171; 최근의 판결로 Urteil Staatsgerichtshofs des Landes Hessen vom 30.4. 1986, DVBl. 1986, S.936이 있음.(이철수·강성태, 전게서, p.204 참조)

사 및 민사 면책으로서 인정되고 있다. 즉 노동조합은 일반적 결사의 자유
로서가 아니라 거래제한의 불법행위 책임으로부터의 면제라는 형식으로부
터 소극적으로 인정된다. 이것은 단결·단체교섭·파업 등에 대해 법적으
로 억압이나 제한을 하지 않는 방식인 것이다.

영국에 있어서 공무원의 단결은 19세기 중엽부터 발생하였으나, 조합의
형식을 갖는 영속적인 존재로 된 것은 1890년대 이후의 일이다. 공무원의
조합은 행정기능의 증대에 따르는 공무원수의 증대와 일반 노동운동의 고
양에 자극되어 발전을 보았는데 그 선구적 역할을 한 것은 우정(郵政)관계
의 조합이었다.[40] 우정성의 하급직원들은 1890년과 1906년 우정성 장관에
게 조합의 승인을 얻고 교섭하는 데 성공하였으며 이러한 우정(郵政)관계
의 활발한 활동은 공무원 노동조합의 활동에 강한 자극을 주었다.

1946년 노동당 정책에 의하여 '노동조합 및 노동쟁의법'이 제정되어 1927
년의 '노동쟁의 및 노동조합법'이 폐지됨으로써 공무원의 노동관계는 원칙
적으로 민간부문 근로자와 동일하게 일반 노동관계법의 적용을 받게 되었
다. 따라서 공무원은 노동조합을 결성할 권리를 인정받게 되었으며, 공무원
노조의 가입 여부는 각자의 자유이다. 아무튼 영국에서는 공공부문이기에
민간부문에 비해 당연히 차등취급을 받아야 한다는 논리는 부정된다. 따라
서 법제도 구조는 공공부문도 민간부문과의 별도의 취급 없이 동일하다는
특색을 갖고 있다.[41]

1. 단결권 보장과 조합결성형태

영국에 있어서 공무원은 노동조합을 결성할 권리를 인정받고 있으며, 공
무원 단체의 가입 여부는 각자의 자유이다. 다만 경찰관은 경찰법에 의해

---

40) 국회입법조사국, 『각국의 공무원제도와 노동기본권』, 1970, p.9.
41) Simon Deakin & Gillian S. Morris, *Labour Law*, Butterworths: London,
1995, pp.169~174 참조.

서 단 하나의 단체에만 가입할 수 있다.

공공부문 근로자들의 단결에 있어서 그 조합결성형태는 제한 받지 않는다. 그리하여 자신들만의 노동조합을 결성하는 경우는 물론, 또한 민간부문 근로자들과 동일한 노동조합에 가입하는 경우도 있다.

국가공무원들은 주로 직무의 종류(class) 및 등급(grade)에 따라 여러 가지 형태의 노동조합을 구성하거나 가입하고 있다. 가령, CPSA는 서기직 및 비서직을 중심으로 조직되어 있고, SCPS는 하위직 및 중간관리직을 중심으로, IPCS는 전문직 및 특수직을 중심으로, IRSF는 서기직, 비서직, 중간관리직을 중심으로 CSU는 보조직(타자, 사환 등)을 중심으로, POA는 교도관을 중심으로, NIPSA는 북아일랜드 공무원을 중심으로, FDA는 고위 관리직을 중심으로 조직되어 있다.

노동조합들은 상부단위의 연합체인 공무원 노동조합협의회(the Council of Civil Service Union: CCSU)를 통해 상호 조정을 행한다.

지방정부의 공무원들은 주로 몇 개의 노동조합에 조직되어 있다.

2. 단체교섭권

1) 민간부문과 동일한 법적 비규율(非規律)

영국에서의 단체교섭권은 법상의 권리로서 적극적으로 보장되는 것이 아니라, 오랜 관행으로서 인정되어 오고 있다. 또한 교섭의 결과 합의된 내용에 관해서는 법적인 구속력(司法上의 집행가능성)이 없는 경우가 많다. 물론 1992년의 노동조합과 노사관계법(TULRCA) 제179조에서는 서면으로 체결된 단체협약에 법적으로 집행가능하도록 명시규정을 둘 수 있는 방법을 인정하고 있지만, 영국에서는 노사합의의 결과를 신사협정으로 관념되어 온 관행에 따라 그러한 특약규정을 별로 이용하지 않고 있다. 즉 노사합의에 대하여 구태여 법적 구속력을 인정하여 사법적인 간섭을 받기보다는, 당사자의 사실력을 배경으로 자주적으로 이행을 확보하여 왔다.

이와 같은 점은 민간부문과 공공부문 다 공통되는 점이다. 따라서 다른 나라에서처럼 민간부문의 단체협약은 법적 구속력을 갖는 협약이므로, 그러한 협약을 체결하는 정형적인 단체교섭과정이 권리로서 보장되고, 공공부문의 단체협약은 법적 구속력을 갖지 않고 사실상 준수하고 있으므로, 그러한 합의를 도출하는 과정이 정형적인 단체교섭이 아닌 협의 수준으로 평가받는다는 식으로 민간부문의 단체교섭과 공공부문의 단체교섭을 구별하는 것은, 적어도 영국에서는 논의 가치가 없다고 말할 수 있다. 영국에서는 단체교섭의 결과에 대해 자주적으로 이행을 담보하는 관행에 따라, 그 교섭양도 정형적인 단체교섭 외에도 협의 등의 여러 관여의 모습이 혼동되어 있으면서 다양하게 진행되고 있는 점이 민간부문과 공공부문에 공통된다.[42]

2) 교섭구조의 다양화

공무원이 임금 기타 근무조건에 대하여 사용자와 협의교섭하는 방법은 다양하다. **첫째**, 청원에 의한 방법이 있다. 이는 직접 상사에게 청원서(memorial)를 제출하여 고충을 호소하는 것으로 19세기에 널리 사용되던 방법이다. 각 부처별로 그 절차는 조금씩 다르지만, 이 청원방법은 관행에 의해 특권으로 인정되었다. **둘째**, 휘틀리 협의회(Whitley Council)를 통한 노사협의 방식으로 교섭범위에 대한 명확한 구별기준은 존재하지 않아도 모든 계급 및 등급에 관한 교섭에서 보편적으로 이 방식이 이용되고 있다.

휘틀리 협의회는 1916년 영국정부가 설치한 "노사관계에 관한 재건위원회(Reconstruction Committee on Relations Between Employers and Employees)" 보고서에 의거하여 설립된 것으로, 노사 동수의 대표자로 구성되는 산업합동협의회(Joint Industrial Council)이다. 원래 이 제도는 민간 사기업 영역에서만 채택되어 시행되고 정부부문에의 도입은 처음에는 반대가 있었으나 정부

---

42) 이철수·강성태, 전게서, p.214; 장재구, 「최신 영국노사관계법의 특징과 시사점」, 한국노동연구원, 1997, pp.37-41 참조.

108

가 민간사기업에 모범을 보여야 한다는 명분에 따라 현업부문에서 먼저 채택하고, 그 후 비현업 공무원조합의 압력에 의해서 비현업부문에도 확대 적용된 제도이다.[43]

전국 휘틀리 협의회는 i) 근무조건 즉, 임용, 근무시간, 승진, 복무규율, 임기, 보수, 퇴직연금 등에 관한 기본원칙의 토의, ii) 공무원의 재교육에 관한 문제의 토의, iii) 조직의 개선을 위한 의견 교환, iv) 공무원의 지위에 관련된 법안의 검토 등의 기능을 수행한다.

여기서 결정된 협정은 다수결에 의해서 결정되는 것이 아니라, 당사자의 합의에 의한다. 양측이 합의하였다고 하더라도 내각이 승인을 하지 않으면 효력이 없다. 또 의회의 승인을 요하는 사항은 내각이 의회의 승인을 얻어내야 할 책임을 지고 있다. 부처별 휘틀리 협의회는 각 부처(성) 단위로 전국협의회에 준하여 설치되어서 당해 부처에 관계되는 사항에 대한 협의를 한다. 정부 측 대표는 장관이 임명하고, 직원 측 대표는 그 부처의 공무원 노조에서 임명한다.[44]

휘틀리 협의회의 설치가 공무원 노조의 직접교섭권에 어떤 제한을 가하지 않는다. 오히려 근무조건에 관한 중요한 부분은 휘틀리 협의회에 의하지 않고 공무원 노조의 직접교섭에 의하여 처리되고 있다.

휘틀리 협의회와 직접교섭 간의 교섭사항에 관한 뚜렷한 구별기준은 없고, 실태를 보면 공무원제도 전반에 관한 사항 및 공무원의 모든 계급에 관계되는 사항에 관하여는 전국 휘틀리 협의회에서 주로 담당하고 각 계급 및 등급의 보수에 관한 요구와 타협은 공무원 노동조합의 직접교섭에 의하고 있다.[45]

---

43) 1918년 전시내각이 이 원칙을 공공부문에 도입하기로 결정하였으나, 우선 현업부문에 먼저 적용하기로 하고 1919년에 와서 공무원 노조 측의 주장에 밀려 비현업부문에도 실시하기로 결정하였다.
44) 「전국 휘틀리 협의회」가 모든 부처의 인사정책 및 근로자에 관한 일반적인 원칙문제를 다루는 데 비하여, 「부처별 휘틀리 협의회」는 해당 부처에 관계되는 문제만을 다룬다는 데에서 기능의 차이를 보여주고 있다.
45) 서원석, 전게서, pp.43~46 참조.

셋째, 승인된 노동조합의 직접교섭 방식인데, 통상적으로 보수에 관해서는 이 방식으로 해결하고 있다.

3. 쟁의행위권

영국에서는 공공부문임을 이유로 파업권을 특별히 금지 또는 제한하는 입법은 없다. 공공부문도 민간부문과 마찬가지로 1906년 및 1965년의 노동쟁의법에 의해 민사·형사상의 면책이 보장된다. 경찰에 대해서는 1919년의 경찰법에 의해 파업에 대해 형벌을 과해 왔으며, 1964년의 개정에서는 경찰직무불이행시에도 형벌을 과하도록 하여 쟁의행위에 대한 금지가 강화되어 있다.

1979년에 집권한 보수당 정부는 계속적으로 일련의 노동관계법들(1980년의 고용법, 1982년의 고용법, 1984년의 노동조합법 및 1988년의 고용법, 1990년의 고용법, 1992년의 노동조합과 노사관계법의 제정)을 개정하였다. 이들 법들에는 노동조합에 대하여 규제를 전반적으로 강화하고 있는데, 그 중에는 쟁의행위에 대한 제한도 있다. 가령, 1982년의 고용법(Employment Act 1982, 제18조)은 종래의 노동쟁의의 개념 중에서, 당해 사용자가 고용하는 근로자가 참가하지 않거나, 분쟁에 직접 관련되어 있지 않은 사용자를 대상으로 하는 쟁의를 노동쟁의의 범위에서 제외시킴에 따라 노동쟁의의 범위도 크게 축소되었다. 또 1984년의 노동조합법(제10조)은 파업에 돌입하기에 앞서 근로자의 비밀투표를 의무화하였으며, 1993년 노동조합개혁 및 근로자의 권리에 관한 법을 제정하여 쟁의행위에 우편투표제도를 도입하는 등 분쟁절차를 강화하기에 이르렀다.[46]

---

46) 영국 노동관계법의 제·개정경과의 상세한 내용은 장재구, 전게서, pp.5~6 참조. 특히 쟁의행위 결정을 투표에 우편투표제도를 도입하여 각 개인의 가정에서 자유로운 투표분위기 속에 투표를 할 수 있게 한 것과 쟁위행위와 관련하여 발생할 수 있는 불법적인 위압행위의 유형을 구체적으로 규정함으로써 쟁의행위가 평화적으로 이루어지도록 담보한 것 등은 특히 주목할 만한 제도라

영국에서는 공공부문을 이유로 하는 파업권 제한이 없는 대신에, 공공부문과 민간부문의 구별 없이 특정사업부문 예컨대, 가스·수도·전기 공급사업의 경우 및 우편사업의 경우 등에 대하여는 파업에 대한 별도의 법률규정들이 있다.[47)

4. 쟁의조정

영국의 노사관계에 있어서 자발적인 조정과 중재제도는 오랜 전통을 갖고 있다. 이 제도는 1896년 '조정법'(Conciliation Act)과 1919년의 '노동법원법'(Industrial Court Act)에 의해 공식적이고 체제 전반적인 기반을 갖추게 되었다.

사용자인 정부당국과 근로자인 공무원 노조 간의 교섭 결렬 또는 Whitley 협의회에 의한 합의가 불가능한 경우에 어느 일방의 제소에 의하여「공무원중재재판소」(Civil Service Arbitration Tribunal)를 통해 분쟁을 해결하고 있다.

중재재판소 관할사항은 비현업 직원의 급여에 관한 사항, 주간 근무시간, 휴가에 대한 사항에 한한다. 따라서 각 직원에 관한 사항은 취급하지 않고, 연금도 중재의 대상이 되지 않는다. 정원·출근시간·등급(grade)에 관한 것은 '관리사항'(matters of management)으로서 사용자가 최종결정권을 가진다. 중재절차는 공개로 진행되며, 재판관의 의견이 일치하지 않을 때 재판장이 결정한다. 이 결정은 법적 구속력을 갖지 않으나, 관례상 존중받고 있다.[48) 「공무원중재재판소」의 제소는 비현업공무원에게만 인정되고 있고, 현업공무원의 문제는 「노조합동협의회」(Trade Joint Council)에서 협의된다. 여기에서도 합의에 이르지 못할 경우에는 노사양측의 합의에 의하여 「노동법원」(Industrial Court)에 제소할 수 있다.

할 수 있다.
47) 이철수·강성태, 전게서, pp.215~218 참조.
48) 서원석, 전게서, p.50 참조.

제4절 프랑스

프랑스의 공공부문은 정부조직 이외에도 국공영의 공기업이 다수 존재하여 전체경제에서 차지하는 비중이 높다. 이러한 공공부문에 종사하는 공공근로자는 공무원과 비공무원인 직원으로 대분된다. 공무원이나 비공무원모두에게 단결권이 보장되나, 공무원 및 대다수 공기업의 직원에게는 단체협약체결권이 인정되지 않는 불완전한 단체교섭권이 인정된다. 그러나 사실상 단체교섭의 결과에 따라 근로조건의 개정이 이루어지므로 교섭은 중요한 기능을 하며, 반면에 노사협의조직은 현실적으로는 기능하지 않는다. 또한 공무원 및 비공무원 모두에게 파업권이 인정되며, 공공부문임을 이유로 한 일률적인 파업권 제한은 없다. 그러나 공공역무의 최소한의 확보를위해 파업에 대한 입법적·행정적인 제한이 공공부문 및 민간부문에 공히이루어지며, 그 주요부분은 공공부문의 필수적인 역무가 해당된다.

요컨대 프랑스에서는 공공부문임을 이유로 한 노동3권의 제한은 없으나, 필수적인 공공역무를 확보한다는 측면에서 파업권의 행사가 제한될 수 있는 법구조를 갖고 있다고 할 수 있다.

1. 단결권 보장과 조합결성형태

프랑스는 제2차대전 후에 비로소 공무원에 대한 노동기본권이 인정되었다.[49] 즉 1946년의 헌법은 모든 근로자에 대하여 단결권을 보장한다는 뜻을 그 전문에 명백히 하고 있으며, 동년의 공무원법에서도 단결권을 보장

---

[49] 프랑스에서는 1939년까지 판례에서 공무원의 단결권을 인정하지 않았으나 당시에도 사실상 공무원 노조는 존재하고 있었다. 공무원들은 그들의 이익을 보호하기 위해 1901년 법률에 따라 공무원협회를 합법적으로 구성할 수 있었다. {한견우, 프랑스공무원법상 공무원과 노동조합, 판례월보 230호,(1989. 11) pp.10-12참조.}

함으로써 공무원 노동조합은 일반 사기업체 근로자와 같이 일반 노동관계법의 적용을 받고 있다. 그리고 1958년 제5공화국 헌법도 이를 그대로 계승하여 현재 프랑스에 있어서 공무원법에 해당하는 '1959년 2월 4일 명령'도 1946년의 공무원법과 같은 규정으로서 단결권을 인정하고 있다.

단결의 자유가 인정되는 공무원의 범위는 거의 제한이 없다. 군인은 특별한 복무규율 규정에 의해 단결의 자유가 배제되고 있으나, 공안대직원 및 경찰관에게도 단결의 자유가 인정되고 있다. 또한 도지사나 부지사를 제외하고는 상급 관리직원인 공무원에 대하여도 단결을 제한하지 않는다. 따라서 오늘날 공무원 노조는 민간기업의 노동조합과 원칙적으로 동일한 지위에 있다. 경찰직원과 국가보안대 직원도 일반공무원과 동일한 권리를 인정받으며, 다만 군인에 대하여서는 그 복무규율에 의하여 정부가 그 권능으로 단결의 자유를 배제하고 있다.

프랑스의 노동조합은 전국조직으로 프랑스노동총동맹(Confédération Générale du Travail: CGT), 근로자의 힘-프랑스노동총동맹(Confédération Générale du Travail-Force Ouviére: CGT-FO), 프랑스민주총동맹(Confédération Francaise Democratique du ravail: CFDT), 프랑스기독교노동총동맹(Confédération Francaise des Travaileurs Chrétiens: CFTC), 관리직총동맹(Confédération Générale des Cudres: CGC) 등 다섯 개의 총연맹과 전국교원연맹(Fédération de l'Educati on Nationale: FEN)이 있다.

공공부문 근로자들은 여러 형태의 복수의 노동조합 중에 자유롭게 선택하여 가입하며, 이러한 노동조합은 상급 조직에서도 복수의 노동조합으로 조직되어 있다. 가령, CGT는 광업, 철도, 금융, 섬유, 운수, 공무원일반, 기술자일반 등의 부문에, CGT-FO는 일반행정, 철도, 금속, 우편·전신·전화·복지·공공서비스 등의 부문에 CFDT는 전기·가스, 금속, 광업, 우편·전신·전화, 국가교원, 섬유 등의 부문에 가맹되어 있다.

2. 단체교섭권과 교섭구조

1946년 제4공화국 헌법 전문은 "모든 근로자는 그 대표를 통하여 근로조건의 집단적 결정과 기업의 관리에 참여한다"고 규정하여 헌법상 단체교섭권을 보장하고 있으며, 1958년에 제정된 현행 제5공화국 헌법의 전문에서도 1946년 헌법의 전문에서 확인되고 보완된 인권에 대한 충실을 선언하고 있다. 그리하여 프랑스의 단체교섭 및 단체협약에 관한 법제도는 이 헌법규정을 기초로 하여 노동법전 제1편 제3장의 단체 협약법 및 제4편 제1장의 노동조합법에 의해 형성되어 있다.

중앙정부의 공무원에 대한 사용자대표의 역할은 수상이 담당한다. 1945년 10월 9일 법령에 따라 수상 직속의 「공무원위원회」(la commission de la fonction publique)가 설치되었다. 이 위원회는 중앙정부 공무원을 위한 전반적인 정책을 마련하고, 공공부분 노조에 적용되는 법적 원칙을 조정하는 권한을 갖는다.[50]

지방공무원의 경우에도 그 근로조건은 지방공무원에 관한 일반규정에 의해 법정되어 노동조합과의 교섭은 행해지지 않는다. 또한 그 일반규정은 지방정부의 직원의 급여는 국가공무원의 급여액을 초과하지 않도록 규정하고 있으므로 결국 실제로는 중앙정부와의 사이에서 지방공무원이 국가공무원과 합동하여 교섭을 행하고 있다.

그런데 공무원의 임금 등의 근로조건은 사실 법정되어 있다. 따라서 노동조합과 중앙정부와의 단체교섭은 교섭의 결과에 대하여 단체협약을 체결하지만, 그 단체협약은 법적인 구속력을 갖지 않는다는 점에서 본래의 의미에서의 단체교섭이 아니라 정부의 결정의 전 단계에서의 사전교섭에 불과하다. 그러나 정부는 단체협약에서의 합의한 내용대로 근로조건에 관한 법규정을 개정하고 있으므로 단체협약은 사실상 준수하고 있다.

프랑스는 영국의 휘틀리 협의회를 모방하여 3개의 공무원관계 노사 동

---

50) 이철수 · 강성태, 전게서, pp.223~225 참조.

수조직으로서 상급 공무원제도협의회, 행정관리협의회, 인사관리협의회가 있으나, 자문기관에 불과하여 행정당국을 법적으로 구속하지 못하며 1960년 말 이후로는 거의 활동하지 않는다고 한다.[51]

3. 파업권

프랑스의 경우에는 공무원까지 포함하여 공공부문 근로자에게는 원칙적으로 쟁의행위권이 인정된다. 쟁의행위권을 전면적으로 인정함으로써 발생할 수도 있는 공공역무의 계속성 침해에 대해 프랑스는 필수적인 부분만큼은 유지할 수 있는 조치들이 취해진다.

과거 1864년 5월 15일 법은 파업에 대하여 형사처벌을 폐지하였고, 공무원을 포함한 공공근로자에게도 일반적으로 이 법이 적용되었다. 그러나 공공근로자의 파업이 형사책임을 발생시키지 않는다 해도 사용자로서의 국가 또는 공공단체와의 관계에서 복무규율을 위반한 것으로 간주되어 위법이 되고, 파업참가자는 징계처분을 받아 면직될 수 있었다.

1946년 제4공화국 헌법이 공표되기 전까지 '공공업무'개념과 '파업'개념의 배반성 및 공공근로자의 업무의 특수성으로 인해 공공부문에서의 파업은 공무원뿐만 아니라 공무에 종사하는 모든 근로자에 대하여 부인되었다. 그러나 1946년 헌법이 그 전문에서 "파업권은 법률이 정하는 범위 내에서 모든 근로자에게 인정된다"고 선언하면서 공무원을 포함한 공공근로자의 파업이 원칙적으로 합법화되었다. 그리고 공무원의 권리와 의무를 규정한 1983년 7월 13일 법 제10조에서 이를 명시적으로 인정하게 되었다.[52]

특별법의 제정으로 파업권을 갖지 못하는 직원은 공화국보안대, 경찰관, 교도관, 재판관, 항공관제관, 내무부 통신부서직원, 군인 등이다. 이들 특정

51) 각 협의회의 상세한 내용은 이철수·강성태, 전게서, pp.226～227 참조.
52) 그러나 공공근로자의 파업을 제한하는 파업의 예고제도, 특정한 범주의 공무원 파업권부인, 특수한 유형의 공공부문에서의 파업권 제한 등을 목적으로 제정된 법률도 존재한다.(서원석, 전게서, p.81 참조.)

공무원이 파업을 할 경우에 징계처분을 받게 된다. 그렇지만 파업을 하였다는 이유만으로 공무원이 향유할 수 있는 권리를 자동적으로 상실하는 것이 아니라, 법에서 규정한 절차를 거쳐 징계처분이 내려지며, 또한 법원의 구제절차를 거칠 수 있다.

  파업을 개시하려면 만 5일 전에 예고해야 하며, 이 예고는 전국 차원에서 당해 직종에서 '가장 대표적인 노동조합'에 의해 이루어져야 한다.(노동법전 제521-3조) 파업예고는 공공을 위하여 파업의 영향을 가능한 한 줄이는 조치를 당국이 취할 수 있도록 하는 데 그 목적이 있다. 특히 1982년 10월 19일 법은 파업예고 기간 중에 노사 간에 교섭할 의무를 부과하고 있다.(동법 제521-3조 제5항)

4. 쟁의조정

  프랑스 공무원법을 비롯해서 어떤 법률에도 공공부문의 노사분쟁에 대한 개념구분이나 정의를 내리고 있지 않다. 분쟁을 해결하기 위한 특별한 절차도 존재하지 않는다. 그렇지만 실제로 정부와 노조연맹 간에는 가끔 분쟁이 발생하였고, 이때 정부는 쟁의행위에 대해서 다양한 조치를 취했다.

제5절 미 국

  미국에서는 연방제도로 인하여, 연방 차원에서의 공공부문 근로자의 노동관계에 대하여는 연방정부(입법부 및 행정부)가 규율하는 권한을 가지며, 주(州) 차원에서의 공공부문 근로자의 노동관계에 대하여는 주정부가 규율하는 권한을 갖는다.[53] 주 내에서도 각 단위(country, city, town,

---

53) Richard C. Kearney, *Labor Relations in the Public Sector*, 1992, pp.51-58; William H. Holley & Kenneth M. Jennings, *Labor Relations Process*, 1994,

borough, village 등)에 따른 지방자치제가 있으며, 그 지방자치제 정부는 주 헌법이나 주 법률에 반하지 않는 한, 지방자치제 차원에서의 공공부문 근로자의 노동관계에 대해 독자의 조례를 정하는 권한이 주 헌법상 부여되어 있는 것이 통례이다. 따라서 미국에서는 공공부문 근로자의 노동관계에 대하여 다수의 법역이 존재한다.

1. 단결권 보장과 조합결성형태

미국에서는 근로자들이 자신의 사회·경제적 지위의 향상을 위하여 단체교섭을 하거나 단체행동을 하는 단결체를 조직하고 활동할 수 있는 권리, 즉 광의의 단결권을 헌법상 명문으로 보장하는 규정은 없다.

다만, 연방 헌법상의 결사의 자유보장에 따라 근로자의 단결체도 단결의 자유가 인정될 뿐이며, 연방 헌법상의 표현의 자유보장에 따라 근로자의 단결체에게도 표현의 자유가 인정될 뿐이다. 그러므로 근로자의 단체교섭 및 단체행동에 관한 규율에 관하여는 위와 같은 각각의 법역에서 자신의 입법정책에 따라 결정하는 바에 따르게 된다.[54]

민간부문에서의 단체교섭권 및 단체행동권을 포함하는 단결권의 보장은 1930년대부터 본격화되었다. 1935년에 주간 통상에 영향을 주는 사업에서의 노동관계를 규율하는 NLRA(the National Labor Relations Act of 1935: Wagner Act)라는 연방법률이 제정되어, 그러한 노동관계의 근로자에 대하여는 단결권 등의 노동기본권을 보장하고 있다. 이 법률을 본받아서 각 주에서도 NLRA가 적용되지 않는 주 내의 사업에서의 노동관계의 근로자에 대하여도 단결권 등의 노동기본권을 보장하는 법률을 제정하였다.

그러나 이러한 법률들은 민간부문의 노동관계에 적용되는 법률이다. NLRA는 동법이 적용되는 사용자에서부터 미국 연방, 미국 연방정부가 전

---

pp.513-514.
54) 이철수·강성태, 전게서, pp.77~81 참조.

소유권을 갖는 회사, 연방준비은행, 주 또는 주의 하부정치조직을 제외하고 있다.(29 U.S.C. §152(2))

결국, 공공부문에서는 헌법상 보장되는 단결의 자유 이외에 단체교섭권이나 단체행동권을 포함하는 노동기본권 일반에 대하여는, 그것을 보장하는 별도의 법령이 없는 한 보장되지 않는다.

그러던 중 1950년대에 들어서서 연방 및 주에서 공공부문의 조직화가 급증하면서, 공공부문의 노동조합이 정부에게 단체교섭을 요구하기 시작하였다. 그리하여, 1962년에 케네디 대통령의 대통령령 제10988호에 의해 연방공공부문 근로자 일반에 대하여 단결권 및 단체교섭권을 인정하게 되었다. 대통령령 제10988호는 1969년에 닉슨 대통령의 대통령령 제11491호에 의해 개정되었고, 그 후 1978년에 제정된 연방공무원제도개혁법(the Civil Service Reform Act of 1978)에 의해 연방법률 차원에서 정비되었다.(동법은 현재 연방법률(U.S.C.) 제5권 제72편으로 편철되어 있음)

연방공무원제도개혁법에서는 연방공공부문 근로자에 대하여 단결권 및 단체교섭권을 인정하고 있다. 즉 연방공공부문 근로자는 아무런 벌칙이나 보복의 두려움 없이 자유로이 노동단체를 결성·가입 또는 원조할 수 있는 권한을 가지며, 또한 그러한 행위를 하지 않을 소극적인 권한도 갖는다. 그러한 권한에는 대표자를 통하여 근로조건에 관하여 단체교섭을 할 수 있는 권한이 포함된다.(5 U.S.C. §7102)

1960년대 이후 공무원의 노동조합활동은 급속한 성장을 보였다. 이러한 현상은 민간부문의 노동운동이 점차 쇠퇴되어 가는 것과는 대조적이었다. 공무원 노동조합의 조합결성형태는 매우 복잡하게 구성되어 있다.[55] 민간부문의 노동조합의 형태를 가진 조직이 있고, 그 구조·목적·정책에 있어서 차이가 있는 협회의 형태를 가진 조직이 있다. 또한 조합원의 범위에

---

55) 다른 선진국가와는 달리 미국의 공무원 노사관계는 다양하고 분권화 되어 있다. 그 이유는 노사관계가 자발주의(voluntarism)와 다양성(diversity)의 발전 과정에서 나왔고, 이데올로기보다는 경제적 이익을 추구하는 데 중점을 두면서 전개되었기 때문이다.(서원석, 전게서, p.84 참조.)

따라 연방정부조직, 주정부조직, 지방정부조직 및 2-3개의 조합의 의한 조직으로 나누어진다. 순수한 공무원들로만 구성된 조직, 민간부문의 근로자와 같이 참여하는 조직, 다양한 직종의 포함된 조직, 특정직업·전문직종에 국한된 조직도 있다. 더욱이 전국적인 연합체에 가입한 조직, 지역단위에서 독립적으로 활동하는 조직도 있다.

2. 조합활동의 보장과 부당노동행위의 금지

(1) 민간부문에서 조합활동을 보장하는 부당노동행위제도는 연방공무원제도개혁법에도 도입되어 있다. 즉 사용자인 정부기관이 노동조합의 조직, 단체교섭 등 제42편에 의한 공공부문 근로자의 권리의 행사에 있어서 공공부문 근로자를 간섭, 방해 또는 강제하는 행위를 하거나, 또는 고용·고용보장, 승진 또는 기타의 근로조건에 관하여 차별함으로써 노동단체의 구성원으로 되는 것을 장려하거나 방해하는 행위를 하면, 그러한 행위는 부당노동행위에 해당하게 된다.(5 U.S.C. §7116(a)) 부당노동행위에 대하여는 연방노사관계원(Federal Labor Relations Authority: FLRA)에 구제를 신청할 수 있다.(5 U.S.C. §7118, §7105(a)(2)(G))

(2) FLRA는 연방공무원제도개혁법(CSRA: the Civil Service Reform Act of 1978)상의 규정에 의하여 190만 연방공무원을 위한 노사관계프로그램을 처리하기 위한 독립된 기관으로서 초당적으로 임명되는 전임의 위원 3인으로 구성되는 준사법기관이며, 위원의 임기는 5년이다. 위원의 임명은 대통령이 상원의 조언과 동의를 받아서 임명한다. 그러나 위원은 업무상의 비효율성, 태만, 부정행위만을 이유로 통지 및 청문 절차를 거쳐서 해임될 수 있으므로, 신분 및 독립성에 대하여 강한 보장을 받고 있다. 또한 위원의 2명을 초과하여 동일한 정당에서 임명될 수 없게 하고 있다.(5 U.S.C. §7104(a),(b))

이 기관의 임무는 능률적이고 효과적인 정부를 구현하기 위해 안정적이

고 적극적인 노사관리관계를 증진시키기 위한 것이다. FLRA는 연방정부
의 노사관계 정책의 관리, 감독 그리고 공무원 노조교섭 단위의 승인 등
단체교섭의 감독, 관리, 부당노동행위의 구제, 연방공무원 쟁의조정 기타
공무원 노사관계 문제를 전담하는 기능을 수행하는바 이를 요약하면 다음
과 같다.

  ⅰ) 적정교섭단위의 결정

  ⅱ) 배타적교섭 대표자 선출의 감독

  ⅲ) 교섭의 대상이 안 되는 관리적인 사항에 대한 노조의 요구를 해결

  ⅳ) 규정의 제정

  ⅴ) 부당노동행위의 구제

  ⅵ) 연방공무원 쟁의조정위원회(Federal Service Impasses Panel: FSIP)
를 통한 분쟁의 해결 등을 담당한다.(5 U.S.C. §7105) 연방공무원제도개혁법
이 제정되기 이전 종전의 대통령령에서는 그러한 업무를 행정당국 내에 설
치된 위원회에서 담당하도록 하였지만, 연방공무원제도개혁법은 그 업무의
소관기관을 대통령이 임명하는 별도의 독립기구인 FLRA로 격상시켰다.[56]

  (3) FLRA에서 담당하는 부당노동행위 구제절차는 민간부문에서
NLRA상의 NLRB가 담당하는 부당노동행위 구제절차와 유사하다. 즉
FLRA에 노동조합이나 정부기관의 부당노동행위의 구제신청이 이루어지면
연방공무원제도개혁법에서는 NLRA(1947년 태프트-하틀리법)와 유사하게
노동조합의 부당노동행위도 인정된다.(5 U.S.C. §7116(b),(c)) 사무총장이
그 신청에 대하여 조사하여 부당노동행위가 인정되는 경우에 FLRA에 제
소한다. FLRA는 부당노동행위의 제소를 판정하여 부당노동행위가 인정되
는 경우에 구제명령을 내린다.(5 U.S.C. §7118)

  FLRA는 부당노동행위의 판정 업무를 지역사무소의 행정법심판관
(administrative law judge)에게 위임할 수 있도록 되어 있다. 따라서 현실적

---

56) FLRA의 조직으로는 구성원인 위원들 이외에 그 위원회의 소속으로 사무총장
   (General Counsel)이 있다. 사무총장은 대통령이 상원의 동의를 얻어 5년 임기
   로 임명한다. 그러나 사무총장은 대통령에 의해 언제든지 해임될 수 있다.

으로는 노사당사자들은 부당노동행위의 구제를 지역사무소에 신청하고, 행정법심판관의 판정을 내리며 그 판정에 대하여 불복하는 경우에 중앙의 FLRA에 재심사를 신청하게 된다.(5 U.S.C. §7105(e)(2),(f)) 요컨대 FLRA는 전국노사관계법(the National Labor Relations Act of 1935; Wagner Act)상의 규율을 관할하는 전국노사관계위원회(National Labor Relations Board: NLRB)[57]에 비견된다.

3. 단체교섭권

1) 단체교섭권의 보장

연방공무원제도개혁법에서는 연방공공부문 근로자에게 단체교섭권을 보장하고 있다.(5 U.S.C. §7102(2)) 그 단체교섭권에는 단체교섭의 결과 합의된 사항을 구속력 있는 단체협약으로 체결할 수 있는 권한까지도 포함되므로(5 U.S.C. §7103(a)(12)), 민간부문 노동관계에서의 단체교섭과 그 성질이 같다.

2) 교섭구조

연방공공부문 근로자에게 인정되는 단체교섭의 구조는 다음과 같이 요약될 수 있는데, 그것은 NLRA상의 단체교섭의 구조 즉 「배타적 교섭대표

---

57) NLRB는 두 가지 기능이 있는데, 첫째, 근로자의 교섭기구를 선출하는 문제이고, 둘째는 부당노동행위 방지 및 구제에 관련된 문제를 다룬다. 둘째, 부당노동행위의 방지 및 구제에 관련된 문제를 다룬다. NLRB는 준사법적 기능을 가진 5명으로 구성된 위원회와 독립적인 기능을 가진 사무국으로 구성된다. 위원의 임기는 5년인데 1명씩 임기가 만료되게 된다. 위원은 대통령이 임명하는데, 상원의 인준을 받게 되어 있다. 대체로 5명의 위원 중에서 3명은 여당에서 추천하는 사람인 바, 4명 이상이 여당에서 추천하는 사람이 되는 경우는 없었다. 위원회의 결정은 대단히 중요한 사항이 아닌 한 3명의 의원으로 구성된 부(panel)에서 내리게 된다. 특히 NLRB의 사무국은 자문실 및 지방사무소를 관여하고 인사 및 예산을 담당하는 행정실, 위원회의 판정을 집행하는 집행기소실로 나뉜다.

제」(exclusive representation) 와 유사하다.58)

첫째로, 연방노사관계원(FLRA)은 연방공공부문 근로자의 단체교섭을 위하여 적정한 교섭단위를 결정한다.(5 U.S.C. 7112) 연방노사관계원은 각 사안에 있어서 연방공공부문 근로자가 연방공무개혁법에 의해 보장되는 권리를 최대한으로 자유로이 행사할 수 있도록 정부기관별·공장별·사업장별·기능별 또는 기타의 다른 여러 기준에 의거하여 적정한 교섭단위를 결정한다.

둘째로, 그 교섭단위 내의 모든 공공부문 근로자들이 선거에 의해 과반수의 찬성으로 배타적 교섭대표를 선출한다.(5 U.S.C. 7111) 연방공공부문 근로자가 가입한 노동조합은 배타적 교섭대표로서 선출되어야 단체교섭권이 인정된다. 선거는 FLRA의 감독하에서 이루어진다.

셋째로, 그 교섭단위의 사용자인 연방의 정부기관(agency)은 위의 배타적 교섭대표와 성실한 단체교섭을 하여야 한다.(5 U.S.C. 7114) 단체교섭에는 성실교섭의무가 인정된다. 성실교섭의무를 위반하는 등 단체교섭을 거부하는 행위는 부당노동행위로서 금지되며, FLRA에 의한 구제가 이루어진다.(5 U.S.C. 7116(a)(5), (b)(5)) 단체교섭으로 합의가 성립하면 서면으로 단체협약을 체결한다. 단체협약이 적법하면 정부기관의 장은 이를 승인한다.(5 U.S.C. 7115(c))

3) 교섭사항

연방공공부문 근로자의 단체교섭체계는 전술하였듯이, 적정교섭단위 내의 공공부문 근로자들로부터 과반수의 지지를 받는 노동조합이 배타적인 교섭대표로 나서서, 정부기관과 근로조건에 관하여 단체교섭을 하고 그 결

58) 배타적 교섭대표제에 관하여는 Harry E. Graham and Karen N. Neilsen, "Union Representation Elections: A View from the Heart of it All," *Labor Law Journal* 42(July 1991), pp.438-44; Edwin Arnold, Clyde Scott, and John Rasp, "The Determinants of Incumbent Union Victory in Raid Elections," *Labor Law Journal* 43(April 1992), pp.221-228 등 참조.

과 합의된 내용을 구속력을 갖는 서면의 단체협약으로 작성하는 내용으로 이루어져 있다.

이러한 단체교섭과는 달리 노동조합에게 협의권을 인정하는 경우가 있다. 즉 교섭단위 내의 공공부문 근로자의 투표에 의해 과반수의 지지를 받는 배타적 교섭대표가 당해 정부기관에 대하여는 존재하지 않는 경우에, FLRA가 설정한 기준에 합치하며 당해 정부기관의 근로자들의 상당한 수를 대표하는 노동조합에게는 당해 정부기관에 의해 전국적 협의권(national consultation right)이 부여된다.(§7113)

연방공무원은 1978년에 제정된 공무원제도개혁법(Civil Service Reform Act : CSRA)에 의해 재정지출을 요구하지 않는 문제에 국한되어 단체교섭을 할 수 있다. 그러나 CSRA에 의하면 연방공무원은 다음과 같은 사항에 대해서 단체교섭을 할 수 없다. : ⅰ)기관의 임무와 예산, 조직, 고용인수와 내부 안전사항에 관한 것, ⅱ)고용, 배치, 지휘, 일시해고(정직, 해고, 강등, 감봉 및 징계 등) 등 관리자의 권리에 관한 사항, ⅲ)업무분담, 계약에 의한 결정, 임무수행에 필요한 인원의 선발에 관한사항, ⅳ)직위에 임명하는 것, ⅴ)긴급 시 필요한 임무수행에 관한 사항 등.

그러나 고용인수, 유형, 등급이나 단위별·계획별·의무별 할당 직위에 관한 사항 및 수행업무의 기술, 방법, 수단 등에 대해서는 단체교섭이 가능하도록 규정하고 있다.

4. 단체행동권

미국의 연방헌법에서는 단체행동권을 보장하는 명문의 규정이 없다. 연방공공부문 근로자에게 파업권을 인정하여야 하는지는 전적으로 연방의 입법정책에 달려 있다. 그러나 연방과 대부분의 주 노동법은 공무원의 파업을 금지하고 있다. 즉, 노동운동의 형성기인 19세기 후반부터 파업이나 피케팅 등의 단체행동은 불법을 공모(conspiracy)하는 것으로 이해되어 법원의 금지명령(injunction)의 대상이 되어 왔다. 그 후 민간부문 노동운동의 결과로 민간부문의 근로자에게는 파업 등의 단체행동이 인정되었으나 공공부문에 있어서는 여전히 불법의 영역으로 남아 있다.[59]

5. 쟁의조정

공공부문의 노동관계에서의 교섭상의 교착상태에 대하여도 전술한 연방조정 알선국(the Federal Mediation and Conciliation Service: FMCS)의 조력이 제공된다.(5 U.S.C. §7119(a)) 전술하였듯이 FMCS는 태프트-하틀리법(Taft-Hartley Act, the National Management Relations Act)에 의해 설치된 쟁의조정 기구이다. 연방 정부기관과 연방공공부문 근로자의 배타적 교섭대표 사이에서 단체교섭이 합의에 도달하지 못하고 교착상태(Impasses)에 빠진 경우에도, 공공부문 근로자 측은 파업이라는 무기를 사용하여 그 교착상태를 해결할 수가 없다. 연방공공부문 근로자에게는 전술하였듯이 파업이 금지되기 때문이다. 그래서 연방공무원제도개혁법은 그러한 교착상태를 해결하기 위하여 당사자들에게 조력을 제공하는 제도, 즉 쟁의조정제도를 설정해 놓고 있다.

또한 FMCS의 조정 및 기타 당사자들 간의 자발적인 해결절차가 무위에 그칠 경우에는, 연방공무원쟁의조정위원회(the Federal Service Impasses Panel: FSIP)에 의한 조력이 제공된다.(5 U.S.C. §7119(b)이하) FSIP는 연방공무원제도개혁법에 의해 설치된 기구로서 공공부문 노동관계에서의 노동쟁의에 대한 조정을 전문적으로 담당한다. FSIP의 조정절차는 노사 일방의 신청에 의해 개시될 수 있다. 다만, 당사자에게 구속력이 있는 중재재정을 내리는 중재절차는 노사 쌍방이 합의에 의해 신청되고, FSIP가 승인하는 경우에만 가능하다.(5 U.S.C. §7119(b))[60]

---

59) 상세한 것은 민경식, "미국에서의 공무원의 파업권", 『미국헌법연구』(제8호), 1997, pp.355-385: 이철수, 강성태, 전게서, pp.88-91, 103-113 및 William B. Gould Ⅳ, *A Primer on American Labor Law*(third ed.), 1993, pp.173-182 참조.
60) FSIP는 노사 간 교섭상의 교착상태를 해결하기 위한 조력을 제공하는 기능을

제6절 일 본

전후 제정된 노동조합법(1948. 6. 1. 법률 제174호), 노동관계조정법
(1946. 9. 27. 법률 제25호)은 당초에는 공무원에게도 원칙적으로 적용되었
고, 비현업공무원의 쟁의행위가 금지되는 것 등을 제외하고는 국가공무원
에 관하여도 노동기본권이 인정되었다. 이러한 법제를 바탕으로 공무원의
노동조합운동은 큰 성장을 보였다. 그러던 중 1948년 「맥아더서간」 및 정
령 201호가 발하여져 모든 공무원에 관하여 쟁의행위와 쟁의행위를 수반하
게 되는 구속적 성질을 띤 단체교섭이 금지되었다.[61] 이것을 받아 같은 해
국가공무원법(1947. 10. 21. 법률 제120호)이 개정되어 국가공무원을 노동
조합법 및 노동관계조정법의 적용대상으로부터 제외하고, 쟁의행위 및 그
선동행위, 단체협약의 체결을 목적으로 하는 단체교섭이 금지되었다.

다만 국가공무원법 및 지방공무원법의 적용을 받지 아니하는 사립학교

담당한다.

이를 위하여 FSIP(또는 그 대리인)는 조력이 신청된 교섭상의 교착상태를 즉
시 조사한다. FSIP는 교섭상의 교착상태를 검토하여, 당사자에게 그 해결을 위
한 절차를 권고하거나, 또는 그 해결하기 위해 적절하다고 생각되는 방법이나
절차를 통하여 당사자들에게 직접 조력을 제공하는 역할을 담당한다.

FSIP는 FLRA에 부속되어 설치된 조직이나, FSIP의 구성원인 위원장 및 기타
최소 6명의 위원들은 대통령에 의해 별도로 임명된다. 대통령은 정부 기능 및
노동관계에 관한 전문가를 위원들로 임명한다.(5 U.S.C. 7119(c)(2)) 위원들의
임기는 각각 6년이다. 그러나 그들은 신분적 보장을 받지 않으며, 대통령의 재
량으로 해임될 수 있다.(5 U.S.C. 7119(c)(3))

교섭상의 교착상태를 해결하기 위하여 FSIP가 사용할 수 있는 방법이나 절차
에는 사실조사 및 권고도 포함되며, 그 외에 어떠한 방법이나 절차도 적절하게
사용될 수 있다. 또한 청문회를 개최하고 증언을 듣고, 참고인을 소환하는 등,
기타 필요한 행동도 취할 수 있다.(5 U.S.C. 7119(c)(5)) 다만, 전술하였듯이
FSIP가 최종적인 결정을 내려 당사자들이 그 내용에 따라야 하는 구속적 중재
절차는, 당사자들이 그러한 절차의 사용을 합의하여 FSIP에 신청하고, FSIP가
이를 허용한 경우에만 가능하다.(5 U.S.C. 7119(b)(2), 7119(c)(5)(C)) 즉 강
제중재절차는 인정되지 않는다.

61) 松岡三郎・石川吉右衛門・吾妻光俊・松岡二郎・勞働省勞政局勞働法規課,『勞働法』,
自由國民社, 1993, p.386 참조.

교원은 노동조합법 및 노동관계조정법의 적용을 받게 되어 노동3권이 그대로 허용되어 왔다.

국영기업에 근무하는 일반직에 속하는 국가공무원인 직원의 노동관계에 대하여는 국가공무원법의 적용을 배제하고 국영기업노동관계법(1948. 12. 20. 법률 제257호)을 통하여 별도로 규율하고 있다.[62] 국영기업의 직원에 관하여는 단결권과 단체교섭권이 허용되지만 동맹파업 기타 일체의 쟁의행위가 금지되고 있다.

1. 단결권과 조합결성형태

일본헌법 제28조는 "근로자의 단결하는 권리 및 단체교섭 기타의 단체행동을 하는 권리를 보장한다."고 규정하며 근로자 가운데서 공무원도 당연히 포함되는 것으로 해석하고 있다.

국가 또는 지방공공단체의 공무원은 자신의 근로조건의 유지·개선을 도모할 목적으로 단체를 조직하거나 또는 그러한 단체에 가입할 수 있다. 공무원이 조직·가입하는 이러한 단체 또는 그 연합체를 '직원단체'라고 한다.(국공법 제108조의 2 제1항, 지공법 제52조 제1항) 그러나 경찰직원, 소방직원, 해상보안청직원, 감옥직원, 방위청직원 등은 직원단체를 결성하거나 가입할 수 없다.

직원단체는 헌법상 보장되는 단결권을 실현하는 단결체이다. 직원단체는 국가 또는 지방공공단체와 근로조건 등에 관하여 교섭을 한다. 그러나 직원단체에는 단체협약체결권이 배제된 교섭권이 인정될 뿐이며, 또한 단체행동권도 부인된다. 그러므로 일반 민간근로자의 노동조합과는 상이한 성격을 갖는 별개의 단결체라고 볼 수 있다.[63]

직원단체는 직원의 근로조건의 유지·개선을 목적으로 하는 단체이기

---

62) 松岡三郞 外4人, 전게서, pp.386-387 참조.
63) 이철수·강성태, 전게서, pp.136~140 참조.

때문에. 따라서 직원의 단순한 친목단체는 직원단체가 아니다. 직원단체가 근로조건의 유지·개선을 도모하는 것을 주된 목적으로 하면서 다른 부수적인 목적을 가지는 것은 무방하다.

공무원 중에서도 관리직에 종사하는 공무원은 관리직 이외의 직에 종사하는 일반공무원과는 별개의 직원단체를 조직하여야 한다.

국가 또는 지방공공단체와 근로관계에 있다는 점에서 관리직 직원과 여타의 일반직원은 하등의 차이점이 없다. 그러나 양측이 동일한 조직을 결성할 때에는. 그 조직이 사용자(국가 또는 지방공공단체) 측이 뜻하는 대로 이용될 소지가 강하다. 관리직원이 아닌 여타의 일반직원들로 결성된 직원단체가 자주성·독립성을 유지하기 위해서는 여타의 일반직원과 관리직 직원은 별개의 직원단체를 결성하여야 한다. 따라서 관리직 직원은 별개의 직원단체를 조직하도록 하고 있다.

위와 같이 별개의 직원단체를 조직하여야 하는 관리직 공무원의 범위로는.

① 중요한 행정상의 결정을 행하는 직원

② 중요한 행정상의 결정에 계획·참여하는 관리적 지위에 있는 직원

③ 직원의 임면에 관하여 직접적인 권한을 갖는 감독적 지위에 있는 직원

④ 직원의 임면, 징계 또는 복무, 직원의 급여 기타 근무조건 또는 직원단체와의 관계에 대하여 당국의 계획 및 방침에 관해 비밀사항에 접하고, 그 때문에 그 직무상의 의무와 책임이 직원단체의 구성원으로서의 성의와 책임에 직접적으로 저촉한다고 인정되는 감독적 지위에 있는 직원

⑤ 기타 직원단체와의 관계에서 당국의 입장에 따라야 하는 직무를 담당하는 직원

등이 이에 해당된다.(국공법 제108조의 2 제3항 단서 및 지공법 제52조 제3항 단서)

구체적으로 어떠한 직무를 담당하는 자가 해당하는가에 관하여는 국가공무원에 대하여는 인사원 규칙으로, 지방공무원에 대하여는 인사위원회 규칙 또는 공평위원회 규칙으로 정하도록 되어 있다.

국가공무원 또는 지방공무원의 직원단체는 당국과 근무조건 등에 관하

여 교섭을 할 수 있다. 그 교섭에 대하여는 국가공무원법 및 지방공무원법
이 규율하고 있다.

2. 조합전임제도

등록된 직원단체의 임원이 직원인 경우에는 그 임원이 임직원만을 전임
하도록 허가할 것을 임명권자에게 신청할 수 있다.

이것은 공무원의 직원단체에서도 민간부문 노조처럼 임원 전임이 인정
하여야 할 필요성이 인정되기 때문에, 국가공무원법과 지방공무원법에서는
임원 전임을 허가받을 수 있는 예외를 규정하고 있다.(국공법 제108조 6
제1항 단서. 지공법 제55조 제1항 단서)

전임허가는 ① 등록된 직원단체의 ② 임원으로서 ③ 임원 직무에만 오
로지 종사하는 경우에 부여된다.

당해 임원의 임명권자(소관 행정관청의 장이 이에 해당됨)가 전임을 허
가한다.

임명권자는 전임을 허가할 만하다고 인정하는 경우에 허가하며, 전임 허가
기간을 정하여 허가한다.(국공법 제108조의 6 제2항. 지공법 제55조 제2항)

전임을 허가 받은 직원은 그 허가기간 동안 휴직자가 되며, 국가 또는
지방공공단체로부터 어떠한 급여도 지급되지 않는다. 또한 그 기간은 퇴직
수단의 산정에 기초가 되는 근속기간에 포함되지 않는다.(국공법 제108조
의 6제 5항. 시공법 제55조 제5항)

3. 부당노동행위의 금지

공무원이 직원단체의 구성원이거나. 직원단체를 결성하려 하거나. 직원단
체에 가입하려고 하거나. 또는 직원단체의 정당한 행위를 하는 것을 이유로

128

그 공무원에게 불이익한 취급을 하는 것은 금지된다.(국공법 제108조의 7, 지공법 제56조) 공무원의 직원단체조직 및 그 활동에 대한 불이익취급금지는 민간부문 노동관계에서의 부당노동행위제도에 규정된 불이익취급금지와 유사하다. 그러나 불이익취급에 대하여 특별한 구제제도가 마련되어 있지 않다. 또한 일반공무원의 노동관계에 대하여는 노동조합법이 적용되지 않으므로(지공법 제58조 제1항), 노동위원회에 그 구제를 신청하는 것은 인정되지 않는다.

다만, 공무원이 불이익한 처분이나 징계처분을 받고서 그 처분에 불복하는 경우에는 인사원(지방공무원 노동관계의 경우에는 인사위원회 또는 공평위원회)에 불복신청을 할 수 있는데(국공법 제90조, 지공법 제49조), 직원단체의 조직이나 활동을 이유로 한 불이익취급도 이 불복신청의 대상이 될 수 있다.

이와 같이 직원단체에 대한 단체교섭거부·지배개입의 부당노동행위 금지규정은 없고, 이러한 행위로부터 단결권을 보호하기에 충분한 실효성 있는 제도상의 구제조치는 존재하지 않는다고 하여도 과언은 아니다.[64]

4. 단체교섭

교섭당사자로는 공무원 측은 등록된 직원단체이고, 사용자 측은 교섭사항을 적법하게 관리하고 정하는 당국이다. 당국은 교섭에 응하여야 할 의무가 있으나, 단체협약을 체결할 권한은 없다. 교섭사항은 급료, 근로시간 기타 근무조건, 사회적·후생적 활동을 포함한 적법한 활동에 관련된 사항에 한정되며, 관리운영사항은 교섭사항에서 제외된다. 교섭담당자는 당국 측은 당국이 지명한 자이며, 직원 측은 직원단체의 임원이며, 특별한 사정이 있는 경우에는 임원 이외의 자를 지명할 수 있다. 교섭위원의 수, 의제, 시간, 장소 등 교섭방법에 관하여는 사전에 결정하는 것이 필요하다. 지방공무원의 직원단체는 교섭의 결과로 서면 협정을 체결할 수 있다.[65]

64) 高田　章, "官公勞働者と不當勞動行爲", 『官公勞働法』(總合勞働研究所, 1985), pp.256-260.

이와 같이 공무원의 직원단체에 인정되는 '교섭'은 당사자 간의 구속력을 갖는 단체협약의 체결을 전제로 하지도 않으며, 교섭의 결과에 대하여 구속력이 인정되지 않는다.

5. 쟁의행위의 금지

일반공무원에게는 쟁의행위가 전면적으로 금지된다(국공법 제98조 제3항, 지공법 제37조 제2항). 즉 파업뿐만 아니라 태업 및 기타 업무의 정상적 운영을 저해하는 일체의 행위가 금지된다. 또한 이러한 금지되는 쟁의행위를 공모, 교사 또는 선동하는 행위도 금지된다.

일반공무원이 이를 위반할 경우에는 해고 등 징계처분을 받을 수 있다. (국공법 제98조 제3항, 지공법 제37조 제2항)

또한 일반공무원의 쟁의행위를 공모, 교사 또는 선동, 또는 그러한 행위를 기도한 자는 누구든지 징역(3년 이하) 또는 벌금(10만엔 이하)의 처벌을 받는다.(국공법 110조 1항, 지공법 61조 4호)

6. 쟁의조정

1) 쟁의조정절차의 미비

일반공무원에게 인정되는 교섭은 합의를 도출하는 단체교섭이 아니라 협의에 가까운 것이므로, 교섭상의 교착상태 및 그 조정이라는 것을 예정하고 있지 않다.

즉 국공법 및 지공법은 별도의 쟁의조정절차를 두고 있지 않을 뿐만 아니라, 또한 노동관계조정법의 규정이 일반공무원에게 적용되지 않음을 명시하고 있다.(국공법 부칙 제16조, 지공법 제58조 1항)

---

65) 강순희, 「일본의 공공부문 노사관계」, 한국노동연구원, 1996, pp.30-34.

2) 인사원(NPA)의 권고

파업 등의 쟁의행위가 금지되고 또한 쟁의조정절차도 구비되어 있지 않은 일반공무원의 노동관계에서, 쟁의권의 대상조치로 많이 언급되는 것은 인사원의 권고제도이다.

인사원은 내각의 소관하에 있는 기관으로서 인사관 3인(그중 1인은 총재)으로 구성된 합의제 기관이다. 인사관은 인사행정에 관하여 식견이 있는 자 중에서 양의원의 동의를 얻어 내각이 임명하며, 천황이 인증한다. 인사관의 임기는 4년이며, 탄핵 등 파면 사유가 제한되어 있어 임기 동안의 신분보장을 받는다.(국공법 제3조 내지 제8조)

인사원은 국가공무원의 인사행정에 관하여 인사행정의 공정성을 확보하고 국가공무원의 이익을 보호하려는 여러 업무를 담당하는데, 그중에는 국가공무원의 급여 기타 근무조건의 개선 및 인사행정에 관한 개선을 공고하는 업무도 있다.(국공법 제3조 2항 참조)

특히 인사원은 매년 적어도 1회 이상, 봉급표가 적당한가 등에 관하여 국회 및 내각에게 동시에 보고하여야 하는데, 급여를 결정하는 제조건이 변화하여서 봉급표에 정하는 급여의 5% 이상 증감하여야 할 필요가 있다고 인정할 때에는, 그 보고서에 국회 및 내각에게 적당한 권고 내용을 포함하도록 하고 있다.(국공법 제28조 제2항) 공무원의 급여(등의 근무조건)는 사회 일반의 정세에 적응하도록 국회는 수시로 변경할 수 있으며, 그 변경에는 인사원의 권고를 고려하여야 한다.(국공법 제28조 제1항)[66]

---

66) 실제로 인사원은 매년 봄 민간부문의 50인 이상 사업장 또는 100인 이상의 사업장에 근무하는 해당 근로자의 임금을 광범위하게 조사하며, 이 조사 시에는 공공부문 노동조합의 대표들과 관행적으로 협의를 한다. 그리하여 일반공무원의 임금의 변동률이 5% 이내일 경우에도 인사원은 매년 일정 변동률을 권고하여 왔다. 1960년대까지는 정부는 대체로 이 권고된 비율보다 낮추어 인상하여 왔다. 그러나 1970년대 초 중반의 10~31%까지의 고율의 인상률도 권고율대로 수용되는 등 1970년대 이후로는 대체로 권고율대로 인상되고 있다(박영범ㆍ카멜로 노리엘 편, 공공부문 노사관계의 국제적 추세와 한국의 과제, 한국노동연구원, 1994, pp.76~77 참조.)

제7절 종합정리 및 장기적 입법방향

이상의 비교법적 고찰의 결과를 정리한 다음 우리나라 입법방향에의 시사점을 수렴한 향후의 장기적 입법방향을 제시하여 보기로 한다.

1. 종합정리

ILO는 경찰이나 군대를 제외한 모든 공공부문 근로자에게 단결의 자유 및 단체교섭권을 인정할 것을 요구하고 있고, 쟁의행위에 있어서도 공공기관의 대리인인 공무원이나 또는 엄격한 의미에서의 필수적 사업에 종사하는 자에 대해서만 제한적인 예외를 두고 있다.

비교법적으로 보면 미국과 일본은 물론 독일, 영국 및 프랑스에서도 모두 공무원 근로자에게 단결권은 인정하고 있다. 다만, 일본의 경우에는 조직형태에 있어서 약간의 제한이 있을 따름이다.

〈표 3-1〉 각국의 공무원 노동기본권 인정 현황

국 가	직 종	단결권	단체교섭권	단체행동권
미 국	연방공무원	○	○	×
영 국	일반공무원 경찰공무원	○ 단일단체에만 가입가능	○ ○	징계대상 형사벌대상
독 일	일반공무원 경찰공무원	○ ○	협의권만 인정 협의권만 인정	× ×
프랑스	일반공무원 경찰공무원	○ ○	○ ○	○ ×
일 본	일반공무원 경찰공무원	○ ×	협의권만 인정 ×	× ×

자료: 서원석, 「ILO회원국의 공무원단체활동 비교연구」, 한국행정연구원, 1995, p.158.

요컨대 〈표 3-1〉에서 보는 바와 같이 단결권은 보장하는 나라가 대부분이며 단체교섭권과 단체행동권의 인정에 있어서는 국가별로 약간의 차이가 있다.

또한 공무원 단체교섭권의 인정 여부를 살펴보면, 독일, 영국, 프랑스뿐만 아니라 미국과 일본도 대체로 인정하는 경향에 있다. 다만, 교섭의 결과인 합의에 법적 구속력으로서의 효력을 부여하지 않는 경우도 많으나, 최종적 결정권한자가 교섭결과를 사실상 존중하고 따르는 관행에 의해 교섭의 기능을 유지해 오고 있다. 아무튼 기본적으로 모든 나라에 있어서 공공부문의 노동관계를 사용자인 정부가 단독으로 결정하는 것이 아니라 노사 양자가 의견을 교환하여 결정한다는 점에서 노동관계의 민주성 내지 합리성을 도모하려는 의도가 제도적으로 반영되어 있다.

다음으로 공무원 근로자에게 쟁의행위권의 인정 여부를 살펴보면, 미국과 일본은 기존의 금지체계를 대체로 유지하여 오고 있다. 다만, 미국의 일부 주들에서 쟁의행위를 제한적으로 인정하는 방식으로 전환하였다는 점도 유의하여야 한다.

한편, 유럽의 경우에는 독일은 공공부문에 공무원으로서의 신분이 없는 근로자(사무직 근로자 및 노무직 근로자)에게는 쟁의행위가 금지되지 않으며, 영국이나 프랑스의 경우에는 공공부문 근로자에게 원칙적으로 쟁의행위권이 인정된다. 쟁의행위권을 전면적으로 인정함으로써 발생할 수도 있는 공공역무(service public)의 계속성 침해에 대해 프랑스는 필수적인 부분만큼은 유지할 수 있는 조치들이 취해지며, 영국에서는 전통적인 임의주의에 입각해 이를 관행에 맡기고 있다.

반면, 미국과 일본처럼 쟁의행위가 상당한 범위에 있어 금지되는 경우에는 중재제도 등의 일련의 조치들을 강구하고 있다.

2. 장기적 입법방향

외국의 입법례나 ILO의 국제노동기준 등을 수렴하여 볼 때 우리나라 공무원 노동조합법제는 장기적으로 다음과 같은 방향으로 입법하는 것이 바람직하다고 하겠다. 즉 공무원이 국민 전체의 봉사자라는 점만을 이유로 이들에 대해서 노동3권을 일률적으로 부인하기보다는 원칙적으로 단결권과 단체교섭 및 협약체결권은 인정하되 담당업무의 특성 또는 필수성 등의 구체적 사정들을 고려하여 단체행동권에 대해서만 일정한 범위에서 합리적으로 제한·조정하여야 할 것이다.[67] 이하 단결활동의 순서에 따라 장기적 입법방향을 제시해 본다.

1) 노동조합의 조직대상

장기적으로는 현역군인을 제외하고는 모든 직종 및 모든 직급의 공무원에게 단결권을 폭넓게 인정하는 것이 바람직하며 여기서 경찰직의 경우도 외국의 입법례와 같이 직급에 따라 단계적으로 상향 인정해 나가도록 함이 바람직하다고 하겠다. 또한 장기적으로는 해고자·실직자의 공무원 노조조합원·임원자격을 법률로 제한하지 않도록 한다.

공무원 노동조합의 조직대상에 있어서는 직종·직급·직책에 따른 공무원 노조가입 자격문제가 중심이 되어 왔는바 어떠한 직종의 공무원에게 단결권을 인정할 것인가의 구체적 기준에 있어서는 직무의 공공성이 현저하여 그 수행이 정지될 경우에 공공의 이익 내지 국민생활에 중대한 위협이 될 것으로 판단되는 직무에 종사하는 공무원에 대하여는 제한하되 그 외의 공무원에게는 단결권을 허용하는 것이 일반적이었다. 여기서 경찰직 공무원과 현역군인과 같이 국가의 질서유지와 국가안보와 관련되는 직무 등과 같은 특수직에 종사하는 공무원의 경우 단결권을 허용하지 않는 국가도 있음을 보았다.

그러나 영국·독일·프랑스의 경우는 경찰직 공무원에게도 단결권을 허

---

67) 주요외국의 공무원 노동기본권 보장법제는 ILO의 국제노동기준을 충족 내지 상회한 것으로 평가되나 우리나라의 경우는 크게 미달하는 것으로 평가된다. (이흥재, 「ILO의 노동기준과 국내노동관계법의 비교연구」, 한국노동연구원, 1990, pp.13~14.)

용하고 있음을 보았다.

전술한 바와 같이 ILO 협약 제87호 제9조 제1항, 제98호 제5조 제1항은 "본 협약에 규정된 보장내용이 군대 및 경찰에 적용되는 범위는 국내의 법령으로 정한다"라고 규정하고 있다. 즉, 모든 공무원에 대하여 단결권을 인정하되, '군대 및 경찰'에 대하여는 국내법에 위임하고 있다. 그러나 ILO의 기준은 전술한 바와 최저기준이므로 경찰의 단결권을 인정 못할 이유가 되지 못한다.

어느 직급의 공무원까지 단결권을 인정할 것인가에 대해서 ILO 제151호 협약 제1조 제2항에서는 정책결정 또는 관리에 관계하고 있다고 통상적으로 생각되는 직무를 가진 고위직에 있는 근로자 또는 고도의 기밀적인 성질의 임무를 가진 근로자에 관하여 단결권 보장을 국내법령에 맡기고 있다.

일본의 경우 국가공무원법 제108조의 2 제3항에서 "중요한 행정상의 결정을 행하는 직원, 중요한 행정상의 결정에 참여하는 관리적 지위에 있는 직원, 직원의 임면에 관하여 직접 권한을 갖고 감독적 지위에 있는 직원, 직원의 임면, 분한, 징계 또는 복무, 직원의 급여 기타 근무조건이나 직원단체와의 관계에 대하여 당국의 계획 및 방침에 관한 기밀사항에 접하고, 그 때문에 그 직무상의 의무와 책임이 직원단체의 구성원으로서의 성의와 책임에 직접 저촉된다고 인정되는 감독 직위에 있는 직원 기타 직원단체와의 관계에 있어서 당국의 입장에 서서 수행해야 하는 직무를 담당하는 직원(이하 「관리직원 등」이라 함)"은 별도의 직원단체를 조직하도록 하며 관리직원 등 이외의 직원과 동일한 직원단체를 조직할 수 없도록 하고 있다.[68]

독일의 경우는 「독일공무원연맹」(DBB)에 감독적·관리직 또는 고위공직자들도 가입하고 있으며 50개의 회원조직을 갖고 있다.

ILO 제151호 협약(공공부문의 단결권보호 및 고용조건의 결정을 위한 절차에 관한 협약)에 의하면 공공부문 근로자 중에서 정책결정 또는 관리

---

68) 일본에서는 1998년 2월 8일 건설성에 관리직으로 조직된 노동조합(「건설성 관리노동조합」)이 결성대회를 가졌다. 관리직 국가공무원으로 조직된 노동조합으로는 처음 결성된 것이라고 한다(박길상, 전게논문, p.177에서 재인용).

에 관계하고 있다고 통상적으로 생각되는 직무를 가진 고위직에 있는 근로자 또는 고도의 기밀적인 성질의 임무를 가진 근로자에 관하여 이 협약에서 규정하는 보장을 적용하는 범위는 국내법령으로 하도록 하고 있다.(제1조 제2항)

주요국가는 대부분 제한이 없으며 일본의 경우는 전술한 바와 같이 관리직에 종사하는 공무원에 대하여 단결권을 인정하되 관리직 이외의 직에 종사하는 일반공무원과는 별개의 직원단체를 조직하도록 하고 있다.

그러므로 군대·경찰을 제외하고는 모든 직종 및 모든 직급 공무원에게 단결권을 인정하는 것이 바람직하며 경찰직의 경우는 외국의 입법례와 같이 직급에 따라 단계적으로 인정해 나가도록 함이 바람직하다고 하겠다.

해고자·실직자의 조합원 및 임원자격에 관하여 ILO와 주요국가는 노동조합의 조합원 자격은 조합 스스로 결정해야 할 사안이지 법률로 규정해서는 안 된다는 입장을 취하고 있다. 따라서 장기적으로는 해고자·실직자의 공무원 노조조합원·임원자격을 법률로 제한하지 않도록 하여야 할 것이다.

2) 노동조합의 조직 및 구성

(1) 조합결성의 형태 및 복수노조

장기적으로는 공무원 노조의 조합결성형태를 제한하지 않으며 복수노조도 허용하도록 한다.

일본에서는 국가공무원과 지방공무원은 별개의 직원단체를 조직하도록 하고 있다.

주요국가의 공무원 노조조직형태에 대하여는 법률상 특별한 제한은 없고 자유로이 조직할 수 있다. 직종별로 다양한 조직구조를 갖고 있는 것이 특징이다. 공공부문에서의 조직유형은 민간부문보다 훨씬 더 직종별로 되어 있다. 이는 공공근로자의 전문가적 지위인식, 차별화에 대한 관심, 공공부문 노조의 다양성 및 직종별 노조의 전문성 정도를 반영하는 것이다.

ILO는 복수노조 금지는 국제규범 및 관행에 일치하지 않는다는 입장을 견지하고 있다. ILO는 이러한 판단의 근거를 결사의 자유에 관한 ILO 협약 제87호와 단결 및 단체교섭권에 관한 협약 제98호에 두고 있다.[69] 이러한 견해는 일반근로자는 물론 공무원이 결성하는 노동조합의 경우에도 똑같이 적용된다.

또한 유럽의 모든 단체교섭제도의 특징은 복수노동조합주의에 있으며 일본에서도 복수노조는 허용되며 사용자는 모든 노동조합의 교섭권을 인정하도록 하고 있다.

요컨대 우리나라 공무원 노조의 경우 장기적으로는 조합결성의 형태에 제한을 두지 않으며 복수노조도 허용하는 방향으로 나가야 할 것이다.

(2) 조합전임제도

조합전임제도는 법적보장이 바람직하나 전임자 임금지급문제는 장기적으로 노사 간의 협의에 따르도록 일임하는 것이 바람직하다.

일본의 경우는 민간부문과 마찬가지로 공무원의 직원단체에서도 임원 전임이 인정하여야 할 필요성이 인정되기 때문에, 국가공무원법과 지방공무원법에서는 임원 전임을 허가 받을 수 있는 예외를 규정하고 있다.

독일의 노동조합에 대해서도 협약에 의해 조합 임원에게 전임이 인정되며, 전임기간 동안의 유급이 인정되고 있다. 공무원의 경우에도 마찬가지로 인정되고 있다.

---

69) ILO는 일찍부터 일관되게 복수노조를 입법적으로 금지하는 것은 협약의 정신과 상치된다고 해석하고 있다. 결사의 자유위원회는 "법에 의해 자신이 종사하고 있는 지역에 하나의 단체만을 인정하고 있다는 이유로 개인이 복수단체 중의 선택하는 가능성을 부정한다면, 이 같은 조치는 협약 제87조에 규정된 원칙에 위배된다."(제65차 보고서, 사건 제266호; 제83차 보고서, 사건 제303호; 제127차 보고서, 사건 제660호 등), "신규노조가 대표하기 위하여 등록하려는 분야의 근로자 이익을 대표하는 이미 등록된 기존 노조가 있는 경우 등록신청을 거부할 수 있도록 허용하는 조항은, 근로자가 자신이 선택하는 단체에 가입할 수 있는 권리를 부정당할 수 있다는 것을 시사한다"(제95차 보고서, 사건 제448호; 제147차 보고서, 사건 제775호 등)라고 밝히고 있다.(박영범·이철수·Sinichi Ago, 전게서 pp.61~62 참조.)

요컨대 조합전임제도는 법적보장이 바람직하나 전임자 임금지급문제는 장기적으로 노사 간의 협의에 따르도록 일임하는 것이 바람직하다.

(3) 조직강제 및 부당노동행위

공무원 노조의 경우 조직강제제도를 인정하지 않으며 부당노동행위제도에 의한 보호를 받도록 한다.

일본의 공무원은 직원단체를 결성하거나 가입할 수 있는 자유가 인정된다. 또한 직원단체를 결성하지 않거나 가입하지 않을 이유로 자유도 인정된다. (국공법 제108조의 2 제3항, 지공법 제52조 제3항) 즉 오픈 샵(open shop)제만이 법정되어 있으며, 클로즈드 샵(closed shop)제나 유니온 샵(union shop)제에 의한 조직강제는 인정되지 않는다. 그것은 공무원에게는 공무원제도에 의해 능력주의 및 신분보장의 원칙이 적용되기 때문이다. 요컨대, 공무원제도의 특수성을 감안하여 공무원 노조의 경우 오픈 샵이 바람직하다.

ILO 제98호 협약에 따르면 근로자는 고용과 관련된 반조합적 차별행위에 대하여 적정한 보호를 받아야 하며, 이러한 보호는 노조에 가입하지 아니하거나 또는 노조로부터 탈퇴할 것을 고용조건으로 하는 행위·노조활동을 이유로 불이익한 취급을 하는 행위에 대하여 보다 특별히 적용되어야 한다고 하고 있다.(제1조)

일본의 경우 공무원이 직원단체의 구성원이거나, 직원단체를 결성하려 하거나, 직원단체에 가입하려고 하거나, 또는 직원단체의 정당한 행위를 한 것을 이유로 그 공무원에게 불이익 취급하는 것은 금지된다.

미국의 경우에 사용자인 정부기관이 노동조합의 조직, 단체교섭 등 제42편에 의한 공공부문 근로자의 권리의 행사에 있어서 공공부문 근로자를 간섭, 방해 또는 강제하는 행위를 하거나, 또는 고용·고용보장, 승진 또는 기타의 근로조건에 관하여 차별함으로써 노동단체의 구성원으로 되는 것을 장려하거나 방해하는 행위를 하면, 그러한 행위는 민간부문과 마찬가지로 부당노동행위에 해당하게 된다. 부당노동행위에 대하여는 특별기구인 연방노사관계원(Federal Labor Relations Authority: FLRA)에 구제를 신청할 수 있다.

우리나라 공무원 노조의 경우에도 부당노동행위제도에 의한 보호를 받도록 하여야 할 것이다.

2) 노동조합의 단체교섭

(1) 교섭구조

공무원 노조의 경우 교섭구조는 노사자율에 맡기도록 한다.

미국의 경우는 연방공공부문 근로자의 단체교섭권은 적정한 교섭단위 내에서 연방공공부문 근로자를 대표하는 배타적 교섭대표로 인정을 받은 경우에, 그 배타적 교섭대표와 정부기관 간의 단체교섭에 의해 실현된다.

한편 일본에서는 국가공무원법과 지방공무원법에 의한 현행 교섭제도의 기본구조를 보면, 교섭당사자로는 공무원 측은 등록된 직원단체이고, 사용자 측은 교섭사항을 적법하게 관리하거나 결정할 수 있는 당국이다.

복수노조를 전면 허용한다면 노동조합 간의 단체교섭 창구 확보를 둘러싼 갈등과 분쟁 및 이에 따른 사회적 혼란 등 현실적으로 많은 문제를 야기할 것으로 보인다.

사업(장)에 복수노조가 존재할 경우, 미국에서와 같이 반드시 교섭창구가 단일화 되는 것이 노사관계 안정과 발전에 꼭 바람직한 방법인가 하는 문제는 다각적인 검토가 필요하다고 본다. 또한 헌법에 보장된 단체교섭권 행사와 관련하여 면밀하게 검토할 필요가 있다.

공무원 노조의 교섭상대방, 즉 정부 측 교섭대표로 누가 나설 것인가 하는 문제와 공무원 노조가 복수노조일 경우 교섭창구의 단일화 문제에 있어서는 결사의 자유와 단체교섭권의 보장이라는 측면에서 장기적으로는 노사자율에 일임하도록 하는 것이 바람직하다.

(2) 특별기구

공무원 노조의 경우 특별기구를 설치하도록 한다.

공무원 노조의 교섭상대방, 즉 정부 측 교섭대표로 특별기구를 두고 있는 국가가 많다. 이 특별기구는 각 국가의 역사적·정치적 상황과 문화적 배경에 따라 약간씩 상이한 성격을 띠고 있다.

미국은 연방공무원들의 노사관계를 다루기 위한 특별기구로서 전술한 연방노사관계원(Federal Labor Relation Authority)을 갖추고 있다.

영국은 각 성과 하부단위별로 Whitley협의회라고 하는 노사협의기관을 구성하여 이 기관을 통해서 모든 사항을 처리하고 있다.

프랑스는 영국의 Whitley협의회를 모방하여 3개의 공무원관계 동수조직으로서 상급 공무원제도협의회, 행정관리협의회, 인사관리협의회가 있으나, 자문기관에 불과하여 행정당국을 법적으로 구속하지 못한다.

일본의 경우 단체교섭권의 제한과 쟁의권 박탈에 대한 대상조치로서 직원의 근무조건을 개선하기 위해 인사원(NPA)이 설치·운영되고 있다.

장기적으로 뿐만 아니라 단기적으로도 우리나라의 경우 미국의 FLRA와 같은 특별기구가 반드시 필요하다고 하겠다.

(3) 교섭사항

공무원 노조 교섭사항의 범위를 단계적으로 확대하도록 한다.

영국에서는 사용자의 일방적인 의사결정 영역이 축소됨과 동시에 단체교섭의 인정범위가 상당부분 확대되었다. 즉, 전통적으로 「휘틀리 협의회」 내에서 단체교섭을 하도록 하였다. 그러나 단체교섭의 범위가 확대되어 작업조직, 기본적인 근로자 권리, 경력배치 기준, 공공부문의 내부조직 등을 포함하는 모든 경제적 조건 및 노동조건에 대한 교섭을 인정하였다. 그러나 공공부문 운영기준의 결정권, 예산과 관련된 노동인력의 규모 그리고 직무분류 및 고용에 대한 일반기준 등은 법에 의하여 결정되었다.

미국의 연방공무원은 1978년에 제정된 공무원제도개혁법(Civil Service Reform Act: CSRA)에 의해 국회의 전권사항인 제정지출을 요구하지 않는 문제에 국한되어 단체교섭을 할 수 있다.

일본의 경우 교섭대상은 급여, 근무조건과 휴가·배치·승진·면직·휴직 등의 인사기준, 안전위생 및 재해보상 등에 관한 사항이다. 그러나 국가공무원법 제108조 5의 제3항에 따라 국가의 관리 및 운영에 관한 사항은 교섭의 대상이 될 수 없도록 하고 있다.

장기적으로 의무적 교섭사항의 확대가 바람직하다고 하겠다.

(4) 협약체결권

공무원 노조의 단체협약체결권을 인정하도록 한다.

일본의 경우 국가공무원법에서 각각 "직원단체와 당국(지방공공단체의 당국)의 교섭은 단체협약을 체결할 권리를 포함하지 않는다"라고 규정하고 있다.

미국에서는 연방공무원제도개혁법에 의하여 단체교섭권이 보장되어 있으며 여기에는 단체교섭의 결과 합의된 사항을 구속력 있는 단체협약으로 체결할 수 있는 권한까지 포함되어 있다. FLRA는 연방공공부문 근로자의 단체교섭을 위하여 적정한 교섭단위를 결정한다. 대부분의 연방공무원의 급여수준은 법령에 의하여 정하여 지기 때문에 급여에 영향을 미치는 교섭은 허용되지 아니한다.

영국의 경우 군과 경찰 등을 제외한 대부분의 공공부문은 단체교섭 및 단체협약체결권이 인정되어 왔다. 「휘틀리 협의회」의 권고에 따라 역대 정부는 공공부문에서의 노조조직을 적극 지원하여 왔으며, 따라서 단체교섭 또한 활발하게 이루어져 왔다.

프랑스는 헌법상 단체교섭권을 보장하고 있으며, 공무원인 근로자에게도 원칙적으로 적용되며, 공무원법에서도 임금이나 근로조건에 관한 문제들을 정부나 기타 행정기관과 교섭할 수 있는 권한이 인정됨을 규정하고 있다.

그러나 공무원의 임금 등의 근로조건은 사실상 법정되어 있기 때문에 노동조합과 중앙정부와의 단체교섭을 통해 그 결과에 대하여 단체협약을 체결하지만 그 단체협약은 법적 구속력을 갖지 않는다는 점에서 본래 의미에서의 단체교섭이 아니라 정부가 결정하기 전단계의 사전교섭(lesnègociations prèalables)에 불과하다. 그렇지만 정부는 단체협약에서 합의한 내용대로 근로조건에 관한 법

규정을 개정하고 있으므로 단체협약은 사실상 준수되고 있다.[70]

독일의 경우 공무원 노동조합에 대해서는 위와 같은 단체협약체결권을 부정하는 명문규정은 없다. 공무원 노동조합에게는 '관여권'이 인정되지만, 그 반대해석으로 당연히 단체교섭권이 부정되는 것도 아니다.

다만, 해석론상 공무원 노조에 대해서는 단체협약체결권을 부정하는 견해가 통설이며, 판례도 이를 지지하고 있다.

요컨대 기본적으로 모든 나라에 있어서 공무원의 노동관계를 사용자인 정부가 단독으로 결정하는 것이 아니라 노사 양자가 의견을 교환하여 결정한다는 점에서 노동관계의 민주성 내지 합리성을 도모하려는 의도가 제도적으로 반영되어 있다고 하겠다. 근로조건의 자주적 결정·대등 결정·공동결정의 원칙은 공무원의 노동관계 분야에서도 기본적으로 타당한 명제이다. 따라서 공무원 노동조합에 대하여 단체협약체결권을 보장하되 재정민주주의의 원칙과 조정할 수 있는 방안을 모색하는 것이 타당하다고 본다.

3) 노동조합의 단체행동

(1) 단체행동권의 허용범위

공무원 노조의 경우 단체행동권을 단계적으로 제한적 범위에서 인정하도록 한다.

외국의 입법례를 보더라도 대부분 공무원의 쟁의권을 금지하거나 제한하고 있으므로 공무원 노조의 단체행동권은 제한이 불가피하다고 하겠다.

공무원 단체행동권의 인정 여부를 살펴보면, 미국과 일본은 기존의 금지체계를 대체로 유지하여 오고 있다. 다만, 미국의 일부 주들에서 쟁의행위

---

70) 간혹 프랑스 정부가 그 협정의 내용을 지키지 못하는 경우도 발생할 수 있다. 예를 들어 1982년 6월 정부는 노조 대표자와의 협정내용을 처음으로 지키지 못하였는데, 그 이유는 당시 유럽통화제도(ESM)의 재조정에 의해 프랑스의 화폐가 평가절하되면서 정부가 인플레의 발생을 방지하기 위해 그 해 10월 말까지 각종 제품의 가격 및 모든 근로자의 임금을 동결하였기 때문이다. 자세한 내용은 이철수·강성태, 전게서, pp.223~226 참조.

를 제한적으로 인정하는 방식으로 전환하였다.

독일은 공공부문에 공무원으로서의 신분이 없는 근로자(사무직 근로자 및 노무직 근로자)에게는 쟁의행위가 금지되지 않으며, 전술한 바와 같이 영국이나 프랑스의 경우에는 공공부문 근로자에게 원칙적으로 쟁의행위권이 인정된다. 다만 쟁의행위권을 전면적으로 인정함으로써 발생할 수도 있는 공공역무의 계속성 침해에 대해 프랑스는 필수적인 부분만큼은 유지할 수 있는 조치들이 취해지며, 영국에서는 전통적인 임의주의에 입각해 이를 관행에 맡기고 있다.

ILO 「결사의자유위원회」는 파업권은 공공서비스(공무원이 공공당국의 대리인으로 행위하는 자) 또는 엄격한 의미에서의 필수서비스(즉, 그 중단이 국민 전체 또는 일부의 생명, 개인적 안전 또는 건강을 위태롭게 하는 서비스)에서만 제한되거나 금지될 수 있다는 점을 상기시키고 있는 바,[71] 이는 단결권 또는 단체교섭권이 인정되는 근로자에게도 파업권이 금지될 수 있음을 보여주고 있다. 그러나 장기적으로는 단체행동권을 제한적인 범위에서라도 인정하는 방향으로 나가도록 해야 할 것이다.

(2) 강제중재제도

미국과 일본처럼 쟁의행위가 상당한 범위에 있어 금지되는 경우에는 강제중재제도 등의 일련의 조치들이 강구되고 있다.

한편 사업의 공익성을 이유로 하는 강제중재를 허용하지 않는다는 점에 있어서는 ILO기준, 미국, 일본, 독일, 영국 및 프랑스 모두에 공통된다. 강제중재의 기능에 관해 살펴보면, 쟁의행위를 금지할 수밖에 없는 부문에 있어 강제중재를 통하여 당사자 간의 자주적인 단체교섭을 촉진한다는 측면에서 파업을 대체하는 제도로서 긍정적으로 평가되고 있다.[72] 특히 쟁의

---

71) ILO, Freedom of Association, 272nd Report, Case No.1503(Peru), paras, 116 and 117: 277th Report, Case No.1528(Germany), paras, 285 and 286 등 참조.
72) 미국 州 단위 공공부문 노동관계상의 쟁의조정절차에 대해 자세한 것은 이철수·강성태, 전게서, pp.113-120 참조.

행위를 제한할 경우에는 단지 분란의 소지를 미연에 차단한다는 소극적 차원에서가 아니라 공무원 노동관계의 민주성과 합리성이 담보될 수 있게끔 정부 측에서 보다 적극적으로 단체교섭에 참가하도록 유도할 수 있는 적극적 차원에서의 대상조치를 강구하여야 할 것이다.73) 특히 우리나라의 강제중재제도는 공익사업에 쟁의행위권을 인정하면서도 강제중재제도를 채택하여 결과적으로 쟁의행위를 금지하고 있는바 이것은 강제중재제도를 남용하는 것이므로 장기적으로는 외국의 입법례로 나아가야 할 것이다.

4) 노사협의회

장기적으로는 노사협의회를 허용하되 독일의 직원협의회에 준하는 구성과 운영을 하도록 하며 기존의 공무원직장협의회는 이에 통합하도록 한다.

---

73) 이철수・강성태, 전게서., pp.238-240.

제4장 공무원 노동조합법제에 대한 국민의식조사 분석

본 장에서는 공무원 노동조합법제의 단기적 입법방향을 정립하기 위하여 실시한 국민의식조사를 분석하였는바 먼저 국민의식조사에서 원용한 분석 틀과 분석기준을 살펴보고서 설문조사의 결과를 통계적 방법을 활용하여 분석한 다음 단기적 입법방향을 산출하였다.

제1절 분석 틀 및 분석기준

산업사회는 필연적으로 사용자, 근로자 및 정부 사이의 복합체로 정의되는 노사관계[1]를 탄생시킨다. 이 노사관계는 시간의 변화에 따라 발전하면서 국가 간·산업 간·기업 간에 차이를 보여주고 있다. 이렇게 다양한 노사관계를 분석하기 위한 접근방법의 최초의 시도로서 던롭(J. T. Dunlop)은 노사관계체제(Industrial Relations Systems: IRS)이론을 정립하였다.[2] 그 후 많은 학자들이 이를 토대로 수정·보완한 새로운 분석모형을 제시하

---

1) 노사관계(Industrial Relations)란 노동조합과 사용자 내지 사용자단체 간의 관계를 뜻하는 말로서, 일반적으로 "노사문제에 관련이 있는 당사자 간의 상호관계와 거기에서 설정되는 구체적인 규칙이나 제도" 등을 나타낼 때 사용한다(김규태, 「신노사관계론」, 형설출판사, 1999, pp.2-3).
2) 노사관계를 분석하기 위한 접근방법으로서의 시스템이론은 던롭(J. T. Dunlop)에 의해 직접적으로 촉발되었으며 그의 저서인 『노사관계 시스템(*Industrial Relations Systems*: 1958)』은 과거의 접근방법과 현대적 개념 사이의 분수령으로 높이 평가되었다. 던롭은 파슨즈(T. Parsons)와 같은 2차대전 후의 체제분석적인 사회학자의 사상을 노사관계 연구에 적용하였는바 이 점이 던롭 패러다임의 탁월한 점이다.

였는바 여기서는 여러 학자들의 분석모형을 소개한 후 본 연구의 분석 틀과 분석기준을 제시하고자 한다.

1. 파슨즈와 시스템이론

먼저 던롭모형의 기초를 이루고 있는 파슨즈(T. Parsons)학파의 개념과 노동조합주의 연구와의 관련성을 살펴보고서 던롭을 비롯한 여러 학자들의 노사관계 시스템이론을 검토해 보기로 한다.

파슨즈 학파의 연구에서는 노동조합의 활동과 행위에 관한 연구에 있어 세 가지의 적절하고 기본적인 가정이 밝혀진다. 즉, 질서의 문제에 대한 초점, 사회시스템에서 표현된 것과 같은 사회적 행동으로서의 사회학의 주제에 대한 구체적인 정의, 그리고 사회적 권력의 본질에 대한 특유한 개념 등이 그것이다.

파슨즈는 질서문제에 관한 연구에 있어 일련의 행동 속에서 사회적 행위주체를 인도하는 행동규칙 · 규범 및 가치를 질서형성의 수단으로 간주한다는 점에서 다른 학자들과 결정적으로 견해를 달리하고 있다. 따라서 질서를 우발적이며 무의식적인 이해의 수렴, 사회적 계약의 산출물, 또는 권한에 대한 굴복의 결과라고 가정하는 대신에 파슨즈는 질서의 본질적 메커니즘을 공통가치의 통합(common-value integration)[3]으로 보았다. 그러나 이처럼 질서를 공통가치의 통합이라고 가정할 경우 갈등의 해결문제가 남는데 파슨즈에 의하면 이는 네 가지 중요한 기능의 수행이라는 전체 사회시스템 및 그 하위시스템 내에 있는 일련의 메커니즘에 의해 성취될 수 있다고 하였다.[4] 그것은 이른바 'AGIL'로 표현되는 적응(adaptation), 목적달성(goal attainment), 통합(integration), 잠재 원형의 유지(latency or pattern maintenance)인데, 이

---

3) T. Parsons, *The Social System*(Chicago, Free Press, 1951), pp.36-45.
4) T. Parsons & N. J. Smelser, *Economy and Society*(London, Routledge &Kegan Paul, 1956), p.19.

러한 파슨즈 학파의 중심사상은 노사관계의 체계적인 분석을 위하여 던롭에 의해 원용되었다. 던롭은 이들 네 가지 중요한 기능이 산업사회에 적용될 때 정치, 경제, 문화적 가치양식 및 동기유발, 해당 시스템의 가치의 통합과 보전 등 전문화된 구조와 상응한다는 데에 의견을 같이 할 뿐만 아니라 노사관계 시스템을 산업사회의 한 분석적인 하위시스템으로 취급하기 위하여, 또 어떤 사회시스템의 노사관계도 이 네 가지 중요한 기능에 의해 분석할 수 있도록 하기 위해, 나아가 그 노사관계 시스템의 특수한 구조와 과정을 규명하기 위해 파슨즈의 사회시스템에 대한 일반적인 분석 틀(framework)을 원용하였던 것이다(〈그림 4-1〉참조).

<그림 4-1> 노사관계 시스템의 개념도

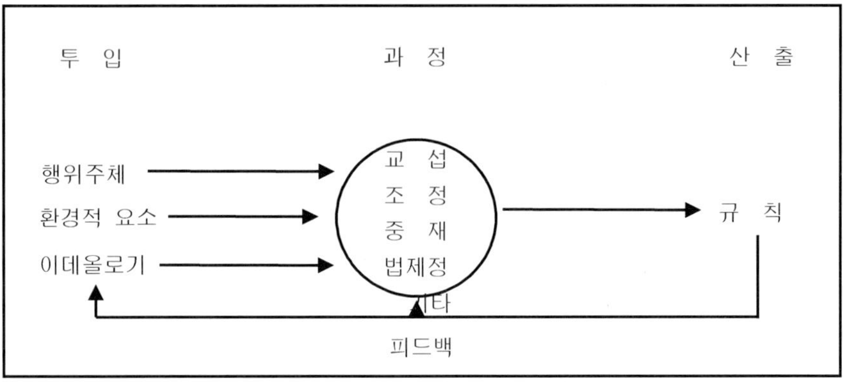

투 입	과 정	산 출
행위주체 → 환경적 요소 → 이데올로기 →	교 섭 조 정 중 재 법제정 →	규 칙
	피드백	

자료: D. Farnham and J. Pimlott, *Understanding Industrial Relations*(3rd ed.), Cassell, 1988, p.9.

또한 던롭은 사회시스템에서 사회라는 개념에 포함되는 파슨즈 학파의 구조기능주의에 입각하여[5] 사회체제의 하위체제인 노사관계체제(IRS)가 ⅰ)노사관계를 구성하는 3주체(actors), ⅱ)이들 주체가 직·간접적으로 영

---

5) 정재훈, 「노사관계의 이해」, 대영문화사, 1989, pp.92-95; J. T. Dunlop, 이규창 역, 「노사관계론」, 법문사, 1988, pp.23-35 참조.

향을 받으면서 행동하게 되는 환경요소(environment), iii)노사관계 주체들이 공통적으로 가지고 있는 이데올로기(ideology), iv)이념에 입각하여 노동현장과 공동체 내에서 주체를 구체적으로 통제하기 위한 규칙(rules) 등 4가지 요소들로 구성된다고 주장하였다.

2. 던롭의 노사관계 시스템이론

던롭(J. T. Dunlop)에 의하면 이러한 노사관계는 노·사·정 삼자 간의 관계로 구성된다. 즉, "일반적인 근대산업사회에 고유한 것은 아니다. 그러나 산업사회는 정치적 형태를 불문하고 근로자와 사용자와 개별집단을 만들어낸다"고 말하였으며 또 특정기간에 있어서 노사관계제도는 특정의 상호관계, 노사관계제도를 통합시키는 이념, 작업장에서 주역자들을 다스릴 목적으로 만들어진 제 규칙으로 구성된다. 그리고 노사관계제도에는 세 주역들이 있는데 사용자 및 감독직 대표자의 계층조직, 근로자 및 그 계층, 근로자와 기업, 그들의 관계를 다루는 전문화된 정부기관이라고 하였다.[6]

---

6) 김규태, 전게서, p.4 참조.

<그림 4-2> 던롭의 노사관계 모형

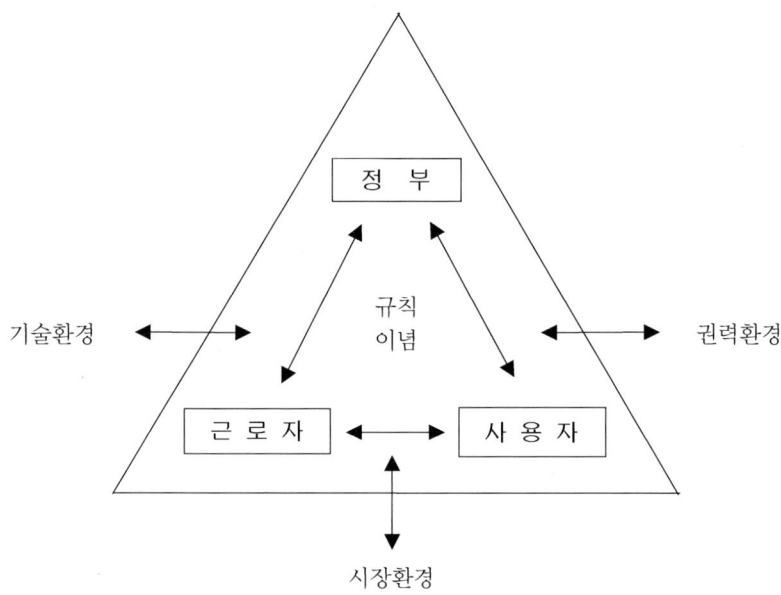

자료: J. T. Dunlop, *Industrial Relations System*, Holt, New York, (1970), pp.1-32.

  이것은 근로자, 사용자, 정부의 3자 관계에서 검토되는 것이 일반적인
추세이며, 노사관계의 의의를 근로자(노동조합)와 사용자(사용자단체)의
관계에서만 볼 수 없는 까닭은 사회적·경제적 관점에서 확대되어 가는 정
부의 역할이나 힘의 관계를 도외시 할 수는 없기 때문이다.
  노사관계를 근로자와 사용자와의 관계만이 아닌 정부도 노사관계의 당
사자로서 중요한 역할을 하는 현 상황하에서 <그림 4-2>와 같은 던롭의 노
사관계 시스템형은 그 기본적 사고의 틀을 제공해 주고 있다. 따라서 노사
관계는 노·사·정의 당사자로 구성되는 시스템으로 볼 수 있으며, 이 당
사자들이 제 환경 속에서 복잡한 상호작용을 거치면서 각 일선 산업현장에
서 노사관계를 정립하는 규칙을 만들어 가는 과정이라고 할 수 있다.

3. 크레이그의 노사관계 시스템이론

던롭의 노사관계 시스템이론이 그 후의 노동조합에 관한 분석적 사고에 미친 영향은 유례가 없는 것이었다. 많은 학자들이 그 이론을 바탕으로 실증적 연구를 수행하였으며, 그 부족한 점을 수정·보완하였다. 어쨌든 사회시스템으로서의 노사관계를 분석하는 것은 많은 찬사와 함께 비판을 받아왔으며, 심지어 노동조합-경영관계의 부산물로서의 규칙에 중점을 두려 한 연구에서는 예외 없이 거의 다 원형을 수정하지 않으면 안 될 정도였다.

시스템이론의 현대적 의미는 개방시스템 개념과 분석 틀(framework) 자체의 투입과 산출변수의 명확한 설정에 있다. 크레이그(A. W. J. Craig)는 환경 속에서 작용하는 상호 연관된 부분들의 집합이라는 노사관계 시스템의 기본가정은 그대로 유지하면서 던롭 이론을 보완하기 위하여 던롭의 최초의 분석 틀보다 훨씬 더 복잡하고 분석적인 틀을 만들기 위해 개방시스템이라는 용어를 활용하였다. 크레이그[7]의 개방시스템의 분석 틀은 다음과 같이 구성되어 있다(〈그림 4-3〉 참조).

① 목표·가치 및 권력 개념을 포함하는 투입으로 이는 다른 환경적 하위시스템으로부터 발생한 영향의 흐름에 의해 제약받는 것으로 인식되고 있다.

② 투입을 산출로 전환하기 위한 노사관계 시스템상의 일련의 절차를 포함한다.

③ 피고용자에 대한 재무적·사회적·심리적 보상을 포함한 산물 그 자체이다.

④ 시스템의 산출이 유출되어 그것이 다른 환경적 하위시스템에 영향을 미치게 되는 피드백 경로의 설정이다.

이뿐만 아니라 크레이그의 모델은 노사관계 시스템에 있어서의 구조와

---

7) A. W. J. Craig, "A Framework for the Analysis of Industrial Relations Systems," in B. Barrett, E. Rohdes and J. Beishon(eds.), *Industrial Relations and the Wider Society*(London, Collier Macmillan, 1975), pp.32~35.

과정 간의 차이, 더 넓은 환경시스템(생태적·경제적·정치적·법적·사회
적)의 열거, 구조적 기능주의자들의 분석 틀에서 나온 중요변수들의 상호
관련성을 망라하는 다변수적 분석을 시도하였다.

<그림 4-3> 크레이그의 노사관계 시스템 분석을 위한 분석 틀

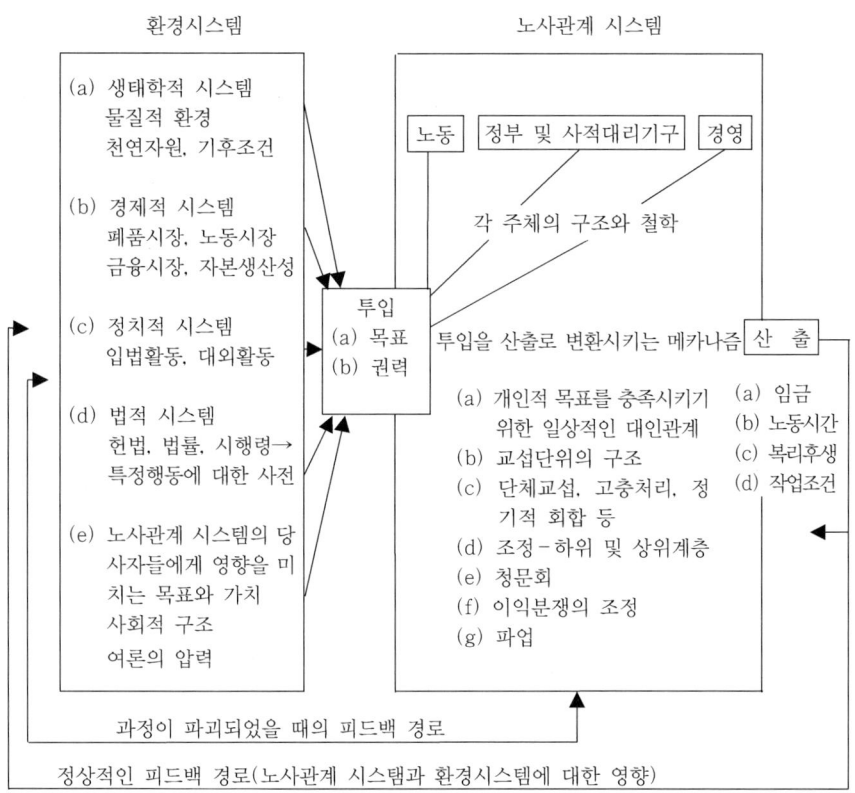

자료: A. W. J. Craig, "A Framework for the Analysis of Industrial Relations Systems," *op. cit.*, p.19.

4. 사인의 노사관계 시스템이론

사인(R. Singh)은 사회시스템 내에서 '투입물'이 '산출물'로 전환되는 내부 변환 메커니즘을 파악할 수 있는 모형을 제시하였다.[8] 그는 구조적 환경시스템이 노사당사자의 구조시스템과 노사 간의 과정시스템에 영향을 미치고, 그 결과 적응과 갈등의 산물로 노사관계의 규칙이 형성된다는 논리를 전개함으로써 던롭의 노사관계체제모형을 보다 구체화하였다.

<그림 4-4> 사인의 노사관계 시스템 모형

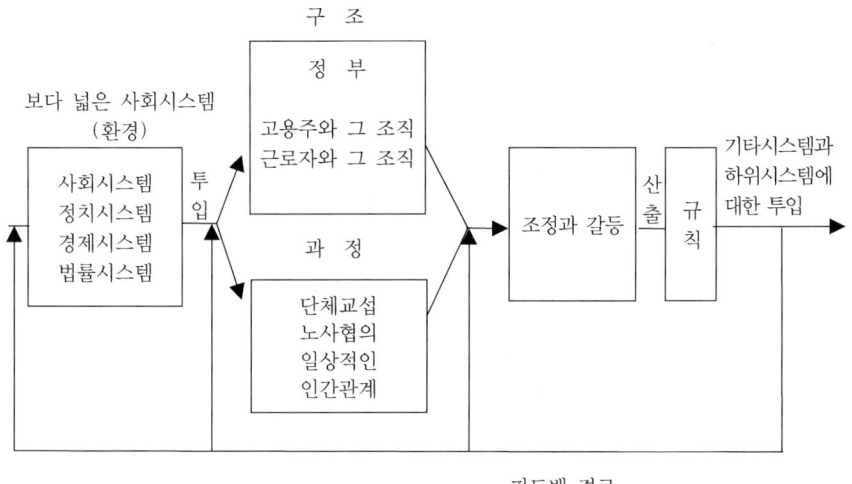

피드백 경로

자료: R. Singh, □□Systems Theory in the Study of Industrial Relations: time for a reappraisal?," *Industrial Relations Journal*, Vol.7, No.3, (1976), p.68.

사인은 투입과 산출의 메커니즘을 분석하기 위하여 동태적인 개방시스템 모형을 채택하였고, 따라서 노사관계체계 모형에서 구조와 과정을 분리시켰다. 또한 중요한 환경시스템으로는 사회적 · 경제적 · 정치적 · 법률적

---

8) R. Singh, "Systems Theory in the Study of Industrial Relations: Time for a Reappraisal?," *Industrial Relations Journal*, Vol.7, No.3, 1976, pp.57~64.

과정을 분리하였고, 구조로서는 정부·사용자와 그 조직·근로자와 그 조직을 다루고 있고, 과정으로서는 단체교섭·노사협의·일상적인 인간관계 등을 다루고 있다.

5. 본 연구의 분석 틀 및 분석기준

본 연구에서는 정치·경제·사회·법률·국민 등 환경적 변수에 많은 영향을 받게 되는 공무원 노동조합법제의 입법모형을 분석하는데 상대적으로 유용한 사인(Singh)이 제시한 모형을 근거로 하여 약간 수정·보완한 분석 틀을 도출하고자 한다.

즉 첫째, 환경적인 측면에서 일반시민의 노조에 대한 인식과 견해를 첨가하고자 한다. 둘째, 구조적인 측면에서는 노동조합의 조직대상, 노조의 조직 및 구성 문제 등을 포괄적으로 다루며, 셋째, 과정적인 측면에서는 노동기본권의 인정범위, 단체교섭, 단체행동, 노사협의 등을 노사관계체제모형에 첨가하고자 한다.

이에 따라 공무원 노동조합 입법모형을 분석하기 위한 분석 틀로서 〈그림 4-5〉를 도출하였는바 〈그림 4-5〉는 노동조합이 결성되어 활동을 하는 경우 노사관계의 동태적 과정을 보여주고 있다. 이 분석 틀은 체제 내부에서는 노동조합과 사용자의 주체를 다루는 구조적 측면과 실제 이들의 활동을 보여주는 과정적 측면 즉 기능적 측면을 보여주고 있다. 노사관계의 핵심은 단체협약을 도출하기 위한 단체교섭이라고 할 수 있다. 단체교섭은 노동조합이 근로조건의 유지개선을 목적으로 사용자 또는 사용자단체와 벌이는 일련의 협상과정이다. 단체교섭이 성공하게 되면 노사 간에 근로조건에 관한 합의문서 즉 단체협약을 작성하게 된다.

<그림 4-5> 공무원 노동조합 입법모형의 분석 틀

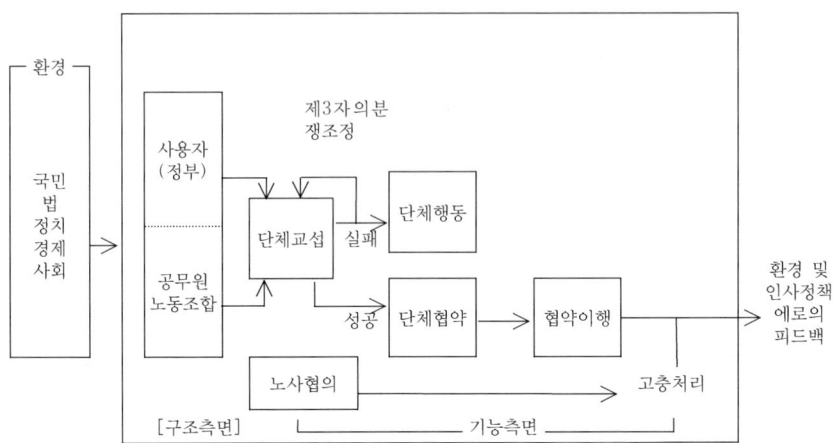

본 장에서는 <그림 4-5>와 같은 분석 틀을 사용하여 공무원 노동조합 입법모형을 분석하기 위한 다음의 여섯 가지 분석기준 즉, 구조적 측면에서 공무원 노동조합 조직대상, 공무원 노동조합의 조직 및 구성, 과정적(기능적) 측면에서 공무원 노동기본권의 인정범위, 단체교섭, 단체행동, 노사협의회 등의 분석기준에 의거하여 단기적 입법모형을 산출하기 위한 국민의식조사분석을 시도하였다.

제2절 조사의 개요

공무원 노동조합법제에 대한 국민의식조사는 2회에 걸쳐 실시되었는바 제1차 조사는 1999년 5월 1일부터 5월 31일까지 한 달간 실시했으며, 공무원 노동조합에 대한 입법정책의 기본방향을 정립하기 위하여 단결권의 주체인 공무원 및 환경적 변수인 동시에 궁극적으로 공무원의 사용자인 시민을 대상으로 1999년 5월 1일부터 5월 31일까지 한 달간 실시하였다. 설문지는 객관식 43개 문항으로 구성되었다. 이 중 응답자의 인구통계학적 특성에 대한 설문이 6개, 공무원 노조 필요성과 인식과 관련된 설문이 6개, 공무원들의 현 처우에 대한 의견이 8개, 공무원 노조의 역기능에 대한 의견이 6개, 공무원 노조의 순기능에 대한 의견이 15개, 그리고 공무원 노조 허용범위에 관한 의견이 2개 문항으로 구성되었다. 특히 종속변수, 독립변수 결정을 위한 설문에 대한 응답은 Likert의 5점 척도(절대 아닐 것이다 -1점, 대체로 아닐 것이다-2점, 그저 그럴 것이다-3점, 대체로 그럴 것이다-4점, 정말 그럴 것이다-5점)방식을 이용하였다.

제2차 조사는 '공무원 노동조합'에 관한 단기적인 입법모형 개발을 위하여 1999년 10월 11일부터 10월 24일까지 14일간에 걸쳐 공무원 및 시민을 대상으로 제2차 설문조사를 실시하였다. 제1차 조사에서는 공무원 노동조합에 대한 인식과 필요성, 허용범위 등 입법정책의 기본방향을 조사하였고, 제2차 조사에서는 '공무원 노동조합'을 구성할 때 어떤 방법으로 할 것인지에 대해 구체적으로 조사하였다. 설문지는 객관식 21개 문항으로 구성되었는데, 이 중 응답자의 인구통계학적 특성에 대한 설문(성별, 학력, 대상분류, 연령)이 1개, 공무원 노조의 조직에 대한 의견이 10개, 공무원 노조의 단체교섭에 대한 의견이 5개, 공무원 노조의 단체행동에 대한 의견이 2개, 노사협의회에 관한 의견이 3개이다.

조사대상집단은 크게 공무원 집단과 시민집단(비공무원)으로 구분한다. 공무원 집단 즉 조사대상 공무원은 국가공무원과 지방공무원을 모집단으로 하여 직종별로 표집하되 모집단의 특성과 본 연구의 목적을 염두에 두고 유의추출 하였다.

또한 공무원과 더불어 시민집단을 조사대상으로 하였다. 시민집단은 공무원 노조의 이해집단 중 가장 민감한 집단으로 공무원 노조활동의 직접적인 이해당사자이기 때문이다. 이들의 관심과 지지에 따라 공무원 노조활동 허용의 범위와 대상의 확대에 긍정적이거나 부정적인 영향을 끼칠 것이다. 또한 시민들이 공무원 단체활동에 대하여 어떻게 인식하고 있는지는 이 정책의 도입뿐만 아니라 성공적으로 운영하는 데도 중요한 역할을 한다.[9] 시민집단에는 본 조사의 전문성을 감안하여 노조관계자와 대학(원)생을 다수 포함시켰다.

조사대상지역은 서울과 대구·경북지방을 중심으로 한정하였는바 공무원의 경우 서울에 근무하는 중앙정부부처 공무원과 대구·경북지역에 근무하는 국가 및 지방공무원을 대상으로 조사하였고, 일반시민의 경우 대구·경북지역 주민들을 대상으로 조사하였다.

제1차 조사에 이용된 설문지는 총 1900부가 배부되었고[10) 설문조사는 공무원 집단과 시민집단 모두 방문, 조사 후 회수하는 것을 원칙으로 하였으나 경우에 따라 우편물을 이용하였다. 한편 회수된 설문지 중 불성실하거나 잘못 표기한 것을 가려내고 통계처리에 이용한 설문지는 총 1645부로 회수율은 86.6%였다.

응답자의 인구통계학적 특성은 〈표 4-1〉과 같다.

---

9) 전술한 바와 같이 Craig는 시민들의 공무원 노동조합에 대한 인식을 중요한 요인으로 보았다. A. J. Craig, op. cit., pp.18～20.

10) 1998년 12월 현재 국가·지방직 공무원 정원 91만 7천 명의 모집단에 비하여 표본의 수가 적었다는 문제점이 있으나 전수조사를 하지 않고 표본조사를 하는 경우의 효용성을 보면 다음과 같다. 사회조사는 과학적 조사방법으로서 최종적 조사단위까지 전부 조사하는 전수조사와 표본을 추출하여 하는 표본조사로 분류된다. 여기서 표본조사를 하는 이유(효용성)로는 첫째, 일반적으로 통계조사는 전수조사에 비하여 규모가 작으므로 조사·정리·집계 등에 비용·시간·인원이 절약된다(경제성). 둘째, 전수조사에 비하여 보다 조사결과를 신속하게 이용할 수 있다(신속성). 셋째, 표본조사는 전수조사보다 더 정확한 결과를 획득할 수 있다. 즉, 더 높은 신뢰도를 확보할 수 있다(신뢰성). 그 이유는 조사규모가 작기 때문에 조사관계자들 간에 연락과 통일성을 확보하기 쉽고, 숙련된 조사원을 채용할 수 있으며, 조사원의 오차·오기·개념규정상의 오류 등에 의한 비표본오차가 적어질 수 있기 때문이다.(박동준, 사회조사방법론, 홍익출판사, 1998, pp.207-208; 김해동, 조사방법론, 법문사, 1991, p.76 참조)

〈표 4-1〉 조사대상자의 인구통계학적 특성(N＝1645)

변 수	구 분	빈 도	비율(%)	변 수	구 분	빈 도	비율(%)
성별	남성	1127	68.5	학 력	중졸 이하	56	3.4
	여성	518	31.5		고졸	509	30.9
연령	20대	357	21.7		전문대졸	330	20.1
	30대	659	40.1		대졸(대재)	692	42.1
	40대	480	29.2		대학원졸	58	3.5
	50대	135	8.2	생활수준	상층	7	0.4
	60대 이상	14	0.9		중상층	126	7.7
대상분류	공무원	1080	65.7		중중층	568	34.5
	일반시민	237	14.4		중하층	709	43.1
	노조관계자	193	11.7		하층	235	14.3
	대학(원)생	135	8.2				

* N: 표본의 수

먼저 성별을 보면, 남성이 68.5%, 여성이 31.5%로 남성이 월등히 많다. 이 것은 응답자가 공무원인 경우 남성이 여성보다 모집단이 훨씬 많기 때문에 표본선 정도 남성이 많아졌기 때문이다. 연령별로 보면 30대가 40.1%, 40대 가 29.2%로 30-40대가 69.3%로 주를 이룬다. 학력을 보면 대부분이 고졸 이 상이고, 대졸(전문대 포함) 이상은 55.7%로 학력이 대체로 높은 편이다. 생 활수준은 중중층 이상이 전체 응답자의 42.6%로 생활수준이 그렇게 풍족하 지 못한 것으로 나타났다. 설문에 응답한 대상자를 분류하여 보면, 공무원이 65.7%로 가장 많이 차지했고, 그 다음으로 일반시민이 14.4%, 노조관계종사 자가 11.7%순이였고, 대학생 집단은 8.2%에 불과한 것으로 나타났다.

본 연구는 공무원 노동조합에 대한 인식을 조사하는 것으로 직접 이해 당사자인 공무원 집단의 시각이 매우 중요하다. 공무원은 전술한 바와 같 이 근로의 대가로 임금 등의 수입에 의하여 생활을 영위해 나가는 근로자 이다. 따라서 사용자인 정부는 근로자인 공무원에게 임금 등을 지급해야 한다. 정부는 이를 위해 국가공무원법 제46조에서 공무원의 보수의 결정기 준으로 일반의 표준생계비, 민간의 임금, 기타 사정을 고려하여 직무의 곤

란성 및 책임의 정도에 적응하도록 계급별로 정하되, 경력직 공무원 상호 간의 보수 및 경력직 공무원과 특수경력직 공무원 상호간의 보수는 균형을 도모해야 한다고 규정하고 있다.

　우리나라는 직업공무원제도를 추구하고 있으므로, 이를 정착시키는 하나 의 수단으로 공무원의 보수수준은 그들의 업무의 성질, 내용 등에 알맞게 책정되어야 한다. 어느 정도가 적정한가에 대해 논란이 많지만, 원칙적으로 '민간·공공 대등 원칙'을 기본으로 삼아 적정수준에서 책정되어야 할 것이 다. 공무원의 보수가 그들의 업무량 등에 비추어 적정하지 못할 때 공무원 들은 이를 개선하기 위하여 공무원 노동조합의 필요성을 느낄 것이다. 따 라서 이에 대해 공무원은 어떠한 인식을 가지는지 소속, 근무 부서, 근무기 간, 현 직종 등에 따라 살펴볼 필요가 있다.

　공무원은 총 1,080명으로 전체 65.7%로 나타났는데, 이들을 구체적으로 살펴보면 〈표 4-2〉와 같다.

〈표 4-2〉 공무원 집단의 특성

변 수	구 분	빈도	비율(%)	변 수	구 분	빈도	비율(%)
소속	국가직	408	37.8	근무 부서	중앙부처	193	17.9
	지방직	672	62.2		광역시·도	520	48.1
근무기간	5년 미만	193	17.7		자치시·군	367	34.0
	5-10년 미만	241	22.3	일반직급	7급 이하	355	66.4
	10-15년 미만	200	18.5		6급 이상	180	33.6
	15-20년 미만	186	17.2	기능/고용 직급	7등급 이하	141	86.5
	20년 이상	262	24.3		6등급 이상	22	13.5
현직종	일반직	535	49.5	경찰/소방 직급	경사/소방장 이하	274	84.6
	기능·고용직	163	15.1				
	경찰·소방직	324	30.0		경위/소방위 이상	50	15.4
	기 타	58	5.4				

　국가직 공무원은 37.8%, 지방직이 62.2%로 지방직 공무원이 훨씬 더 많 다. 근무 부서로는 중앙부처가 17.9%, 광역시·도가 48.1%, 자치시·군이 34.0%였고, 근무기간으로는 20년 이상 장기근무자가 24.3%로 가장 많고, 5

년 이상 10년 미만이 22.3%순으로 나타났다. 그리고 현재 공직에서의 직종별로 살펴보면, 일반직 종사자가 가장 많은 49.5%였고, 경찰·소방직이 30%, 기능·고용직이 15.1%를 차지하고 있다. 이렇게 직종별로 구분하여 조사하는 이유는 공무원 노조의 인정 여부에 대해 직종에 따라 달라질 수 있기 때문이다. 그리고 세부적으로 일반직급은 7급 이하가 66.4%로 많았고, 6급 이상은 33.6%이다. 기능 및 고용직은 7등급 이하가 86.5%로 대부분을 차지했고, 6등급 이상은 13.5%이다. 그리고 경찰 및 소방직은 경사(소방장) 이하가 84.6%이고, 경위(소방위) 이상은 15.4%를 차지하고 있다.

제2차 조사에 이용된 설문지는 총 740부가 배부되었고, 설문조사는 직접 방문, 면접, 우편조사 등을 통하여 실시하였는데, 설문지 중 불성실하거나 잘못 표기한 것을 가려내고 통계처리에 이용한 설문지는 총 594부로 회수율은 80.3%였다.

응답자의 인구통계학적 특성을 살펴보면 아래 〈표 4-3〉과 같다.

〈표 4-3〉 응답자의 특성(N=594)

변 수	구 분	빈 도	비율(%)	변 수	구 분	빈 도	비율(%)
성별	남성	450	75.8	학력	고졸 이하	191	32.2
	여성	144	24.2		전문대졸	158	26.6
연령	20대	116	19.5		대졸	215	36.2
	30대	222	37.4		대학원졸	30	5.1
	40대	194	32.7	생활수준	중상 이상	62	10.5
	50대	59	9.9		중	205	34.5
	60대 이상	3	0.5		중하 이하	327	55.0
대상분류	공무원	494	80.0				
	시민	119	20.0				

먼저 성별을 보면, 남성이 75.8%, 여성이 24.2%로 남성이 월등히 많다. 이것은 제2차 조사에서도 응답자가 공무원인 경우 남성이 여성보다 모집단이 훨씬 많기 때문에 표본선 정도 남성이 많은 것으로 판단된다. 연령별로

보면 20대가 19.5%, 30대가 37.4%, 40대가 32.7%로 50대가 9.9%, 60대 이상이 0.5%인 것으로 나타났는데, 여기서는 30-40대가 70.1%로 다수를 이루고 있다. 학력을 보면 대부분이 고졸이 32.2%, 전문대졸이 26.6%, 대졸(대재 포함)은 36.2%, 대학원졸 이상은 5.1%인 것으로 나타났다. 그리고 생활수준별로는 중상 이상이 10.5%이고, 중간층이 34.5%, 중하 이하가 55.0%인 것으로 나타났다.

응답한 대상자를 분류하여 보면, 공무원이 80.0%이고, 일반시민이 20.0%인 것으로 나타났는데, 이 중에서도 일반직 공무원이 65.4%, 기능·고용직 공무원이 18.1%, 경찰·소방직 공무원이 17.3%로 일반직 공무원이 상대적으로 많은 것으로 나타났다. 그리고 일반시민 중에는 일반인이 37.8%, 노조관계자가 26.9%, 대학생 집단이 35.3%가 포함되어 있다. 제2차 조사에서 공무원 집단을 많이 선정한 이유로는 일반시민은 대체로 공무원 노조를 인정하지만 그 세부적인 사항은 잘 모를 것으로 판단되었고, 공무원 집단은 자기와 직접 관련된 내용으로 많은 관심과 이에 대한 견해 또한 다를 것으로 생각되었기 때문이다.

그리고 공무원 응답자의 특성을 보면 〈표 4-4〉와 같다.

〈표 4-4〉 공무원 응답자의 특성(N=475)

변 수	구 분	빈 도	비율(%)	변 수	구 분	빈 도	비율(%)
소속	국가직	153	32.1	일반직	7급 이하	180	58.6
	지방직	322	67.9		6급 이상	127	41.4
직종	일반직	307	65.4	기능고용	7등급 이하	65	75.6
	기능고용	86	18.1		6등급 이상	21	24.4
	경찰소방	82	17.3	경찰소방	경사/소방장 이하	67	81.7
근무 부서	중앙부처	87	18.3				
	광역시도	231	48.6		경위/소방위 이상	15	18.3
	자치시군	157	33.1				

여기서 국가직이 32.1%이고 지방직이 67.9%로 지방직 공무원이 많았다. 직종별로 보면, 일반직이 65.4%로 다수를 차지하고 있으며, 기능·고용직이 18.1%, 경찰·소방직이 17.3%이다. 근무부처별로 보면 중앙부서가 18.3%, 광역시·도가 48.6%, 기초시·군이 33.1%인 것으로 나타났다. 그리고 직종별로 살펴보면, 일반직의 경우 7급 이하가 58.6%, 6급 이상이 41.4%로 하위직급 공무원이 많았다. 그리고 기능·고용직의 경우 7등급 이하가 75.6%, 6등급 이상이 24.4%로 역시 하위등급이 많았고, 경찰·소방직의 경우 경사(소방장) 이하가 81.7%, 경위(소방위) 이상이 18.3%로 하위직에 근무하는 공무원이 많은 것으로 나타났다.

제3절 공무원 노동조합의 필요성과 순기능·역기능

1. 공무원의 직무 만족도

현재 공무원의 공직생활에 대한 만족도가 어느 정도인지를 조사하여 보았다. IMF경제위기 이후 공공부문의 구조조정과 공직부정부패에 대한 사정 등 여러 가지 면에서 만족하지 못할 것으로 예상되었다.

우선 공무원의 만족도를 보면 '매우 불만족'이 9.8%, '불만족'이 36.2%, '보통'이 43.6%이다. 그리고 '만족'이 9.0%, '매우 만족'이 1.4%로 전체 공무원 46.0% 이상이 불만족한 것으로 나타났다. 이러한 것은 지방공무원보다 국가공무원의 불만족도가 더 높은 것으로 볼 수 있는데, 그 차이검증을 보면 $\chi^2 = 11.939$이고, p<.05로 국가공무원과 지방공무원 간에는 만족도에 차이가 있음이 판명되었다.[11]

---

11) 등간척도와 비율척도에 근거한 母數統計 검증(test)방법과 달리 명명척도와 서열 척도에 근거한 非母數統計 검증에서 가장 중요한 것은 카이스퀘어(χ^2)분포이다. 이 분포는 1900년에 피어슨(Karl Pearson)이라는 통계학자에 의해 소개되었다. 표본이 추출된 모집단에 대해 가정을 하지 않기 때문에 분포에 의한 제약을 받지

〈표 4-5〉공직소속에 따른 공직생활에 대한 만족도 차이

구 분	매우불만족	불만족	보 통	만 족	매우만족	합 계
국가공무원	48(11.8)	154(37.7)	167(40.9)	29(7.1)	10(2.5)	520(48.1)
지방공무원	58(8.6)	237(35.3)	304(45.2)	68(10.1)	5(0.7)	367(34.0)
합 계	106(9.8)	391(36.2)	471(43.6)	97(9.0)	15(1.4)	1080(100.0)

χ^2=11.939 자유도[12) =4 유의도[13) =.018

않긴 하지만 밀도 함수로 수학적으로 엄격하게 표현된 카이 스퀘어 분포를 정의
할 수는 있다. 즉, χ^2(chi-square)분포는 평균이 0이고 단위 분산을 가지고 독립적
으로 정규분포를 이루는 변수들을 자승의 합이라고 정의한다. χ^2(chi-square)는
두 변수 간의 관계가 통계적으로 유의한가 유의하지 않는가를 판정하여 주는 검
증이다. 이 검증은 다만 통계적 유의도 여부에 대해서만 판정을 하여 주는 검증이
다. χ^2검증의 기본원리는 χ^2=Σ(관찰빈도 - 기대빈도)2/기대빈도로 각 칸별로 기
대빈도와 관찰빈도의 차이가 커지면 χ^2값이 커지리라는 것을 쉽게 짐작할 수 있
다. χ^2(chi-square) 검증이 되기 위해서는 ① 관찰표본은 서로 독립적이어야 하며
대상 모집단에서 추출된 것이어야 한다. ② 자료는 통상적으로 명목적 자료이지
만 어떤 검증의 경우에는 그 이상의 측정수준에 의해 얻어진 자료일 수도 있다.
③ 표본은 적어도 50개의 관찰치를 가지고 있어야 한다. ④ 기대방안 내의 관찰
수는 적어도 5 이상이어야 한다.(홍성렬, 사회과학도를 위한 기초통계학, 학지사,
1998, pp.316-320 참조)

12) 자유도(df=degree of freedom)란 자료들 중에서 자유로이 선택할 수 있는 자
료의 개수로 전체 수에서 하나를 뺀 값이다. 즉, 자료의 크기를 선택할 때 n-1
개까지는 연구자가 자유의사에 따라 선택이 가능하지만 마지막 자료는 자유로
이 선택될 수 없음을 의미한다. 구체적으로 계산하면 df=(r-1)×(c-1)이다. 이
때 r=행(row)의 수이고 c=열(column)의 수를 말한다. 만약 행의 수가 5이고
열의 수가 4이면 자유도는 12이다. 결국 자유도는 케이스(사례)의 수와 분석에
사용되는 변수(예컨대 집단의 수)에 의해 결정된다. 자유도가 달라지면 통계량
과 유의도가 달라지기 때문에 자유도가 어떤 영향을 미치는지 파악할 필요가
있다.(홍성렬, 전게서, p.116 참조)

13) 유의도 혹은 유의수준(significance level)은 제1종 오류{올바른 귀무가설(영가
설: null hypothesis)을 틀린 것으로 검증하는 잘못}를 범할 확률의 최대허용한
계를 의미하며 α로 표시한다. 여기서 만약 95%로 신뢰수준을 정했다면 유의수
준(α)는 1-0.95=0.05 즉, 5%이다. 대개의 가설검증에서 자주 설정되는 유의수
준은 α=0.01, α=0.05, α=0.1(99%, 95%, 90%) 등이다. 집단 간의 차이를 표
현하는 유의확률(probability) p는 귀무가설을 기각할 수 있는 최소유의수준을
의미하며 p<.05인 의미는 통계적으로 1종 오류를 범할 확률이 5% 미만이라는
이야기이므로 유의적인 차이가 있는 것으로 판단할 수 있다. 좀 더 구체적으로
설명하면 95%가 바로 채택역이 되고, 이 영역 안에 있으면 귀무가설(영가설)

한편 근무 부서에 따른 공직생활의 만족도를 보면 중앙부처에 근무하는 공무원은 '불만족'이 49.2%, 광역시·도가 46.4%, 자치시·군이 43.9%로 중앙부처에 근무하는 공무원의 경우 불만족 정도가 가장 높은 것으로 나타났다. 그 차이검증을 보면 $\chi^2 = 15.294$이고, p<.05로 근무 부서에 따른 만족도의 차이가 있는 것으로 검증되었다.

〈표 4-6〉근무 부서에 따른 공직생활에 대한 만족도 차이

구 분	매우불만족	불만족	보 통	만 족	매우만족	합 계
중앙부처	23(11.9)	72(37.3)	74(38.3)	19(9.8)	5(2.6)	193(17.9)
광역시·도	45(8.7)	196(37.7)	235(45.2)	43(8.3)	1(0.2)	520(48.1)
자치시·군	38(10.4)	123(33.5)	162(44.1)	35(9.5)	9(2.5)	367(34.0)
합 계	106(9.8)	391(36.2)	471(43.6)	97(9.0)	15(1.4)	1080(100.0)

$\chi^2 = 15.294$ 자유도=8 유의도=.050

공직에 대한 불만족의 원인은 여러 가지로 나타날 수 있는데 설문조사 결과를 보면, '경제적 처우 불충분'이 63.0%로 대다수를 차지하고 있었다. 공무원의 업무량과 책임감에 비해 다른 민간기업이나 공기업에 비해 보수수준 등 경제적 처우가 낮음을 보여주는 것이고, 바로 이러한 것이 공직 불만족의 주된 원인이 되는 것이라 하겠다. 그 다음으로 '인사정책의 불합리'가 14.3%를 차지하고 있었는데, 이것은 그동안 공직의 심한 인사적체현상으로 진급이 적기에 이루어지지 않음은 물론이고, 새로 임용된 자도 경우에 따라서 몇 년씩 보직이 없어 기다려야 하는 어려움이 있었기 때문이라고 해석된다. 기타 '심리적인 불만족'이 8.9%, '책임 많고 권한이 적음'이 8.7%순으로 드러났다.

이 채택되어 오류를 범할 확률이 95% 이상이므로 '차이가 없다', '유의적인 차이가 없다' 등으로 구분되고, 나머지 5%는 기각역이 되어 '집단 간에는 차이가 있다', '유의적인 차이가 있다' 그리고 기각역이 채택된다 등의 의미로 해석된다.(홍성열, 전게서, pp.258-260 참조)

〈표 4-7〉 공직 불만족의 이유

구 분	빈 도	비율(%)
경제적 처우불충분	680	63.0
인사정책의 불합리	154	14.3
심리적인 불만족	96	8.9
사회적 지위가 낮음	42	3.9
책임 많고 권한이 적음	94	8.7
업무가 적성에 맞지 않음	14	1.3
합 계	1080	100.0

이러한 불만족에 대해 공직 근무기간에 따라 어떤 차이가 나는지 교차
분석[14])을 위한 χ^2검증을 실시하여 보았다. 우선 불만족 이유를 '경제적 처
우 불충분'이라는 불만족 원인에 있어서 근무기간에 비례하며 불만족의 주
원인이 되고 있었음을 볼 수 있다. 이것은 공직 근무기간이 증가되어도 그
에 따라 보수수준이 만족스럽지 않고 있음을 엿볼 수 있으며, '인사정책 불
합리'에 대해선 근무기간이 길수록 그 불만족의 정도가 높음을 알 수 있다.
이러한 현상은 공직 근무기간이 길수록 전술한 인사적체현상이 더욱 심각
해지고 있지 않나 일응 추정된다.

---

14) 교차분석(crosstabs analysis)은 명목측정 혹은 서열측정의 성격을 가진 두 변
   수 간의 상관관계(correlation)를 분석하는 경우에 사용되는 방법이다. 이 분석
   은 Pearson의 χ^2검증, 자유도, 유의확률을 통하여 집단 간의 차이유무를 밝힐
   수 있다. 한편 빈도분석(frequency analysis)은 수집된 자료를 성질이나 크기가
   유사한 형태로 분류하여 빈도(frequency)와 백분율(%)을 통해 자료의 특성을
   쉽게 분석하는 방법이다.

〈표 4-8〉 근무기간에 따른 공직 불만족의 차이

구 분	경제처우 불충분	인사정책 불합리	심리적인 불만족	사회적 지위 낮음	책임 많고 권한 적음	업무적성 맞지않음	합 계
5년 미만	115(60.2)	21(11.0)	24(12.6)	12(6.3)	17(8.9)	2(1.0)	191(17.7)
5-10년 미만	144(59.8)	38(15.8)	26(10.8)	7(2.9)	26(10.8)	0(0.0)	241(22.3)
10-15년 미만	139(69.5)	20(10.0)	16(8.0)	10(5.0)	9(4.5)	6(3.0)	200(18.5)
15-20년 미만	116(63.4)	34(18.3)	13(7.0)	3(1.6)	18(9.7)	2(1.1)	186(17.2)
20년 이상	166(63.4)	41(15.6)	17(6.5)	10(3.8)	24(9.2)	4(1.5)	262(24.3)
합 계	680(63.0)	154(14.3)	96(8.9)	42(3.9)	94(8.7)	14(1.3)	1080(100.0)

$\chi^2 = 35.273$ 자유도=20 유의도=.019

공무원은 현재 자신의 처우에 대해서 대체로 불만족한 것으로 응답하고 있지만 다른 시민들은 이에 대한 의견들이 어떠한지를 고찰해 볼 필요가 있다. 이에 따라 조사대상집단을 공무원, 일반시민, 노조관계종사자, 대학(원)생으로 구분하여 집단 간의 의견의 차이를 F값(일원분산분석)[15]을 통해 분석하고자 한다.〈표 4-9〉에서 보듯이 7가지 범주를 설정하여 질문하였는데 그 척도는 매우 불만족-1점, 불만족-2점, 그저 그렇다-3점, 만족-4점, 매우 만족-5점으로 구성되어 있다.

① 공직생활 상태에 대한 만족도는 일반시민, 대학(원)생에 비해 공무원, 노조관계종사자는 그 만족의 정도가 낮은 것으로 나타났다. F값이 23.243이고 p<.001이므로 집단 간의 차이를 보이고 있었다. 전체적으로 공직생활

─────────

15) 일원분산분석(One-way ANOVA: analysis of variance)은 여러 개의 모집단의 평균 사이에 차이가 있는지를 동시에 검증하는 방법이다. 집단 간의 차이가 있느냐에 관한 가설을 검증하기 위하여 F-분포를 이용하여야 한다. 집단 간의 평균이 적어지면 F값은 적어진다. 또 F값이 적으면 집단 간의 평균의 차이가 적을 것이라고 생각할 수 있다. 특히 F-검증은 세 집단 이상의 차이를 알아보기 위한 것으로, 이것이 유용하기 위해서는 표본이 무작위적으로 추출되었으며, 모집단은 동일한 분산을 가지고 있다는 가정을 충족시켜야 한다. 현재 분석하고 있는 자료가 이러한 가정을 충족시키는지를 알아보기 위해 Levene통계량을 사용한다. 한편 두 집단 간의 차이는 대체로 t-검증을 실시하여 판단한다. 이것은 평균분석이라고 하는데, 특정집단의 평균이 통계적으로 유의미하게 차이가 있는지를 검증하는 방법이다.(홍성열, 전게서, pp.316-320 참조)

상태는 불만족한 것으로 평가하고 있는데 특히 공무원과 노조관계자의 그러한 평가는 공무원 노조가 불인정되어 그들이 원하는 바를 들어줄 수 없기 때문에 그들의 불만족 정도가 심하지 않았나 일응 추정된다.

② 공무원의 보수수준에 대해서도 전체적으로 낮게 평가하고 있는 것으로 나타났다. 이러한 것은 공무원 보수에 대해선 모두 낮은 것으로 인정하는 것이 된다. 특히 공무원 자신은 평균 1.72로 심각하게 낮게 평가하고 있으며 노조관계종사자도 더불어 공무원보수에 대해 상당히 낮은 것으로 평가하고 있다. 통계분석에서 F값이 128.334이고 p<.001로 집단 간의 차이가 있는 것으로 드러났다.

③ 공직근무조건에 대하여도 시민들의 인식은 차이가 있는 것으로 보인다. 정작 공무원 자신은 근무조건이 열악한 것으로 응답한 반면 비해 일반시민과 특히 앞으로 진로를 결정해야 할 대학생 집단은 상당히 긍정적으로 평가하였다. 이것은 공직이 다소 안정적이어서 일반시민과 대학생 집단의 공직선호도가 높은 것으로 보인다. 여기서 F값이 138.334이고 p<.001로 집단 간의 차이도 크게 나타나고 있었다.

④ 공무원의 인사정책에 대한 설문결과 공무원 집단과 노조관계자 집단은 매우 불합리한 것으로 보고 있었으며 일반시민과 대학생 집단도 다소 불합리한 것으로 보고 있었다. 이러한 것은 공무원수의 증가와 심각한 인사적체현상을 모두 공감하는 것이 된다. F값이 5.619이고 p<.01로 집단 간의 차이는 유의적인 것으로 나타났다.

⑤ 조직 내의 공무원의 사기에 대한 조사결과 집단 전체가 공무원의 사기가 저하되어 있고 충족되고 있지 못함을 알 수 있었다. 특히 현실적으로 정부구조조정과 공직사정 등으로 공무원과 이를 바라보는 집단은 매우 우려하고 있지 않았나 엿볼 수 있었다. 그러나 p<.05이므로 집단과의 차이를 보이고 있지 않았다.

〈표 4-9〉 대상집단별 공무원의 현재 처우에 대한 의견차이(N＝1645)

변 수	대상분류	평균(M)	표준편차(SD)	F값	유의확률(P)
공직생활상태에 대한 만족도	공무원	2.39	.87	23.243	.000
	일반시민	2.73	.88		
	노조관계종사자	2.52	.96		
	대학(원)생	2.97	.93		
공직 보수수준	공무원	1.72	.85	128.334	.000
	일반시민	2.76	1.02		
	노조관계종사자	2.38	1.01		
	대학(원)생	2.75	1.06		
공직근무조건	공무원	2.16	.96	138.334	.000
	일반시민	3.27	1.11		
	노조관계종사자	2.91	1.01		
	대학(원)'생	3.42	1.01		
공무원에 대한 인사정책 합리성	공무원	2.23	.87	5.619	.001
	일반시민	2.48	.92		
	노조관계종사자	2.30	.97		
	대학(원)생	2.36	.75		
조직 내의 공무원 사기 충족성	공무원	2.18	.94	1.123	.338
	일반시민	2.29	.83		
	노조관계종사자	2.16	1.01		
	대학(원)생	2.24	.74		
공무원의사표시 제도적 장치	공무원	1.94	.89	8.661	.000
	일반시민	2.22	.85		
	노조관계종사자	2.07	1.08		
	대학(원)생	2.21	.81		
상관과의 의사전달통로 마련	공무원	2.16	.80	3.696	.011
	일반시민	2.32	.86		
	노조관계종사자	2.08	.90		
	대학(원)생	2.23	.71		

⑥ 공무원이 자신의 의사 표시를 할 수 있는 제도적 장치를 구비하고 있는지, 있다면 그 정도에 대해 공무원은 평균이 1.94 노조관계종사자가 2.07로 대단히 낮게 나타났으며 일반시민과 대학생 집단도 보통 이하로 낮게 나타났다. 이러한 결과에서 보면, 공무원은 국민 전체의 봉사자로서 어느 정도 희생을 요구하고 있고 이에 불만이 있지만 공무원의 특수한 신분 때문에 수긍하고 있는 것으로 추정되었다. F값이 8.66이고 $p < .001$로 집단 간에는 유의적인 차이가 있는 것으로 나타났다.

⑦ 공무원의 조직 내에서 상관과의 관계도 원만하지 못한 것으로 보였다. 특히 공무원 집단은 상관의 일방적인 업무지시나 통제를 감내하고 있는 것으로 보이며, 다소 불만인 것으로 추측되었다. F값이 3.696이고, $p < .05$로 집단 간에는 유의적인 차이가 있는 것으로 나타났다.

현 공무원 처우에 대한 인식조사에서 공무원 집단과 노조관계종사자는 일반시민과 대학생 집단보다 부정적이거나 만족하고 있지 않는 것으로 드러났다. 이러한 현상은 공무원 처우를 개선할 제도적 장치의 부재, 응분의 보상시스템 부재 등에 있어서 공무원의 권익을 보호할 단결체가 없는 점에서 기인한다고 볼 수 있다.

2. 공무원 노조의 필요성

현재 공무원 근무환경에 대한 불만족, 이에 대한 비공직자들의 공감 등을 고려할 때 이제 공직을 보호하고 그들의 근무조건을 향상시키고 공무원의 권익을 대변할 수 있는 공무원 노조가 과연 필요한 것인지 조사할 필요가 있다. 공무원 노조의 활동이 발전적으로 전개되기 위해선 우선 그에 대한 긍정적 인식이 전제되어야 한다. 과거로부터 우리나라는 공무원 노조에 대해 너무 백안시하여 규제해 왔다. 하지만 현재 행정 내외의 변화는 그간 규제를 합리화해 왔던 환경요소의 영향력을 축소시켜 공무원 노조에 대한 근본적인 인식의 전환을 요청하고 있다.[16)]

공무원 노조의 필요성에 대해 '필요하다'가 807명으로 49.1%, '매우 필요하다'가 411명으로 25.0%인데, 전체적으로 보면 74.1%가 공무원 노조의 필요성을 강조하고 있었다.

〈표 4-10〉 공무원 노조의 필요성

구 분	빈 도	비율(%)
전혀 불필요하다	47	2.9
불필요하다	130	7.9
그저 그렇다	250	15.2
필요하다	807	49.1
매우 필요하다	411	25.0
합 계	1645	100.0

이러한 것은 공무원이 국민 전체의 봉사자로서 공익 우선 위주로 업무를 해야 하겠지만, 무리한 희생만을 강요할 수는 없고, 그들의 업무를 소신 있게 할 수 있도록 보장해주는 노동조합을 현실적으로 허용해야 하는 단계에 도달한 것이라고 보여진다. 과연 이러한 의견이 공무원 자신만의 주장인지? 또 일반시민은 이에 대해 구체적으로 어떻게 생각하는지 살펴보면

---

16) 공무원 노조의 필요성에 대해 가장 우선적으로 생각할 수 있는 것이 보수의 적정화 문제이다. 국가공무원법 제46조에는 '공무원의 보수는 일반표준 생계비, 민간임금, 기타 사정을 고려하여 직무의 곤란성 및 책임의 정도에 적응하도록 계급별로 정한다'고 규정하고 있어 보수의 책정에 있어서의 행정 내부적인 요인뿐만 아니라 일반표준 생계비 지출이나 민간기업체 임금 등 외적요인을 고려할 것을 명시하고 있다. 그러나 현재 공무원 보수는 가계비 상승률을 현저히 밑돌고 있다. 특히 문민정부 이후 고통분담이라는 구호 아래 1993년도에는 3% 봉급인상분을 무효화하고, 1994년도에는 6.3%, 1995년에는 6.8%, 1996년에는 9.0%, 1997년에는 5.7% 등 가계비 상승률에 전혀 미치지 못하는 공무원 봉급인상을 실시하고 1998년·1999년에는 봉급인상을 동결함으로써(행정자치부통계연보, 1998, p.200) 공무원들의 처우개선에 대한 불평·불만을 가중시킨 나머지 정부의 신의를 떨어뜨리고 공무원들의 기대에 실망을 안겨주었다. 만약에 공무원 보수수준의 결정에 공무원 노동조합의 참여를 인정하였다면 보수의 적정화를 기할 수 있었을 것이다.

〈표 4-11〉과 같다. 우선 전체적으로 공무원과 시민집단의 차이를 보면, 공무원 집단은 노조의 필요성에 대하여 81.5%가 필요하다고 응답하는 반면, 시민집단은 59.8% 정도가 필요하다고 하여 공무원과 시민집단과의 필요성에 대한 차이가 있음을 알 수 있다. 이를 좀 더 구체적으로 보면 다음과 같다.

일반시민은 노조의 필요성에 대해 '필요하다'가 42.6%로 다소 낮은 반면, '필요하다'가 공무원 집단은 81.5%, 노조관계자는 78.7%, 대학(원)생 집단은 63.0%로 매우 높게 나타나고 있다. 교차분석을 통해 살펴보면 $x^2 =$ 35.273이고 $p<.05$므로 집단 간에는 유의적인 차이가 있는 것으로 드러났다.

일반시민이 공무원 노조인정에 있어서 다른 집단에 비하여 상대적으로 부정적인 것은 공무원이 시민을 볼모로 그들의 집단이익을 표출하면 피해자는 시민이 될 것이라는 인식 때문이다. 이러한 인식만 불식된다면, 공무원 노조인정에 별무리가 없을 것으로 보인다.

〈표 4-11〉 대상집단별 노조의 필요성 차이

구 분	전혀불필요	불필요	그저그렇다	필 요	매우필요	합 계
공무원	16(1.5)	55(5.1)	129(11.9)	556(51.5)	324(30.0)	1080(65.7)
일반시민	29(12.2)	53(22.4)	54(22.8)	90(38.0)	11(4.6)	237(14.4)
노조관계자	2(1.0)	15(7.8)	24(12.4)	90(46.6)	62(32.1)	193(11.7)
대학(원)생	0(0.0)	7(5.2)	43(31.9)	71(52.6)	14(10.4)	135(8.2)
합 계	47(2.9)	130(7.9)	250(15.2)	807(49.1)	411(25.0)	1645(100.0)

$\chi^2=35.273$ 자유도$=20$ 유의도$=.019$

3. 공무원 노조의 역기능(dysfunction)

공무원 노조의 필요성에 대해 공무원과 시민의 대다수가 긍정적인 입장을 보이고 있었지만, 그동안 정부가 일반공무원에 대하여 노동조합을 허용하지 않는 이유가 여러 가지 있었을 것으로 추정되었다.

그러한 이유로는 첫째, 공무원은 국민 전체 봉사자이기 때문에 개인이익을 위한 노동3권을 부여할 수 없다는 점, 둘째, 공무원 노조는 최고 관리층의 정책결정, 집행과정에 관여하여 부하직원의 통솔과 행정능률에 방해가 된다고 보았기 때문이다. 셋째, 공무원 노조는 보수인상, 근무시간 단축 등 근로조건 개선 요구 시 물가상승, 재정압박 등으로 경제성장에 방해가 된다고 보았고, 넷째, 노조인정의 결과 국민의 조세부담 증가를 가져온다는 점이고 다섯째, 공무원 노조가 정치적 중립성을 해쳐 정권유지·안정에 방해가 된다고 보았으며, 여섯째, 공무원 노조가 집단적 활동을 유발하여 사회혼란과 국가안보를 위태롭게 할 우려가 있는 것으로 보는 등 여러 가지 이유가 있었다고 보여진다.[17]

본 연구에서는 이러한 정부의 공무원 노조 불인정에 대한 이유에 대해서 공무원과 시민들은 어떤 의견을 가지고 있는지 조사하여 보았다. 척도는 절대 아니다-1점, 대체로 아니다-2점, 그저 그렇다-3점, 대체로 그렇다-4점, 매우 그렇다-5점 등으로 구분하여 집단 간의 차이를 설명하고자 한다.

먼저 공무원은 국민 전체의 봉사자이기 때문에 개인이익을 위한 노조단체는 불가하다는 입장에 대해 연령, 대상집단별, 학력, 생활수준에 따라 차이가 있는 것으로 나타났다.

---

17) 공무원 노조의 역기능에 대해서는 전술한 제1장 제3절 참조.

〈표 4-12〉 공무원은 국민 전체의 봉사자로 개인이익을 위한 노동조합 허용 불가

구 분	분 류	평 균	표준편차(SD)	F/T값	유의확률(p)
성별	남성	2.87	1.20	.527	.598
	여성	2.84	1.09		
연령	20대	2.79	1.08	3.104	.015
	30대	2.80	1.22		
	40대	2.91	1.17		
	50대	3.16	1.04		
	60대 이상	2.86	1.23		
대상집단별	공무원	2.87	1.15	8.391	.000
	일반시민	3.13	1.10		
	노조관계종사자	2.63	1.30		
	대학(원)생	2.64	1.08		
학력	중졸 이하	3.13	1.01	3.433	.008
	고 졸	2.95	1.13		
	전문대졸	2.92	1.14		
	대졸(대재포함)	2.76	1.19		
	대학원졸	2.71	1.30		
생활수준	상 층	2.71	1.38	2.346	.050
	중상층	2.89	1.05		
	중중층	2.95	1.12		
	중하층	2.84	1.18		
	하 층	2.69	1.27		

연령별로 보면 40대 이하의 중장년·청년층은 이에 대해 부정적인 입장을 보이는 데 비해 50대 이상의 장년·노년층은 긍정적인 입장을 보였다. 대상 집단별로 보면 일반시민은 긍정적이지만 다른 집단은 다소 부정적이었다. 학력별로 학력이 낮은 계층일수록 긍정적인 입장을 보였으나 학력이 높은 계층은 이에 대해 그렇지 않다라고 응답하였다. 생활수준은 상층과 하층은 긍정적인 입장을 보였으나, 중간계층은 다소 부정적인 시각을 보였다.

그러나 전체적으로 공무원은 국민 전체의 봉사자이므로 정부가 노조를 인정하지 않고 있다는 점에 대해 다소 부정적인 입장을 보였다.

〈표 4-13〉 공무원 노조는 행정능률성에 방해

구 분	분 류	평 균	표준편차(SD)	F값	유의확률(p)
성별	남성	3.32	1.18	.792	.428
	여성	3.27	1.10		
연령	20대	3.15	1.13	4.684	.001
	30대	3.44	1.16		
	40대	3.27	1.15		
	50대	3.20	1.17		
	60대 이상	2.93	1.07		
대상집단별	공무원	3.42	1.12	11.939	.000
	일반시민	3.19	1.08		
	노조관계종사자	3.01	1.33		
	대학(원)생	3.00	1.21		
학력	중졸 이하	2.93	1.+11	2.066	.083
	고졸	3.37	1.13		
	전문대졸	3.32	1.10		
	대졸(대재포함)	3.29	1.19		
	대학원졸	3.17	1.22		
생활수준	상층	3.14	1.07	1.123	.344
	중상층	3.11	1.07		
	중증층	3.35	1.08		
	중하층	3.31	1.17		
	하층	3.29	1.30		

* 단, 성별에 따른 차이검증은 F값이 아니라 t값을 이용한 것임.

　　공무원 노조는 행정능률성에 방해된다는 입장에 대해 전체적으로 긍정
적으로 생각하고 있는 것으로 나타났다.[18] 집단 간의 차이를 보이고 있는

---

18) 진술한 바와 같이 공무원 노조를 인정하면 행정능률성에 방해가 된다는 입장
　　은 일견 그러한 면도 있겠으나 이는 어느 나라의 경우나 마찬가지이며, 근본적
　　으로 공무원들의 사익과 공익의 조화에 대한 태도의 문제이지 민간부문의 근
　　로자와 구별지어져 공무원 노조를 제약할 아무런 타당한 근거가 되지 못한다.

변수는 연령별 및 대상집단별인 것으로 보였는데, 연령은 낮을수록 긍정적 인 입장을 취하였다(F=4.684, p<.01). 대상집단별로는 직접 행정을 담당하 는 공무원 집단과 그렇지 않은 집단 간의 차이(F=11.939, p<.000)가 있는 것으로 드러났는데, 공무원 집단은 노조가 행정능률성에 방해된다고 인정 을 하였는데 노조관계자와 대학(원)생은 인정은 하나 그 정도가 공무원 집 단보다 적은 것으로 나타났다.

〈표 4-14〉 공무원 노조는 국가경제성장에 방해

구 분	분 류	평 균	표준편차(SD)	F/T값	유의확률(p)
성 별	남성	2.98	1.17	-1.798	.072
	여성	3.09	1.08		
연 령	20대	2.98	1.04	.291	.884
	30대	3.03	1.22		
	40대	3.01	1.15		
	50대	3.08	1.00		
	60대 이상	2.86	1.29		
대상집단별	공무원	3.01	1.16	7.766	.000
	일반시민	3.26	0.69		
	노조관계종사자	2.73	1.21		
	대학(원)생	3.04	1.10		
학 력	중졸 이하	3.21	1.02	1.911	.106
	고졸	3.03	1.15		
	전문대졸	3.08	1.11		
	대졸(대재포함)	2.99	1.15		
	대학원졸	2.69	1.29		
생활수준	상층	3.00	.82	2.888	.021
	중상층	3.02	1.02		
	중중층	3.14	1.06		
	중하층	2.96	1.19		
	하층	2.89	1.25		

〈표 4-14〉는 공무원 노조는 국가경제성장에 방해가 된다는 입장에 대한 견해를 설명하고 있다. 이러한 설명에 대해 전체적인 입장은 다소 그렇지 않은 것으로 평가하였으나 대상집단별과 생활수준별로는 유의적인 차이를 보이고 있다. 즉 대상집단별로 보면, 노조관계종사자는 집단 간 부정적인 입장을 보이고 있었으며 공무원과 대학(원)생도 약간 부정적인 입장이지만 일반시민은 공무원 노조가 국가경제성장에 방해가 될 것이라고 긍정적으로 응답하였다(F=7.766, p<.001). 생활수준별로 보면 생활수준이 낮을수록 부정적인 입장을 보였다.(F=2.888, p<.05)

〈표 4-15〉 공무원 노조는 국민의 조세부담 증가

구 분	분 류	평 균	표준편차(SD)	F/T값	유의확률(p)
성 별	남성	2.70	1.12	-3.973	.000
	여성	2.92	1.06		
연 령	20대	2.83	1.04	1.279	.276
	30대	2.79	1.11		
	40대	2.69	1.15		
	50대	2.80	1.00		
	60대 이상	2.43	1.29		
대상집단별	공무원	2.70	1.10	18.847	.000
	일반시민	3.25	1.02		
	노조관계종사자	2.59	1.21		
	대학(원)생	2.74	.98		
학 력	중졸 이하	2.89	1.09	3.308	.010
	고졸	2.79	1.14		
	전문대졸	2.91	1.12		
	대졸(대재포함)	2.70	1.08		
	대학원졸	2.47	.96		
생활수준	상층	3.00	.58	10.336	.000
	중상층	2.89	1.10		
	중중층	2.98	1.04		
	중하층	2.64	1.11		
	하층	2.57	1.20		

전술한 바와 같이 공무원 노조를 인정하면 국민의 조세부담이 증가될 것이라고 보는 선행연구가 있다.[19] 그동안 우리 정부는 일반공무원의 노조 활동을 반대한 이유 중의 하나로 국가의 재정능력과 국민의 조세부담 가중을 들어왔다. 이제 장기적으로 공무원 노조활동을 허용하게 되어 공무원의 보수수준이 향상된다면 정부의 재정이 압박을 받을 수 있을 것이다.[20]

그러나 응답자 전체적으로 공무원 노조가 국민의 부담 중 조세를 증가시킬 것이라는 의견에 대해 다소 부정적이었다. 집단 간의 차이를 보이고 있는 변수는 성별, 대상집단별, 학력, 생활수준이다. 우선 성별을 보면 남성이 여성보다 부정적으로 보고 있었으며($t = -3.973$, $p < .001$), 대상집단별로 보면 모든 집단이 부정적이었지만 일반시민과 노조관계자 집단이 공무원과 대학(원)생보다 부정의 정도가 높았던 것으로 볼 수 있다($F = 18.847$, $p < .001$). 학력은 고학력자일수록 부정의 정도가 심하였고($F = 3.308$, $p < .01$), 생활수준은 낮은 계층일수록 공무원 노조가 국민의 조세부담을 증가시킨다는 데 더 부정적이었음을 알 수 있다($F = 10.336$, $p < .001$)[21].

공무원은 국민 전체의 봉사자로서 정권교체에 관계없이 신분이 보장되

---

19) 제1장 제3절 참조.

20) 그러나 선행연구(백종섭, 한국공무원단체활동의 영향요인에 관한 연구, 서울대학교대학원 박사학위논문, 1991.)에 의하면 우리나라의 경우 세입 면에서 세제상 불평등 요인과 각종 감면규정의 미비, 재산소득 등 불로소득에 대한 중과로 계층 간 부담의 형평성 저하, 비정상적인 조세수입, 이에 따른 국민 전체의 조세부담의 부적절성 등의 요인에 의해 국민의 조세부담이 가중되었다고 보았다. 따라서 조세제도의 개선으로 합리성과 형평을 기한다면 어느 정도 조세의 증대를 가져와 예산증대를 꾀할 수 있어 국가의 공무원처우개선능력에 긍정적으로 기여할 수 있다고 보았다.

21) 진술한 바와 같이 공무원 노조가 인정되면 공무원의 봉급이 인상되고 따라서 국민의 조세부담이 증가하는 등 공무원 노조의 역기능을 지적하고 있지만, 이것이 곧 공무원 노조를 인정할 수 없다는 논리적 근거는 되지 못한다. 공무원들도 인간다운 생활을 할 권리가 있으며 따라서 보수증가로 인한 조세부담의 증가가 불가피하다면 반대로 공무원의 서비스향상을 요구할 권한이 국민에게 주어지는 것이고, 특히 우리사회에 만연된 부정부패로 인한 국민들의 손해를 고려한다면 이는 감내해야 할 성질의 것이라고 본다. 공무원들의 근무조건이 향상되어 경제적·사회적 욕구가 어느 정도 충족되고 공무원들의 사기가 향상되어 행정능률과 서비스가 개선된다면 오히려 바람직한 일이라고 할 것이다.

며, 정치적 중립성이 보장되어야 할 것이다. 그러나 공무원 노조가 인정되면 공무원 노조를 통하여 정치에 관여하게 되고 따라서 정치적 중립성이 저해된다고 보는 견해가 있었다.

〈표 4-16〉공무원 노조는 공무원의 정치적 중립성을 저해

구 분	분 류	평 균	표준편차(SD)	F/T값	유의확률(p)
성별	남성	3.21	1.23	-.340	.734
	여성	3.23	1.13		
연령	20대	3.08	1.11	2.629	.033
	30대	3.31	1.26		
	40대	3.21	1.20		
	50대	3.10	1.10		
	60대 이상	3.14	1.17		
대상집단별	공무원	3.21	1.21	.666	.576
	일반시민	3.29	1.08		
	노조관계종사자	3.21	1.35		
	대학(원)생	3.11	1.10		
학력	중졸 이하	3.13	1.16	1.752	.136
	고졸	3.23	1.20		
	전문대졸	3.23	1.18		
	대졸(대재포함)	3.17	1.21		
	대학원졸	3.59	1.28		
생활수준	상층	3.43	.98	1.541	.188
	중상층	3.08	1.07		
	중중층	3.29	1.15		
	중하층	3.21	1.22		
	하층	3.10	1.32		

〈표 4-16〉에서 전체적으로 보면 이에는 다소 긍정적인 입장을 보이고 있는 것 같았다. 그러나 유의적인 차이를 보이고 있는 집단은 연령변수밖에 없다. 즉 연령이 높을수록 그렇지 못한 집단보다 그 인정 정도가 더 큼을 알 수 있다(F=2.629, p<.05).

178

〈표 4-17〉 공무원 노조는 집단적 활동을 유발하여 사회혼란과 국가위기 초래

구 분	분 류	평 균	표준편차(SD)	F/T값	유의확률(p)
성별	남성	3.10	1.28	-1.045	.296
	여성	3.16	1.16		
연령	20대	2.99	1.17	1.566	.181
	30대	3.19	1.25		
	40대	3.12	1.27		
	50대	3.09	1.25		
	60대 이상	3.07	1.33		
대상집단별	공무원	3.12	1.23	4.037	.007
	일반시민	3.32	1.17		
	노조관계종사자	2.96	1.42		
	대학(원)생	2.95	1.13		
학력	중졸 이하	3.02	1.36	.506	.732
	고 졸	3.14	1.27		
	전문대졸	3.18	1.19		
	대졸(대재포함)	3.08	1.24		
	대학원졸	3.12	1.23		
생활수준	상 층	3.43	1.27	1.318	.261
	중상층	3.13	1.17		
	중중층	3.20	1.21		
	중하층	3.08	1.23		
	하 층	3.01	1.36		

공무원 노조는 집단적 활동을 유발하여 사회혼란과 국가위기를 초래할 것이라는 견해에 대해서는 다소 부정적임을 알 수 있었다. 특히 대상집단별로 보면 일반시민과 공무원 집단보다 노조관계종사자와 대학(원)생 집단이 다소 부정적이었다($F = 4.037$, $p < 0.01$).[22]

---

22) 이러한 이유는 과거 권위주의 정권하의 성장일변도시대에나 제기되는 것이고 공무원과 사기업체 직원과 구별해야 하는 이유가 될 수 없다. 더구나 단체행동권까지 인정할 것인가 하는 문제는 별도의 문제인 것이다.

4. 공무원 노조의 순기능(eufunction)

전술한 바와 같이 공무원 노조인정은 여러 가지 면에서 긍정적인 측면
(순기능)이 있다.[23] 본 연구에서는 공무원 노조를 인정하는 경우 공무원의
업무만족도, 서비스향상, 공무원들의 직업윤리 확립에 기여, 부정부패의 감
소 여부, 근로조건 및 복지증진 기여, 사기향상, 인사정책의 합리적인 운영
에 기여, 대내행정의 민주화에 기여, 정책과정의 민주화기여, 행정업무의
참여계기 제공, 공무원 노조 간의 상호보완관계, 사회적인 분위기 성숙 등
의 공무원 노조 순기능에 대하여 공무원 및 시민들이 어떠한 인식을 가지
고 있는지 조사하여 보았다.

---

23) 공무원 노조의 순기능으로 보수의 적정화, 행정의 대내적 민주화, 공무원의 대외
적 이익대변, 공무원의 정치적 중립성과 신분보장 등을 드는 견해가 있다.(허영식,
공무원 노동조합에 대한 태도에 관한 연구, 경남대 경영대학원 석사학위연구,
1993, pp.64~65)

〈표 4-18〉 공무원들의 업무만족도

구분		전 체	절대 아니다	대체로 아니다	그저 그렇다	대체로 그렇다	정말 그렇다	χ^2 검증
전체		1645(100.0)	55(3.3)	167(10.2)	381(23.2)	719(43.7)	323(19.6)	
성별	남성	44(3.9)	119(10.6)	226(20.1)	482(42.8)	256(22.7)	36.888***
	여성	11(2.1)	48(9.3)	155(29.9)	237(45.8)	67(12.9)	
연령	20-30대	25(2.5)	87(8.6)	230(22.6)	459(45.2)	215(21.2)	17.580**
	40대 이상	30(4.8)	80(12.7)	151(24.0)	260(41.3)	108(17.2)	
생활	중상 이상	24(3.4)	77(11.0)	187(26.7)	315(44.9)	98(14.0)	27.691***
	중중 이하	31(3.3)	90(9.5)	194(20.6)	404(42.8)	225(23.8)	
학력	고졸 이하	23(4.1)	71(12.6)	134(23.7)	222(39.3)	115(20.4)	10.484*
	대졸 이상	32(3.0)	96(8.9)	247(22.9)	497(46.0)	208(19.3)	
대상 집단	공무원	25(2.3)	91(8.4)	230(21.3)	489(45.3)	245(22.7)	107.732***
	일반시민	18(7.6)	44(18.4)	81(34.2)	80(33.8)	14(5.9)	
	노조관계	9(4.7)	22(11.4)	35(18.1)	75(38.9)	52(26.3)	
	대학(원)생	3(2.2)	10(7.4)	35(25.9)	75(55.6)	12(8.9)	
전체		1080(100.0)	25(2.3)	91(8.4)	230(21.3)	489(45.3)	245(22.7)	
소속	국가직	13(3.2)	32(7.8)	104(25.5)	160(39.2)	99(24.3)	13.874**
	지방직	12(1.8)	59(8.8)	126(18.8)	329(49.0)	146(29.7)	
근무 부서	중앙부서	1(0.5)	9(4.7)	47(24.4)	77(39.9)	59(30.6)	22.935**
	광역시·도	12(2.3)	48(9.2)	112(21.5)	253(48.7)	95(18.3)	
	자치시·군	12(3.3)	34(9.3)	71(19.3)	159(43.3)	91(24.8)	
근무 기간	5년 미만	3(1.6)	10(5.2)	41(21.5)	93(48.7)	44(23.0)	12.927*
	5-15 미만	9(2.0)	31(7.0)	86(19.5)	211(47.8)	104(23.6)	
	15년 이상	13(2.9)	50(11.2)	103(23.0)	185(41.3)	971(21.7)	

*p<.05 **p<.01 ***p<.001

　오늘날 행정은 전문성과 경제성을 도모하는 고도의 분업화 과정을 밟아오고 있는 반면, 또 한편으로는 통합적 목표의 성취를 위한 업무의 기관 간 유기적 관련성의 중요성이 증대되고 있다. 복잡하고 격변하는 환경 속에서 행정업무의 수행범위는 확대일로에 있고, 이에 따라 목표의 달성을 위해 복수의 부문 혹은 기관 간 업무의 협조 내지 통합이 요청된다. 기관

상호간 협조와 양해를 기초로 한 통합적 업무의 수행은 해당조직원의 근로조건을 변화시키고, 근로자로서의 권익을 현실화함으로써 업무에 대해 만족을 기할 수 있다.

따라서 공무원 노조를 인정하게 되면 는 증가되리라 예상할 수 있다. 이에 대한 설문조사결과 〈표 4-18〉에서 보면, 업무만족도가 증가될 것이라고 보는 입장이 63.6%로 높은 편이었다. 그렇지 않다라고 응답한 자는 13.5% 적은 편이었다. 이를 다시 전체 응답자와 공무원 응답자로 나누어 설명하고자 한다. 전체 응답자는 성별, 연령별, 생활수준, 학력별, 대상집단별로 그리고 공무원 응답자는 소속, 근무 부서, 근무기간별로 어떠한 차이가 나는지를 검증하고자 한다.

전체 응답자의 경우 성별은 남성이 여성보다 업무만족의 정도가 높다고 응답했고(p<.001), 연령은 20~30대의 젊은 층이 40대 이상의 장년층보다 만족의 정도가 높았고(p<.01), 생활수준은 중 이하의 보통의 생활 정도인 자가 생활수준이 높은 사람보다 만족도가 높았고(p<.001), 학력별로는 대졸 이상의 고학력자가 고졸 이하의 저학력자보다 업무의 만족도가 크다고 응답하고 있다(p<.05). 대상분류는 공무원 집단과 그렇지 않은 집단과의 차이가 매우 큰데, 공무원 집단은 업무만족에 대해 78.0%가 긍정적으로 응답했고, 일반시민 집단은 39.7%로 그 정도가 낮은 편이다(p<.001).

공무원 응답자의 경우, 국가직이 63.5%, 지방직이 78.7%가 업무만족에 대해 긍정적으로 인식하고 있는 점으로 보아 지방직이 국가직보다 그 인식의 정도가 크며(p<.01), 근무 부서별로 보면 중앙부서, 근무기간별로 보면, 15년 미만 근무한 공무원이 그 이상 근무한 공무원보다 공무원 노조를 인정하게 되면 업무에 대한 만족 정도가 크다고 응답하고 있다(p<.05).

〈표 4-19〉 대민서비스향상

구 분		전 체	절대 아니다	대체로 아니다	그저 그렇다	대체로 그렇다	정말 그렇다	χ^2 검증
전체		1645(100.0)	61(3.7)	162(9.8)	406(24.7)	719(43.7)	297(18.1)	
성별	남성	45(4.0)	103(9.1)	248(22.0)	503(44.6)	228(20.2)	23.073***
	여성	16(3.1)	59(11.4)	158(30.5)	216(41.7)	69(13.3)	
연령	20-30대	33(3.2)	98(9.6)	241(23.7)	445(43.8)	199(19.6)	6.080
	40대 이상	28(4.5)	64(10.2)	165(26.2)	274(43.6)	98(15.6)	
생활	중상 이상	30(4.3)	68(9.7)	206(29.4)	309(44.1)	88(12.6)	32.577***
	중중 이하	31(3.3)	94(10.0)	200(21.2)	410(43.4)	209(22.1)	
학력	고졸 이하	23(4.1)	50(8.8)	136(24.1)	255(45.1)	101(17.9)	1.721
	대졸 이상	38(3.5)	112(10.4)	270(25.0)	464(43.0)	196(18.1)	
대상 집단	공무원	14(1.3)	75(6.9)	242(22.4)	515(47.7)	234(21.7)	183.694***
	일반시민	31(13.1)	37(15.9)	87(36.7)	72(30.4)	10(4.2)	
	노조관계	8(4.1)	26(13.5)	36(18.7)	79(40.9)	44(22.8)	
	대학(원)생	8(5.9)	24(17.8)	41(30.4)	53(39.3)	9(6.7)	
전체		1080(100.0)	14(1.3)	75(6.9)	242(22.4)	515(47.7)	234(21.7)	
소속	국가직	4(1.0)	33(8.1)	98(24.0)	186(45.6)	87(21.3)	3.141
	지방직	10(1.5)	42(6.3)	144(21.4)	329(49.0)	147(21.9)	
근무 부서	중앙부서	0(0.0)	5(2.6)	45(23.3)	98(51.3)	44(22.8)	13.210*
	광역시·도	10(1.9)	45(8.7)	110(21.2)	245(47.1)	110(21.2)	
	자치시·군	4(1.1)	25(6.8)	87(23.7)	171(46.6)	80(21.8)	
근무 기간	5년 미만	2(1.0)	8(4.2)	40(20.9)	96(50.3)	45(23.6)	13.934*
	5-15 미만	3(0.7)	27(6.1)	91(20.6)	215(48.8)	105(23.8)	
	15년 이상	9(2.0)	40(8.9)	111(24.8)	204(45.5)	84(18.8)	

*p<.05 **p<.01 ***p<.001

공무원 노조인정으로 공무원 사기증진은 물론이고 이로 인해 대민서비스도 향상될 것으로 예상할 수 있다. 전체 응답자 중 '그렇다'가 61.8%, '그저 그렇다'가 24.7%, '아니다'가 13.5%로 이에 대해 매우 긍정적임을 알 수 있었다. 집단 간의 차이를 보기 위해 χ^2검증을 실시하였는데, 성별의 경우 여성보다 남성이(p<.001), 생활수준은 중상 이상의 고위층보다는 중하 이하의 서민층이 서비스가 향상될 것으로 응답하고 있었다(p<.001). 또 대상집단별로 살펴보면, 공무원 69.4% 노조관계종사자는 63.7%가 서비스가 향상될 것으로 응답한 반면 일반시민은 34.6%, 대학(원)생은 46.0%가 긍정적

으로 응답한 것으로 보아 서비스 공급자와 수요자 간의 응답의 차이가 있는 것으로 판명되었다(p<.001).

다음은 이에 대한 공무원 집단의 응답의 차이를 검증하고자 한다. 공무원 노조인정이 근무 부서(p<.05)와 근무기간(p<.05)이 유의적인 차이를 나타내고 있었다. 근무 부서별로는 중앙 부서에 근무하는 공무원이 지방에 근무하는 공무원보다 서비스향상에 대해 보다 긍정적인 인식을 드러냈고, 근무기간이 15년 미만의 공무원이 15년 이상 근무한 자보다 공무원 노조인정으로 서비스향상이 더욱 증진 될 것으로 응답했다.

〈표 4-20〉 공무원들의 직업윤리 확립에 기여

구 분		전 체	절대 아니다	대체로 아니다	그저 그렇다	대체로 그렇다	정말 그렇다	χ^2 검증
전체		1645(100.0)	34(2.1)	186(11.3)	414(25.2)	729(44.3)	282(17.1)	
성별	남성		29(2.6)	130(11.5)	266(23.6)	495(43.8)	207(18.4)	11.341*
	여성		5(1.0)	56(10.8)	148(28.6)	234(45.2)	75(14.5)	
연령	20-30대		16(1.6)	104(10.2)	233(22.9)	486(47.8)	177(17.4)	18.620**
	40대 이상		18(2.9)	82(13.0)	181(28.8)	243(38.6)	105(16.7)	
생활	중상 이상		15(2.1)	86(12.3)	195(27.8)	319(45.5)	86(12.3)	21.762***
	중중 이하		19(2.0)	100(10.6)	219(23.2)	410(43.4)	196(20.8)	
학력	고졸 이하		16(2.8)	75(13.3)	146(25.8)	237(41.9)	91(16.1)	7.167
	대졸 이상		18(1.7)	111(10.3)	268(24.8)	492(45.6)	191(17.7)	
대상 집단	공무원		15(1.4)	94(8.7)	252(23.3)	502(46.5)	217(20.2)	92.198***
	일반시민		12(5.1)	50(21.1)	79(33.3)	78(32.9)	18(7.6)	
	노조관계		5(2.6)	27(14.0)	38(19.7)	84(43.5)	39(20.2)	
	대학(원)생		2(1.5)	15(11.1)	45(33.3)	65(48.1)	8(5.9)	
전체		1080(100.0)	15(1.4)	94(8.7)	252(23.3)	502(46.5)	217(20.1)	
소속	국가직		7(1.7)	36(8.8)	99(24.3)	190(46.6)	76(18.6)	1.460
	지방직		8(1.2)	58(8.6)	153(22.8)	312(46.4)	141(21.0)	
근무 부서	중앙부서		0(0.0)	9(4.7)	44(22.8)	97(50.3)	43(22.3)	16.842**
	광역시·도		10(1.9)	58(11.2)	111(21.3)	232(44.6)	109(21.0)	
	자치시·군		5(1.4)	27(7.4)	97(26.4)	173(47.1)	65(17.7)	
근무 기간	5년 미만		2(1.0)	14(7.3)	48(25.1)	94(49.2)	33(17.3)	13.351*
	5-15 미만		3(0.7)	33(7.5)	91(20.6)	215(48.8)	99(22.4)	
	15년 이상		10(2.2)	47(10.5)	113(25.2)	193(43.1)	85(19.0)	

*p<.05 **p<.01 ***p<.001

　공무원은 직장인으로서 보람과 긍지를 가지고 그들의 직무를 수행해야 한다. 공무원 노조인정이 직업윤리 확립에 기여하는지에 대한 설문에서 전체 응답자의 61.4%가 '그렇다'고 응답해 공무원 노조인정이 공직윤리확립에 기여함을 엿볼 수 있었다. 이에 대한 차이검증에서 성별(p<.05), 연령(p<.01), 생활수준(p<.001), 대상집단별(p<.001)에서 유의적인 차이가 있는 것으로 판명되었다. 구체적으로 살펴보면, 여성이 남성보다, 연령이 적을수록 생활수준이 낮을수록 그 기여도 크다는 것을 알 수 있다. 특히 대상집단별로 보면, 공무원 집단이 66.5%, 노조관계종사자가 63.7%가 긍정적인 입장을 보인 반면, 일반시민은 40.5%, 대학(원)생이 44.0%로 다소 낮게 나타났다.

　공무원집단의 경우, 근무 부서(p<.01)와 근무기간(p<.05)이 유의적인 차이를 보이고 있었는데, 중앙 부서에 근무하는 공무원이 그렇지 않은 공무원보다 근무기간이 15년 미만인 공무원이 15년 이상의 공무원보다 공무원 노조인정으로 공직윤리확립에 크게 기여할 것으로 보았다.

〈표 4-21〉 공무원들의 부정부패 감소

구 분		전 체	절대 아니다	대체로 아니다	그저 그렇다	대체로 그렇다	정말 그렇다	χ^2 검증
전체		1645(100.0)	80(4.9)	231(14.0)	392(23.8)	653(39.7)	289(17.6)	
성별	남성		66(5.9)	142(12.6)	256(22.7)	433(38.4)	230(20.4)	32.323***
	여성		14(2.7)	89(17.2)	136(26.3)	220(42.5)	59(11.4)	
연령	20-30대		40(3.9)	141(13.9)	243(23.9)	413(40.6)	179(17.6)	5.359
	40대 이상		40(6.4)	90(14.3)	149(23.7)	240(38.2)	110(17.5)	
생활	중상 이상		34(4.9)	117(16.7)	192(27.4)	266(37.9)	92(13.1)	27.271***
	중중 이하		46(4.9)	114(12.1)	200(21.2)	387(41.0)	197(20.9)	
학력	고졸 이하		38(6.7)	67(11.9)	135(23.9)	225(39.8)	100(17.7)	9.075*
	대졸 이상		42(3.9)	164(15.2)	257(23.8)	428(39.6)	189(17.5)	
대상 집단	공무원		28(2.6)	117(10.8)	245(22.7)	470(43.5)	220(20.4)	153.745***
	일반시민		36(15.2)	52(21.9)	64(27.0)	73(30.8)	12(5.1)	
	노조관계		8(4.1)	26(13.5)	42(21.8)	70(36.3)	47(24.4)	
	대학(원)생		8(5.9)	36(26.7)	41(30.4)	40(29.6)	10(7.4)	
전체		1080(100.0)	28(2.6)	117(10.8)	245(22.7)	470(43.5)	220(20.4)	
소속	국가직		12(2.9)	41(10.0)	108(26.5)	155(38.0)	92(22.5)	10.954*
	지방직		16(2.4)	76(11.3)	137(20.4)	315(46.9)	128(19.0)	
근무 부서	중앙부서		3(1.6)	19(9.8)	56(29.0)	69(35.8)	46(23.8)	12.897*
	광역시·도		15(2.9)	52(10.0)	108(20.8)	235(45.2)	110(21.2)	
	자치시·군		10(2.7)	46(12.5)	81(22.1)	166(45.2)	64(17.4)	
근무 기간	5년 미만		4(2.1)	18(9.4)	44(23.0)	79(41.4)	46(24.1)	15.194*
	5-15 미만		5(1.1)	47(10.7)	94(21.3)	212(48.1)	83(18.8)	
	15년 이상		19(4.2)	52(11.6)	107(23.9)	179(40.0)	91(20.3)	

*p<.05 **p<.01 ***p<.001

공무원 노조인정으로 공무원의 부정부패는 감소될 것이라는 견해가 있다. 전체 응답자 중 감소할 것이라고 인정하는 입장은 57.3%이었고, 그렇지 않다고 응답한 응답자는 18.9%이었다. 변수들 간의 차이검증을 실시해본 결과, 성별(p<.001), 생활수준(p<.001), 학력(p<.05), 대상집단별(p<.001)인 것으로 드러났다. 공무원 노조인정으로 부정부패가 감소할 것이라고 보는 견해에 대해 여성보다 남성이, 생활수준이 중상 이상보다 그 이하일수록, 학력이 낮을수록 긍정적으로 보았다. 대상집단별로 보면 공무원 집단과 노조관계종사자에 있어서 다소 부정적인 입장을 보이고 있었다.

공무원 응답자의 경우 소속(p<.05), 근무 부서(p<.05), 근무기간(p<.05)에

있어서 유의적인 차이를 발견할 수 있다. 소속의 경우 지방직 공무원이 국가직 공무원보다, 광역시·도 및, 자치시·군에 근무하는 공무원이 중앙 부서에 근무하는 공무원보다, 15년 미만 근무한 공무원이 15년 이상 근무한 공무원보다 긍정적인 인식을 가지고 있다는 것을 알 수 있었다.[24)]

〈표 4-22〉 공무원들의 복지증진에 기여

구 분		전 체	절대 아니다	대체로 아니다	그저 그렇다	대체로 그렇다	정말 그렇다	χ^2 검증
전체		1645(100.0)	39(2.4)	107(6.5)	320(19.5)	722(43.9)	457(27.8)	
성별	남성	35(3.1)	56(5.0)	196(17.4)	492(43.7)	348(30.9)	41.348***
	여성	4(0.8)	51(9.8)	124(23.9)	230(44.4)	109(21.0)	
연령	20-30대	20(2.0)	62(6.1)	203(20.0)	442(43.5)	289(28.4)	3.367
	40대 이상	19(3.0)	45(7.2)	117(18.6)	280(44.5)	168(26.7)	
생활	중상 이상	19(2.7)	50(8.6)	156(22.3)	310(44.2)	156(22.3)	26.913***
	중중 이하	20(2.1)	47(5.0)	164(17.4)	412(43.6)	301(31.9)	
학력	고졸 이하	21(3.7)	43(7.6)	94(16.6)	247(43.7)	160(28.3)	11.798*
	대졸 이상	18(1.7)	64(5.9)	226(20.9)	475(44.0)	297(27.5)	
대상 집단	공무원	13(1.2)	61(5.6)	155(14.4)	480(44.4)	371(34.4)	151.445***
	일반시민	15(6.3)	23(9.7)	82(34.6)	91(38.4)	26(11.0)	
	노조관계	7(3.6)	10(5.2)	37(19.2)	89(46.1)	50(25.3)	
	대학(원)생	4(3.0)	13(9.6)	46(34.1)	62(45.9)	10(7.4)	
전체		1080(100.0)	13(1.2)	61(5.6)	155(14.4)	480(44.4)	371(34.4)	
소속	국가직	6(1.5)	24(5.9)	63(15.4)	182(44.6)	133(32.6)	1.585
	지방직	7(1.0)	37(5.5)	92(13.7)	298(44.3)	238(35.4)	
근무 부서	중앙부서	0(0.0)	11(5.7)	26(13.5)	89(46.1)	67(34.7)	10.886*
	광역시·도	6(1.2)	22(4.2)	76(14.6)	243(46.7)	173(33.3)	
	자치시·군	7(1.9)	28(7.6)	53(14.4)	148(40.3)	131(35.7)	
근무 기간	5년 미만	1(0.5)	9(4.7)	34(17.8)	75(39.3)	72(37.7)	6.766
	5-15 미만	5(1.1)	27(6.1)	55(12.5)	202(45.8)	152(34.5)	
	15년 이상	7(1.6)	25(5.6)	66(14.7)	203(45.3)	147(32.8)	

*p<.05 **p<.01 ***p<.001

---

24) 우리나라 공무원 보수는 민간기업과 비교할 때 많은 차이가 있으며 이는 직위가 올라 갈수록 더욱 커지고 있다. 그래서 보수수준의 결정에 공무원 노조의 참여를 허용함으로써 보다 개선된 보수체계를 확립하고, 공무원의 불평을 해소하여 보다 능률적인 행정을 기대할 수 있을 것이다. 이러한 보수수준의 상승은 공무원의 부정부패를 방지하는 한 방법이 될 수 있는 것이다.

공무원 노조인정으로 공무원의 근무조건이 개선되고 경제적·사회적 지위가 향상되면 따라서 공무원의 복지증진에도 기여할 것으로 예상된다. 전체 응답자의 71.7%가 이에 대해 '그렇다'로 응답하고 있었고, 8.9%가 부정적으로 응답한 것으로 보아 응답자의 대부분이 이에 대해 강한 긍정을 한 것으로 분석되었다.

한편 전체 응답자의 변수를 차이 검증한 결과 성별(p<.001), 생활수준(p<.001), 학력(p<.05), 대상집단별(p<.001) 등에서 유의적인 차이를 보이고 있었다. 구체적으로 보면, 공무원 노조인정이 복지증진에 기여할 것인가?에 대한 질문에서 남성은 여성보다, 생활수준은 중하 이하의 저소득층일수록, 학력은 대졸 이상의 고학력일수록 복지증진에 기여 정도가 높을 것으로 보고 있었다. 대상집단별로 보면 공무원 집단은 78.8%가 노조관계자 집단은 71.4%가 긍정적으로 응답한 것으로 보아 일반시민과 대학(원)생 집단보다 그 정도의 차이가 크게 나타남을 엿볼 수 있었다. 공무원 응답자의 경우는 근무 부서(p<.05)만이 유의적인 차이를 보이고 있었는데, 중앙 부서에 근무하는 공무원이 그렇지 않은 공무원보다 복지증진에 더 기여할 것으로 응답하였다.

188

〈표 4-23〉 공무원들의 사기향상

구분	전 체	절대 아니다	대체로 아니다	그저 그렇다	대체로 그렇다	정말 그렇다	χ^2 검증
전체	1645(100.0)	47(2.9)	152(9.2)	355(21.6)	696(42.3)	395(24.0)	
성별 남성		37(3.3)	98(8.7)	226(20.1)	466(41.3)	300(26.6)	18.202**
여성		10(1.9)	54(10.4)	129(24.9)	230(44.4)	95(18.3)	
연령 20-30대		20(2.0)	89(8.8)	219(21.6)	445(43.8)	243(23.9)	9.411*
40대 이상		27(4.3)	63(10.0)	136(21.6)	251(39.9)	152(24.2)	
생활 중상 이상		21(3.0)	83(11.8)	159(22.7)	308(43.9)	130(18.5)	25.677***
중중 이하		26(2.8)	69(7.3)	196(20.8)	388(41.4)	265(28.1)	
학력 고졸 이하		28(5.0)	52(9.2)	124(21.9)	230(40.7)	131(23.2)	14.087**
대졸 이상		19(1.8)	100(9.3)	231(21.4)	466(43.1)	264(24.4)	
대상 집단 공무원		17(1.6)	78(7.2)	202(18.7)	463(42.9)	320(29.6)	135.733***
일반시민		18(7.6)	42(17.7)	75(31.6)	87(36.7)	15(6.3)	
노조관계		9(4.7)	18(9.3)	37(19.2)	79(42.9)	50(25.9)	
대학(원)생		3(2.2)	14(10.4)	41(30.4)	67(49.6)	10(7.4)	
전체	1080(100.0)	17(1.6)	78(7.2)	202(18.7)	463(42.9)	320(29.6)	
소속 국가직		10(2.5)	27(6.6)	93(22.8)	151(37.0)	127(31.1)	15.151**
지방직		7(1.0)	51(7.6)	109(16.2)	312(46.4)	193(28.7)	
근무 부서 중앙부서		1(0.5)	1(0.5)	45(23.3)	65(33.7)	81(42.0)	44.325***
광역시·도		8(1.5)	36(6.9)	96(18.5)	246(47.3)	134(25.8)	
자치시·군		8(2.2)	41(11.2)	61(16.6)	152(41.4)	105(28.6)	
근무 기간 5년 미만		3(1.6)	18(9.4)	26(13.6)	90(47.1)	54(28.3)	7.362
5-15 미만		6(1.4)	26(5.9)	89(20.2)	184(41.7)	136(30.8)	
15년 이상		8(1.8)	34(7.6)	87(19.4)	189(42.2)	130(29.0)	

*p<.05 **p<.01 ***p<.001

　공무원 노조인정의 가장 큰 목적은 바로 사기향상이다. 공무원 노조인정이 공무원들의 사기앙양에 도움이 되는가?에 대해 전체 응답자의 66.3%가 '그렇다'고 응답하고 있었고, 12.1%가 '아니다'라고 응답하고 있었다. 응답자 간의 어떤 차이가 있는지에 대해 성별(p<.01), 연령(p<.05), 생활수준(p<.001), 학력(p<.01), 대상집단(p<.001) 등 모든 변수에 있어서 유의적인 차이를 보이고 있었다. 구체적으로 보면, 남성이 여성보다, 생활수준이 중중 이하로 낮은 자가 대졸 이상의 고학력자가 그 인정의 정도가 강함을 알 수 있었다. 대상집단별로 보면 공무원 집단은 72.5%, 노조관계종사자 집단은 68.8%로 노조인정

은 공무원 사기앙양에 큰 기여가 될 것으로 보았으며 일반시민과 대학(원)생 집단보다 높게 나타났다.

공무원 응답자의 경우, 소속(p<.01), 근무 부서(p<.001) 등에서 유의적인 차이를 보이고 있었는데 국가직 공무원보다 지방직 공무원이, 그리고 중앙 부서에 근무하는 공무원이 지방 부서에 근무하는 공무원보다 노조인정으로 공무원 사기앙양에 더 크게 기여할 것으로 응답했는데, 이러한 것은 중앙 부서에 근무하는 공무원의 경우 지방 부서에 근무하는 공무원보다 더 이점 이 많기 때문으로 추정된다.

〈표 4-24〉 인사정책의 합리적인 운영에 기여

구분	전 체	절대 아니다	대체로 아니다	그저 그렇다	대체로 그렇다	정말 그렇다	χ^2 검증
전체	1645(100.0)	37(2.2)	112(6.8)	380(23.1)	726(44.1)	390(23.7)	
성별 남성		30(2.7)	76(6.7)	240(21.3)	485(43.0)	296(26.3)	18.623**
여성		7(1.4)	36(6.9)	140(27.0)	241(46.5)	94(18.1)	
연령 20-30대		19(1.9)	62(6.1)	233(22.9)	468(46.1)	234(23.0)	6.431
40대 이상		18(2.9)	50(7.9)	147(23.4)	258(41.0)	156(24.8)	
생활 중상 이상		14(2.0)	53(7.6)	181(25.8)	318(45.4)	135(19.3)	15.894**
중중 이하		23(2.4)	59(6.3)	199(21.1)	408(43.2)	255(27.0)	
학력 고졸 이하		19(3.4)	44(7.8)	126(22.3)	240(42.5)	136(24.1)	6.777
대졸 이상		18(1.7)	68(6.3)	254(23.5)	486(45.0)	254(23.5)	
대상 집단 공무원		21(1.9)	52(4.8)	210(19.4)	485(44.9)	312(28.9)	115.992***
일반시민		4(1.7)	37(15.6)	80(33.8)	90(38.0)	26(11.0)	
노조관계		8(4.1)	10(5.2)	46(23.8)	83(43.0)	46(23.8)	
대학(원)생		4(3.0)	13(9.6)	44(32.6)	68(50.4)	6(4.4)	
전체	1080(100.0)	21(1.9)	52(4.8)	210(19.4)	485(44.9)	312(28.9)	
소속 국가직		11(2.7)	16(3.9)	76(18.6)	171(41.9)	134(32.8)	8.076
지방직		10(1.5)	36(5.4)	134(19.9)	314(46.7)	178(26.5)	
근무 부서 중앙부서		2(1.0)	1(0.5)	27(14.0)	72(37.3)	91(47.2)	61.942***
광역시·도		12(2.3)	25(4.8)	96(18.5)	272(52.3)	115(22.1)	
자치시·군		7(1.9)	26(7.1)	87(23.7)	141(38.4)	106(28.9)	
근무 기간 5년 미만		2(1.0)	7(3.7)	36(18.8)	87(45.5)	59(30.9)	3.313
5-15 미만		11(2.5)	20(4.5)	85(19.3)	196(44.4)	129(29.3)	
15년 이상		8(1.8)	25(5.6)	89(19.9)	202(45.1)	124(27.7)	

*p<.05 **p<.01 ***p<.001

공무원 노조인정은 불합리한 인사정책을 방지하고 합리적인 인력운영에 기여할 것으로 추정된다. 전체 응답자 중 '그렇다'가 67.8%, '아니다'가 9.0%로 노조인정으로 인력운영에 합리화에 기여할 것으로 응답하고 있었다. 이에 대한 차이검증을 실시한 결과 성별(p<.01), 생활수준(p<.01), 대상 집단별(p<.001)에 있어서 유의적인 차이를 보이고 있다. 구체적으로 보면 남성이 여성보다 생활수준이 중중 이하로 낮은 계층이 높은 계층보다 공무원 집단과 노조관계자 집단이 일반시민과 대학(원)생 집단보다 노조인정으로 인사정책의 합리적인 운영에 기여할 것으로 보았다.

공무원 응답자의 경우 근무 부서(p<.001)에 있어서만이 유의적인 차이를 보이고 있는데, 중앙 부서에 근무하는 공무원이 광역시·도 및 자치시·군에 근무하는 공무원보다 더욱 긍정적으로 응답하고 있다. 이러한 현상으로부터 중앙부서가 지방부서보다 인사정책이 불합리하거나 인사적체가 심하여 인사운영에 불만의 소지가 있지 않았나 추정해 볼 수 있겠다.

〈표 4-25〉 대내행정의 민주화

구분	전 체	절대 아니다	대체로 아니다	그저 그렇다	대체로 그렇다	정말 그렇다	χ^2 검증
전체	1645(100.0)	30(1.8)	138(8.4)	413(25.1)	680(41.3)	384(23.3)	
성별 남성		24(2.1)	90(8.0)	261(23.2)	460(40.8)	292(25.9)	18.267**
성별 여성		6(1.2)	48(9.3)	152(29.3)	200(42.5)	92(17.8)	
연령 20-30대		14(1.4)	77(7.6)	257(25.3)	438(43.1)	230(22.6)	7.500
연령 40대 이상		16(2.5)	61(9.7)	156(24.8)	242(38.5)	154(24.5)	
생활 중상 이상		12(1.7)	67(9.6)	213(30.4)	280(39.9)	129(18.4)	28.982***
생활 중중 이하		18(1.9)	71(7.5)	200(21.2)	400(42.4)	255(27.0)	
학력 고졸 이하		14(2.5)	49(8.7)	137(24.2)	236(41.8)	129(22.8)	2.490
학력 대졸 이상		16(1.5)	89(8.2)	276(25.6)	444(41.4)	255(23.6)	
대상 집단 공무원		15(1.4)	64(5.9)	233(21.6)	472(43.7)	296(27.4)	98.424***
대상 집단 일반시민		7(3.0)	41(17.3)	80(33.8)	88(37.1)	21(8.9)	
대상 집단 노조관계		5(2.6)	18(9.3)	50(25.9)	68(35.2)	52(26.3)	
대상 집단 대학(원)생		3(2.2)	15(11.1)	50(37.0)	52(38.5)	15(11.1)	
전체	1080(100.0)	15(1.4)	64(5.9)	233(21.6)	472(43.7)	296(27.4)	
소속 국가직		9(2.2)	26(6.4)	91(22.3)	167(40.9)	115(28.2)	4.832
소속 지방직		6(0.9)	38(5.7)	142(21.1)	305(45.5)	181(26.9)	
근무 부서 중앙부서		1(0.5)	6(3.1)	34(17.6)	74(38.3)	78(40.4)	29.913***
근무 부서 광역시·도		8(1.5)	32(6.2)	124(23.8)	245(47.1)	111(21.3)	
근무 부서 자치시·군		6(1.6)	26(7.1)	75(20.4)	153(41.7)	107(29.2)	
근무 기간 5년 미만		2(1.0)	11(5.8)	52(27.2)	69(36.1)	57(29.8)	11.175
근무 기간 5-15 미만		5(1.1)	20(4.5)	92(20.9)	203(46.0)	121(27.4)	
근무 기간 15년 이상		8(1.8)	33(7.4)	89(19.9)	200(44.6)	118(26.3)	

*$p<.05$ **$p<.01$ ***$p<.001$

공무원 노조는 공무원의 사기를 진작시키고 근무환경을 개선함으로써 행정의 능률화에 기여할 수 있을 것이다. 더구나 오늘날과 같이 행정의 전문성이 강조되고 있는 상황에서는 업무담당자의 의견을 받아들임으로써 보다 전문적이고 효과적인 정책수립을 기할 수 있다. 왜냐하면 자기에 관계되는 사항의 결정에 참여할 기회를 주며 권위에 대항하여 자신의 주체를

인식하게 되고 또한 근무조건을 개선하여 인간의 존엄성을 실현시키기 때문이다.[25]

공무원 노조인정은 고용주와 피고용인 사이에 원활한 의사소통으로 인한 대내행정의 민주화가 실현될 것으로 예상된다.[26] 공무원 노조인정이 대내행정의 민주화에 기여하는가?에 대한 설문에서 전체 응답자 중 '그렇다'고 응답한 자는 64.6%이고 '아니다'라고 응답한 자는 10.2%로 나타났다. 변수들 간의 차이를 살펴보기 위한 검증에서 성별($p<.01$), 생활수준($p<.001$), 대상집단($p<.001$)별로 유의적인 차이가 있는 것으로 드러났다. 성별은 여성보다 남성이, 생활수준이 중 이하로 낮은 계층이, 공무원 집단과 노조관계종사자 집단이 일반시민과 대학(원)생 집단보다 공무원 노조인정으로 대내행정의 민주화 정도가 보다 강할 것으로 응답하고 있었다.

공무원 응답자의 경우 근무 부서($p<.001$)에 있어서 유의적인 차이를 보이고 있는데, 중앙 부서에 근무하는 공무원이 광역시·도 및 자치시·군에 근무하는 공무원보다 대내행정의 민주화가 더 강할 것으로 응답하고 있었다.

---

25) 우리나라는 전통적으로 가부장적인 신분관계로서 공무원관계를 인식하여 왔고, 권위주의적인 상하관계를 형성하고 있다. 능률적이며, 효과적인 행정을 수행하기 위해서는 행정의 대내적 민주화가 선결조건이기 때문에 공무원 노조를 인정하여 민주적인 풍토를 조성하는 것이 바람직하다.(허영식, 전게논문, p.67)

26) 전술한 1991년에 실시된 백종섭 연구에서도 유사한 조사결과가 발표되었다. 공무원 노조허용대상과 범위가 현재보다 확대되는 경우 관리층과의 대화와 협상의 기회가 확대되어 대내행정의 민주화와 발전에 기여할 것인가의 질문에 공무원은 응답자의 62.7%가 긍정적으로 기여할 것으로 보았으며, 전문가집단은 83.1%가 긍정적일 것으로 응답하였다.(백종섭, 전게논문, p.139)

〈표 4-26〉 정책과정의 합리성과 민주성

구분		전 체	절대 아니다	대체로 아니다	그저 그렇다	대체로 그렇다	정말 그렇다	χ^2 검증
전체		1645(100.0)	33(2.0)	168(10.2)	413(25.1)	692(42.1)	339(20.6)	
성별	남성	1123(100.0)	27(2.4)	105(9.3)	268(23.8)	457(40.6)	270(24.0)	29.472***
	여성		6(1.2)	63(12.2)	145(28.0)	235(45.4)	69(13.3)	
연령	20-30대		21(2.1)	97(9.5)	255(25.1)	440(43.3)	203(20.0)	2.681
	40대 이상		12(1.9)	71(11.3)	158(25.1)	252(40.1)	136(21.6)	
생활	중상 이상		11(1.6)	88(12.6)	205(29.2)	291(41.5)	106(15.1)	33.979***
	중중 이하		22(2.3)	80(8.5)	208(22.0)	401(42.5)	233(24.7)	
학력	고졸 이하		16(2.8)	63(11.2)	126(22.3)	244(43.2)	116(20.5)	6.623
	대졸 이상		17(1.6)	105(9.7)	287(26.6)	448(41.5)	223(20.6)	
대상 집단	공무원		16(1.5)	81(7.5)	243(22.5)	482(44.6)	258(23.9)	109.292***
	일반시민		7(3.0)	50(21.1)	88(37.1)	76(32.1)	16(6.8)	
	노조관계		6(3.1)	16(8.3)	40(20.7)	80(41.5)	51(26.4)	
	대학(원)생		4(3.0)	21(15.6)	42(31.1)	54(40.0)	14(10.4)	
전체		1080(100.0)	16(1.5)	81(7.5)	243(22.5)	482(44.6)	258(23.9)	
소속	국가직		11(2.7)	26(6.4)	82(20.1)	176(43.1)	223(27.7)	13.628**
	지방직		5(0.7)	55(8.2)	161(24.0)	306(45.5)	145(21.6)	
근무 부서	중앙부서		0(0.0)	11(5.7)	27(14.0)	83(43.0)	72(37.3)	40.174***
	광역시·도		9(1.7)	30(5.8)	138(26.5)	234(45.0)	109(21.0)	
	자치시·군		7(1.9)	40(10.9)	78(21.3)	165(45.0)	77(21.0)	
근무 기간	5년 미만		3(1.6)	9(4.7)	47(24.6)	83(43.5)	49(25.7)	14.604*
	5-15 미만		7(1.6)	27(6.1)	87(19.7)	219(49.7)	101(22.9)	
	15년 이상		6(1.3)	45(10.0)	109(24.3)	180(40.2)	109(24.1)	

*p<.05 **p<.01 ***p<.001

　　공무원 노조인정은 대내행정의 민주화는 물론 정책과정의 합리성과 민
주성을 증진할 것으로 보여진다. 전체 응답자 중 64.6%가 그렇다고 응답하
고 있다. 12.2%만이 그렇지 않다고 응답하고 있었다. 변수들 간의 차이검
증에서 성별(p<.001), 생활수준(p<.001), 대상집단(p<.001)별로 유의적인 차
이를 보이고 있었다. 성별은 여성보다 남성이 생활수준은 중상 이상보다
중중 이하 계층이, 대상분류는 공무원과 노조관계종사자 집단이 일반시민

과 대학(원)생 집단보다 공무원 노조인정이 정책과정의 합리성과 민주성을 더욱 증진시킬 것으로 보고 있었다.

공무원의 경우 소속(p<.01), 근무 부서(p<.001), 근무기간(p<.05)에 있어서 유의적인 차이가 나는데, 지방직 공무원이 국가직 공무원보다, 중앙 부서에 근무하는 자가 광역시·도 및 자치시·군에 근무하는 공무원보다, 근무기간이 15년 미만인 자가 15년 이상 근무한 공무원보다 노조인정으로 정책과정의 합리성과 민주성 증진에 더 기여할 것으로 응답하였다.

〈표 4-27〉 행정업무수행에 참여하는 계기 제공

구분		전 체	절대 아니다	대체로 아니다	그저 그렇다	대체로 그렇다	정말 그렇다	χ^2 검증
전체		1645(100.0)	37(2.2)	127(7.7)	494(30.0)	664(40.4)	323(19.6)	
성별	남성		31(2.8)	81(7.2)	310(27.5)	448(39.8)	257(22.8)	31.543***
	여성		6(1.2)	46(8.9)	184(35.5)	216(41.7)	66(12.7)	
연령	20-30대		19((1.9)	74(7.3)	305(30.3)	436(42.9)	182(17.9)	10.643*
	40대 이상		18(2.9)	53(8.4)	189(30.0)	228(36.8)	141(22.4)	
생활	중상 이상		12(1.7)	60(8.6)	249(35.5)	276(39.4)	104(14.8)	29.571***
	중중 이하		25(2.6)	67(7.1)	245(26.0)	388(41.1)	219(23.2)	
학력	고졸 이하		21(3.7)	52(9.2)	155(27.4)	223(39.5)	114(20.2)	12.925*
	대졸 이상		16(1.5)	35(6.9)	339(31.4)	441(40.8)	209(19.4)	
대상 집단	공무원		17(1.6)	61(5.6)	289(26.8)	463(42.9)	250(23.1)	112.407***
	일반시민		11(4.6)	37(15.6)	102(43.0)	75(31.6)	12(5.1)	
	노조관계		7(3.6)	14(7.3)	52(26.9)	69(35.8)	51(26.4)	
	대학(원)생		2(1.5)	15(11.1)	51(37.8)	57(42.2)	10(7.4)	
전체		1080(100.0)	17(1.6)	61(5.6)	289(26.8)	463(42.9)	250(23.1)	
소속	국가직		8(2.0)	27(6.6)	110(27.0)	166(40.7)	97(23.8)	2.565
	지방직		9(1.3)	34(5.1)	179(26.6)	297(44.2)	153(22.8)	
근무 부서	중앙부서		1(0.5)	8(4.1)	50(25.9)	79(40.9)	55(28.5)	8.903
	광역시·도		11(2.1)	27(5.2)	146(28.1)	226(43.5)	110(21.2)	
	자치시·군		5(1.4)	26(7.1)	93(25.3)	158(43.1)	85(23.2)	
근무 기간	5년 미만		2(1.0)	7(3.7)	52(27.2)	86(45.0)	44(23.0)	7.633
	5-15 미만		7(1.6)	20(4.5)	118(26.8)	198(44.9)	98(22.2)	
	15년 이상		8(1.8)	34(7.6)	119(26.6)	179(40.0)	108(24.1)	

공무원 노조인정은 행정업무를 수행하는 공무원에게 참여의 계기를 제공할 것으로 추정된다. 이에 대해 전체 응답자 60.0%가 긍정적으로 응답하고 있었다. 변수 간의 차이검증을 실시한 결과 성별(p<.001), 연령(p<.05), 생활수준(p<.001), 학력(p<.05), 대상집단(p<.001) 등 모두 변수에 유의적인 차이를 보이고 있었다. 그 정도에 대하여 남성이 여성보다, 20~30대의 젊은 층이 40대의 장년층보다, 생활수준은 중 이하 계층이 중상 이상의 계층보다 더 긍정적으로 응답하고 있었다. 그리고 대상집단별로는 공무원과 노조관계종사자 집단이 일반시민과 대학(원)생 집단보다 노조인정은 참여를 보장하는 계기가 될 것으로 응답하고 있었다. 공무원 집단의 경우 유의적인 차이를 보이는 변수는 없지만 대체로 긍정적으로 응답하고 있었다.

196

〈표 4-28〉 관리자가 행정업무를 합리적으로 수행

구분	전 체	절대 아니다	대체로 아니다	그저 그렇다	대체로 그렇다	정말 그렇다	χ^2 검증
전체	1645(100.0)	43(2.6)	170(10.3)	461(28.0)	698(42.4)	273(16.6)	
성별	남성	33(2.9)	99(8.8)	292(25.9)	487(43.2)	216(19.2)	30.143***
	여성	10(1.9)	71(13.7)	169(30.6)	211(40.7)	57(11.0)	
연령	20-30대	26(2.6)	95(9.4)	300(29.5)	437(43.0)	158(15.6)	6.620
	40대 이상	17(2.7)	75(11.9)	161(25.6)	261(41.5)	115(18.3)	
생활	중상 이상	17(2.4)	91(13.0)	224(32.0)	278(39.7)	91(13.0)	27.012***
	중중 이하	26(2.8)	79(4.4)	237(25.1)	420(44.5)	182(19.3)	
학력	고졸 이하	19(3.4)	63(11.2)	138(24.4)	245(43.4)	100(17.7)	7.187
	대졸 이상	24(2.2)	107(9.9)	323(29.9)	453(41.9)	173(16.0)	
대상 집단	공무원	19(1.8)	96(8.9)	255(23.6)	498(46.1)	212(19.6)	120.095***
	일반시민	15(6.3)	41(17.3)	101(42.6)	67(23.8)	13(5.5)	
	노조관계	6(3.1)	15(7.8)	49(25.4)	81(42.0)	42(21.8)	
	대학(원)생	3(2.2)	18(13.3)	56(41.5)	52(38.5)	6(4.4)	
전체	1080(100.0)	19(1.8)	96(8.9)	255(23.6)	498(46.1)	212(19.6)	
소속	국가직	8(2.0)	35(8.6)	112(27.5)	167(40.9)	86(21.1)	8.834
	지방직	11(1.6)	61(9.1)	143(21.3)	331(49.3)	126(18.8)	
근무 부서	중앙부서	0(0.0)	10(5.2)	47(23.4)	82(42.5)	54(28.0)	23.016**
	광역시·도	10(1.9)	44(8.5)	122(23.5)	259(49.8)	85(16.3)	
	자치시·군	9(2.5)	42(11.4)	86(23.4)	157(42.8)	73(19.9)	
근무 기간	5년 미만	2(1.0)	18(9.4)	57(29.8)	79(41.4)	35(18.3)	18.450*
	5-15 미만	10(2.3)	24(5.4)	101(22.9)	217(49.2)	89(20.2)	
	15년 이상	7(1.6)	54(12.1)	97(21.7)	202(45.1)	88(19.6)	

*p<.05 **p<.01 ***p<.001

노조인정은 조직 상하계층 간의 원활한 의사소통으로 인한 행정업무를 합리적으로 수행하는 데 기여할 것으로 보여진다. 전체 응답자 중 59.0%가 '그렇다'로 응답하고 있었고, 12.9%가 이에 대해 부정적으로 응답하고 있었다. 변수 간의 차이검증에서 성별(p<.001), 생활수준(p<.001), 대상집단(p<.001)별로 유의적인 차이를 보이고 있었다. 변수 개별적으로 보면, 남성이 여성보다, 생활수준이 중 이하의 계층이 그 이상의 계층보다, 공무원 집단과 노조관계종사자 집단이 일반시민과 대학(원)생 집단보다 노조인정이

행정업무를 더욱 합리적으로 수행할 것으로 응답했다.

공무원의 경우 근무 부서(p<.01), 근무기간(p<.05)별로 유의적인 차이를 보이고 있었는데, 근무 부서가 지방직이 국가직보다, 5년 미만 근무자보다 그 이상 근무한 공무원 집단이 더욱 이에 긍정적으로 응답하고 있는 것으로 나타났다.

〈표 4-29〉 공무원의 정치적 중립성 보장

구분	전 체	절대 아니다	대체로 아니다	그저 그렇다	대체로 그렇다	정말 그렇다	χ^2 검증
전체	1645(100.0)	43(2.6)	185(11.2)	506(30.8)	616(37.4)	295(17.9)	
성별	남성	31(2.8)	123(70.9)	306(27.2)	432(38.3)	235(20.9)	33.505***
	여성	12(2.3)	62(12.0)	200(38.6)	184(35.5)	60(11.6)	
연령	20-30대	24(2.4)	104(10.2)	346(34.1)	361(35.5)	181(17.8)	15.058**
	40대 이상	19(3.0)	81(12.9)	160(25.4)	255(40.5)	114(18.1)	
생활	중상 이상	16(2.3)	95(13.6)	241(34.4)	248(35.4)	101(14.4)	21.353***
	중중 이하	27(2.9)	90(9.5)	265(28.1)	368(39.0)	194(20.6)	
학력	고졸 이하	19(3.4)	61(10.8)	155(27.4)	223(39.5)	188(17.4)	6.521
	대졸 이상	24(2.2)	124(11.5)	351(32.5)	393(36.4)	295(17.9)	
대상 집단	공무원	17(1.6)	96(8.9)	291(26.9)	457(42.3)	219(20.3)	125.786***
	일반시민	15(6.3)	42(17.7)	104(43.9)	65(27.4)	11(4.6)	
	노조관계	8(4.1)	27(14.0)	47(24.4)	62(32.1)	49(25.4)	
	대학(원)생	3(2.2)	20(14.8)	64(47.4)	32(23.7)	16(11.9)	
전체	1080(100.0)	17(1.6)	96(8.9)	291(26.9)	457(42.3)	219(20.3)	
소속	국가직	10(2.5)	32(7.8)	106(26.0)	171(41.9)	89(21.8)	5.024
	지방직	7(1.0)	64(9.5)	185(27.5)	286(42.6)	130(19.3)	
근무 부서	중앙부서	3(1.6)	11(5.7)	48(24.9)	88(45.6)	43(22.3)	6.723
	광역시·도	9(1.7)	47(9.0)	152(29.2)	211(40.6)	101(19.4)	
	자치시·군	5(1.4)	38(10.4)	91(24.8)	158(43.1)	75(20.4)	
근무 기간	5년 미만	2(1.0)	14(7.3)	67(35.1)	75(39.3)	33(17.3)	11.237
	5-15 미만	6(1.4)	35(7.9)	116(26.3)	188(42.6)	96(21.8)	
	15년 이상	9(2.0)	47(10.5)	108(24.1)	194(43.3)	90(20.1)	

*p<.05 **p<.01 ***p<.001

공무원의 정치적 중립성이 갖는 규범적 가치는 오늘날 모든 사회에서 지지를 받고 있으나 이것의 내면화에 있어선 각 사회마다 정도를 달리한다. 특히 가치체계가 계층화되어 있고 무엇보다 정치적 권력이 가치배분의 역할을 주도하는 사회에선 그 권력의 유지를 위해 공무원을 주된 수단으로 활용하기 때문에 이것이 정착되기 어렵다. 이는 공공적 이익보다는 집권층의 이익에 응하는 결과를 야기함으로써 국민 전체의 봉사자로서의 지위를 일탈하게 되는 것이다. 따라서 공무원에게 노조를 인정하게 되면 공무원의 정치적 중립성을 더욱 보장하는 방법이 될 수 있는 것으로 예상된다.27)

공무원 노조가 정치적 중립성을 보장하는가?에 대한 설문에 대해 〈표 4-29〉에서 보면, 전체 응답자 중 '그렇다'가 55.3%가, '아니다'가 13.8%인 것으로 나타났다. 차이검정에서 성별(p<.001), 연령(p<.01), 생활수준(p<.001), 대상집단(p<.001)별로 유의적인 차이를 보이고 있었는데, 성별로는 남성이 여성보다, 연령은 40대 이상의 응답자가 20~30대의 젊은 계층보다, 생활수준은 중이하의 낮은 자가 중상 이상의 높은 자보다, 대상집단별로는 공무원 집단이 다른 집단에 비해 공무원 노조인정은 공무원의 정치적 중립성 보장에 더 기여할 것으로 응답하고 있었다.28)

공무원의 경우는 유의적인 차이를 보인 변수는 없는데, 62.6% 정도가 이에 대해 긍정적으로 응답하고 있었다.

---

27) 공무원의 정치적 중립이란 부당한 정실이나 당파적 정책에 대한 중립을 뜻한다. 이것은 정파적 특수이익과 결탁해 직무수행의 공평성을 잃거나 정당세력의 정권투쟁에 끼어들지 말아야 한다는 행동규범이다.(田中守,「行政の 中立性理論」, 東京: 勁章書房, 1963, pp.85~86)

28) 공무원 노조인정이 공무원의 정치적 중립을 보장한다는 주장과 더불어 생각할 수 있는 것은 공무원의 신분보장이다. 과거 서정쇄신과 사회정화운동으로 많은 공무원들이 해직을 당한바 있다. 법에 기초하지 않은 그와 같은 중대한 신분상 실조치는 본질적으로 정치적 영향력에 취약한 공무원의 입지를 더욱 불안정하게 했으며 업무수행의 현저한 질적 저하를 초래하였다. 따라서 공무원 노조를 인정하여 그들이 받는 정치적 영향력을 최대한 줄이고 신분을 보장받게 할 필요가 있으며, 이렇게 되면 실적제 확립에 기여할 것이다.

〈표 4-30〉 정부는 공무원 노조를 유익한 것으로 취급

구분		전 체	절대 아니다	대체로 아니다	그저 그렇다	대체로 그렇다	정말 그렇다	χ^2 검증
전체		1645(100.0)	175(10.6)	379(23.0)	495(30.1)	404(24.6)	192(11.7)	
성별	남성	135(12.0)	244(21.7)	326(28.9)	276(24.5)	146(13.0)	15.710**
	여성	40(7.7)	135(26.1)	169(32.6)	128(24.7)	46(8.9)	
연령	20-30대	115(11.3)	248(24.4)	309(30.4)	236(23.2)	108(10.6)	7.800
	40대 이상	60(9.5)	131(20.8)	186(29.6)	168(26.7)	84(13.4)	
생활	중상 이상	65(9.3)	173(24.7)	220(31.4)	169(24.1)	74(10.6)	5.649
	중중 이하	110(11.7)	206(21.8)	275(29.1)	235(24.9)	118(12.5)	
학력	고졸 이하	65(11.5)	105(18.6)	184(32.6)	144(25.5)	67(11.9)	10.101*
	대졸 이상	110(10.2)	274(25.4)	311(28.8)	260(24.1)	125(12.6)	
대상 집단	공무원	96(8.9)	234(21.7)	319(29.5)	290(26.9)	141(13.1)	71.999***
	일반시민	36(15.2)	64(27.0)	80(33.8)	45(19.0)	12(5.1)	
	노조관계	27(14.0)	27(14.0)	54(28.0)	53(27.5)	32(16.6)	
	대학(원)생	16(11.9)	54(40.0)	42(31.1)	16(11.9)	17(5.2)	
전체		1080(100.0)	96(8.9)	234(21.7)	319(29.5)	290(26.9)	141(13.1)	
소속	국가직	43(10.5)	79(19.4)	113(27.7)	116(28.4)	57(14.0)	5.398
	지방직	53(7.9)	155(23.1)	206(30.7)	174(25.9)	84(12.5)	
근무 부서	중앙부서	23(11.9)	32(16.6)	50(25.9)	62(32.1)	26(13.5)	14.030*
	광역시·도	42(8.1)	128(24.6)	164(31.5)	124(23.8)	62(11.9)	
	자치시·군	31(8.4)	74(20.2)	105(28.6)	104(28.3)	53(14.3)	
근무 기간	5년 미만	19(9.9)	41(21.5)	68(35.6)	41(21.5)	22(11.5)	6.813
	5-15 미만	36(8.2)	99(22.4)	122(27.7)	123(27.9)	61(13.8)	
	15년 이상	41(9.2)	94(21.0)	129(28.8)	126(28.1)	58(12.9)	

*p<.05 **p<.01 ***p<.001

현재 공무원 노조인정에 대한 정부의 시각은 별로 긍정적이지 못한 것이 사실이며, 노조인정으로 인한 파급효과에 대해 다소 회의적인 것처럼 보인다. 과연 차후 정부가 공무원 노조인정을 유익한 것으로 평가할 수 있을 것인가? 이에 대한 설문조사결과 전체 응답자의 36.3%만이 '그렇다'고 응답하고 있었고, 33.6%가 '아니다'라고 응답하고 있었다. 그러나 공무원 집단과 노조관계종사자 집단이 다른 집단에 비해 이에 대해 다소 긍정적인 입장을 보이고 있었다.

공무원 응답자의 경우 40.0% 정도가 긍정적이고, 30.6%가 부정적이었다. 따라서 공무원 노조인정에 대해 정부는 다소 유익한 것으로 생각하지 않을 것으로 보고 있다고 판단할 수 있었다.[29] 공무원 노조인정은 공무원의 권

익보호와 그들의 지위를 향상하기 위한 측면이 강하다고 볼 수 있는 반면에 정부 입장에서는 여러 면에서 다소 부담이 될 수 있다고 보여진다. 그동안 정부는 노동운동자체를 매우 못마땅하게 여겨온 것도 사실이므로 공무원 노조의 존재에 대해 긍정적·호의적으로 대하리라고 보기는 현실의 상황하에서는 어렵다고 보여진다.

〈표 4-31〉 정부와 공무원 노조는 상호보완관계

구분	전 체	절대 아니다	대체로 아니다	그저 그렇다	대체로 그렇다	정말 그렇다	χ^2 검증
전체	1645(100.0)	69(4.2)	286(17.4)	524(31.9)	520(31.6)	246(15.0)	
성별 남성		54(4.8)	183(16.2)	348(30.9)	346(30.7)	196(17.4)	21.974***
성별 여성		15(2.9)	103(19.3)	176(34.0)	174(33.6)	50(9.7)	21.974***
연령 20-30대		38(3.7)	173(17.0)	337(33.2)	325(32.0)	143(14.1)	4.441
연령 40대 이상		31(4.9)	113(18.0)	187(29.7)	195(31.0)	103(16.4)	4.441
생활 중상 이상		28(4.0)	137(19.5)	240(34.2)	217(31.0)	79(11.3)	16.821**
생활 중중 이하		41(4.3)	149(15.8)	284(30.1)	303(32.1)	167(17.7)	16.821**
학력 고졸 이하		31(5.5)	92(16.3)	167(29.6)	185(32.7)	90(15.9)	6.349
학력 대졸 이상		38(3.5)	194(18.0)	357(33.1)	335(31.0)	156(14.4)	6.349
대상 집단 공무원		29(2.7)	160(14.8)	318(29.4)	382(35.4)	191(17.7)	109.503***
대상 집단 일반시민		21(8.9)	60(25.3)	95(40.1)	49(20.7)	12(5.1)	109.503***
대상 집단 노조관계		14(7.3)	26(13.5)	57(29.5)	59(30.6)	37(19.2)	109.503***
대상 집단 대학(원)생		5(3.7)	40(29.6)	54(40.4)	30(22.2)	6(4.4)	109.503***
전체	1080(100.0)	29(2.7)	160(14.8)	318(29.4)	382(35.4)	191(17.7)	
소속 국가직		4(2.1)	27(14.1)	54(28.3)	77(40.3)	29(15.2)	9.327
소속 지방직		10(2.3)	56(12.7)	142(32.2)	156(35.4)	77(17.5)	9.327
근무 부서 중앙부서		4(2.1)	23(11.9)	51(26.4)	62(32.1)	53(27.5)	19.304*
근무 부서 광역시·도		14(2.7)	89(17.1)	159(30.6)	180(34.6)	78(15.0)	19.304*
근무 부서 자치시·군		11(3.0)	48(13.1)	108(29.4)	140(38.1)	60(16.3)	19.304*
근무 기간 5년 미만		4(2.1)	27(14.1)	54(28.3)	77(40.3)	29(15.2)	9.327
근무 기간 5-15 미만		10(2.3)	56(12.7)	142(32.2)	156(35.4)	77(17.5)	9.327
근무 기간 15년 이상		15(3.3)	77(17.2)	122(27.2)	149(33.3)	85(19.0)	9.327

*p〈.05 **p〈.01 ***p〈.001

---

29) 전술한 1991년에 실시된 백종섭 연구에서 보면, '공무원단체가 유익한 것인가?'에 대한 설문에서 응답자 중 전문가 집단의 경우, 23.6%만이 정부가 유익한 존재로 취급할 것으로 보았을 뿐 59.5%가 반대의 입장을 보여주고 있다. 노동단체종사자 집단은 긍정(44.4%)과 부정(51.9%)이 적은 차이를 보이나, 나머지 두 집단(공무원과 교수집단)은 다 같이 큰 차이를 보여(약한 긍정 14%, 부정 63%) 대조적이다.(백종섭, 전게논문, p.138)

정부는 모범고용주로서 피고용인인 공무원의 근무환경과 근로복지 등을 우선적으로 고려해야 한다. 이러한 입장에서 보면 정부는 노조를 통해 노조는 정부를 통해 그들의 목적을 달성할 수 있는 상호보완관계에 있다고 봐도 과언이 아니다. 정부와 공무원 노조 간에는 상호대결이 아닌 상호보완관계에 있는가?에 대한 설문조사에서 전체 응답자 중 46.6%가 그렇다고 응답했고, 21.6%가 그렇지 않다고 응답하였다. 이에 대해 성별(p<.001), 생활수준(p<.01), 대상집단(p<.001)별로 유의적인 차이를 보이고 있었는데, 여성보다 남성이, 생활수준이 중 이하 낮은 자가, 공무원 집단과 노조관계자 집단이 일반시민과 대학(원)생 집단보다 더 강하게 인정하고 있음을 엿볼 수 있었다.

공무원 응답자의 근무 부서(p<.05)에 있어서만이 유의적인 차이를 보이고 있었는데, 중앙 부서에 근무하는 공무원이 광역시·도 및 자치시·군에 근무하는 공무원보다 정부와 노조는 상호보완관계에 있다고 강조함으로써 공무원 노조에 관해 더 잘 이해하고 있는 것으로 나타났다.

〈표 4-32〉 정치·경제·사회적인 분위기 성숙

구분	전 체	절대 아니다	대체로 아니다	그저 그렇다	대체로 그렇다	정말 그렇다	χ^2 검증
전체	1645(100.0)	66(4.0)	174(10.6)	440(26.7)	633(38.5)	332(20.2)	
성별 남성		47(4.2)	112(9.9)	271(24.0)	428(38.0)	269(23.9)	35.706***
여성		19(3.7)	62(12.0)	169(32.6)	205(39.6)	63(12.2)	
연령 20-30대		35(3.4)	93(9.2)	286(28.1)	401(39.5)	201(19.8)	10.061*
40대 이상		31(4.9)	91(12.9)	154(24.5)	232(36.9)	131(20.8)	
생활 중상 이상		36(5.1)	71(10.1)	221(31.5)	265(37.8)	108(15.4)	28.454***
중중 이하		30(3.2)	103(10.9)	219(23.2)	368(39.0)	224(23.7)	
학력 고졸 이하		28(5.0)	68(12.0)	146(25.8)	208(36.8)	115(20.4)	4.537
대졸 이상		38(3.5)	106(9.8)	294(27.2)	425(39.4)	217(20.1)	
대상 공무원		27(2.5)	85(7.9)	249(23.1)	451(41.8)	268(24.8)	
집단 일반시민		23(9.7)	51(21.5)	88(37.1)	63(26.6)	12(5.1)	147.424***
노조관계		10(5.2)	20(10.4)	50(25.9)	70(36.3)	43(22.3)	
대학(원)생		6(4.4)	18(13.3)	53(39.3)	49(36.3)	9(6.7)	
전체	1080(100.0)	27(2.5)	85(7.9)	249(23.1)	451(41.8)	268(24.8)	
소속 국가직		2(1.0)	11(5.8)	51(26.7)	81(42.4)	46(24.1)	12.348
지방직		13(2.9)	28(6.3)	90(20.4)	196(44.4)	114(25.9)	
근무 중앙부서		1(0.5)	8(4.1)	37(19.2)	67(34.7)	80(41.5)	
부서 광역시·도		11(2.1)	46(8.8)	122(23.5)	235(45.2)	106(20.4)	43.289***
자치시·군		15(4.1)	31(8.4)	90(24.5)	149(40.6)	82(22.3)	
근무 5년 미만		2(1.0)	11(5.8)	51(26.7)	81(42.4)	46(24.1)	
기간 5-15 미만		13(2.9)	28(6.3)	90(20.4)	196(44.4)	114(25.9)	12.348
15년 이상		12(2.7)	46(10.3)	108(24.1)	174(38.8)	108(24.1)	

*p<.05 **p<.01 ***p<.001

공무원 노조의 건전한 활동은 정치·경제·사회적인 분위기를 한층 더 민주적으로 성숙시킬 수 있다고 볼 수 있다. 이와 관련하여 공무원 노조가 정치·경제·사회적인 분위기를 한층 더 성숙시킬 수 있는가? 이에 대한 설문에서 전체 응답자의 58.7%가 긍정적으로 응답한 반면 14.6%는 부정적으로 응답하였다. 변수들 간의 차이검증에서 성별(p<.001), 연령(p<.05), 생활수준(p<.001), 대상집단(p<.001)별 등에 있어서 유의적인 차이를 보이고 있었다. 즉, 성별로는 남성이 여성보다 연령이 낮을수록, 생활수준이 낮을수록 이에 대한 강한 긍정을 드러내고 있었다. 또한 대상집단별로는 공무

원 집단과 노조관계종사자 집단이 일반시민과 대학(원)생 집단보다 노조가 사회 분위기를 더욱 성숙시킬 것으로 보는 견해에 대하여 보다 더 긍정적인 입장을 나타내고 있었다. 공무원 응답자의 경우 근무 부서(p<.001)에 있어서만이 유의적인 차이를 보이고 있었는데, 중앙 부서에 근무하는 공무원이 광역시·도 및 자치시·군에 종사하는 공무원보다 그 인정의 정도가 강함을 알 수 있었다.

　이상의 조사결과 공무원 집단과 노조관계자 집단은 공무원 노조활동에 대해 매우 긍정적이었으며, 일반시민(대학생 포함) 집단도 공무원만큼 찬성 정도가 강하지는 않지만 대체로 긍정적으로 평가하고 있음을 볼 수 있었다.[30]

　지금까지 공무원 노조에 대한 인식과 노조인정으로 인한 부정적인 효과(역기능)와 긍정적인 효과(순기능)를 집단 간의 차이검증을 통하여 분석하였다. 분석결과를 요약하면 공무원 노조인정에 대해 응답자들은 대체로 긍정적인 견해를 보이고 있었다는 점이다. 그런데도 정부는 그동안 공무원 노조활동을 제한해 왔다.[31] 따라서 이제는 경제여건의 변화, 시민의 민주의식의 함양, 공무원의 의식변화 및 근무여건과 생활환경의 변화 등을 고려하여 공무원 노조를 조속히 허용할 시점에 왔다고 하겠다.

제4절 공무원 노동조합의 조직대상

　공무원 노동조합의 조직대상에 관한 문제는 곧 어떠한 범위의 공무원에게 단결권을 보장할 것인가 하는 문제이다. 그런데 단결권은 근로자가 근

---

30) 공무원 노조의 순기능에 대해서는 제1장 제3절 참조.
31) 정부가 공무원 단체활동을 금지하는 진정한 이유에 대해 ① 사회혼란과 국가위기를 초래하므로, ② 정권의 유지와 안정에 방해되므로, ③ 관리층의 행정업무수행에 방해되므로, ④ 국민 전체의 봉사자이므로, ⑤ 경제성장에 방해가 되므로, ⑥ 국민의 조세부담 증가 때문 등을 들고 있는 견해가 있다.(백종섭, 전게논문, p.142 참조)

로조건을 유지·개선할 것을 주목적으로 하여 일시적 또는 계속적인 단결체를 결성할 수 있도록 보장하는 권리로서 주로 노동조합의 결성·운영권이나 일시적인 단체의 결성·운영권을 포함하는 것으로 해석되고 있다.[32] 우리나라 헌법 제33조는 "근로자는 근로조건의 향상을 위하여 자주적인 단결권·단체교섭권 및 단체행동권을 가진다"고 규정하여 결사의 자유와 별도로 단결권을 보장하고 있다. 이것은 근로자가 단결함으로써 사용자와 대등한 입장에서 단체교섭을 통하여 근로조건의 유지개선을 도모하고, 근로자가 인간다운 생활을 할 수 있도록 보장하는 취지이다. 그리고 헌법 제33조 제2항은 공무원인 근로자는 법률이 정하는 자에 한하여 단결권을 갖도록 규정되어 있는 바, 여기서 구체적으로 어느 범위의 공무원에게 단결권을 인정할 것인가가 다루어져야 할 것이다. 이에는 허용 직종과 허용직급의 문제가 있다.

1. 허용 직종의 문제

어떠한 직종의 공무원에게 단결권을 인정할 것인가에 대해서 구체적 기준으로는 직무의 공공성이 현저하여 그 수행이 정지될 경우에 공공의 이익 내지 국민생활에 중대한 위협이 될 것으로 판단되는 직무에 종사하는 공무원에 대하여는 제한하되 그 외의 공무원에게는 단결권을 허용하는 것이 일반적이다. 전술한 바와 같이 경찰·소방직 공무원 및 군인과 같이 국가의 질서유지와 국가안보와 관련되는 직무 등과 같은 특수직에 종사하는 공무원의 경우 단결권을 허용하지 않는 국가도 있다.

여기서 구체적으로 어느 범위의 공무원에 대하여 어느 정도의 보호를 어떠한 방법으로 할 것인가 등에 대해서 신중히 검토할 필요가 있다.[33]

---

32) 管野和夫, 전게서, p.481.
33) 김유성, "ILO 단결권 관련조약과 국내 노동관계법의 정비에 관한 연구", 서울대학교 법학 제34권 2호(1993, 8), pp.116~118.

한편 공무원은 직종에 따라 여러 가지로 분류되는데 그들이 맡은 직무상 노조를 인정하는 것은 무리일 수도 있고, 또 노동3권 중 어느 것을 인정하고, 어느 것은 제한 할 것인지 등을 고려할 필요가 있다. 현직에 근무하고 있는 공무원들이 공무원 노조의 필요성과 효용 및 허용대상과 범위에 대해 어떻게 인식하고 있는가는 이의 허용대상과 범위의 확대 여부에 매우 중요하다고 생각된다. 여기서는 조사의 편의상 공직분류를 일반직, 기능·고용직, 그리고 경찰·소방직 등으로 구분하여 그 허용 여부를 조사를 통하여 살펴보고자 한다.

전술한 바와 같이 현재 우리나라는 철도청, 정보통신부, 국립의료원의 단순 노무자에게만 제한된 노동기본권이 보장되어 있다. 〈표 4-33〉에서 보면, 전체적으로 공무원 노조를 찬성하는 입장은 84.0%로 대다수를 차지하고 있었고, 어느 한 직종이라도 허용을 반대하는 입장은 16.0%에 불과하였다. 공무원 노조에 대해 찬성하는 집단에 대해 살펴보면, 일반직과 기능·고용직 그리고 경찰·소방직 모두를 인정하자는 입장이 노조찬성 응답자의 88.8%로 가장 많았고, 일반직과 기능·고용직만을 인정하자는 입장은 6.7%에 불과하였고, 일반직만 인정하자는 견해는 2.6%로 미미했다.[34] 이러한 것은 공직분류에 관계없이 노조인정은 공무원 전체에게 해당되어야 한다는 데 대한 의견이 거의 일치하는 것으로 나타났다. 이러한 것은 직종별 공무원들이 각 직종에 대해 노조활동을 허용하는데 찬성하는지를 조사한 결과는 노조허용의 범위는 일단 고려하지 않는다고 하더라도 거의 모든 직종(직급) 공무원들이 각 직종의 노조활동 허용에 높은 비율로 찬성하고 있다는 것을 말해준다.

---

34) 전술한 1991년에 실시된 백종섭 연구에서 직종별 노조허용에 설문에서 거의 모든 직종(직급)공무원들이 각 직종의 단체활동 허용에 높은 비율로 찬성하고 있다. 일반직 공무원이 일반직의 단체허용에 대해 5급 이상은 91.2%, 6급 이하는 96.4%의 찬성율을 보이고 있으며, 교육공무원은 90.7%, 경찰공무원은 92.2%, 기능직 공무원은 96.1%의 찬성율로 본인들 직종의 단체활동 허용을 요구하고 있다.(백종섭, 전계논문, pp.152~153)

206

〈표 4-33〉 공무원 노조 허용찬반에 대한 견해

구 분	전체 응답자		공무원 노조찬성		공무원 노조반대	
	찬성 비율	반대 비율	빈도	비율 (%)	빈도	비율 (%)
일반＋기능·고용＋경찰·소방직	76.6	6.6	1355	88.8	119	41.0
일반직만	2.2	0.4	40	2.6	7	2.4
기능·고용직만	0.7	0.3	12	0.8	6	2.1
경찰·소방직만	0.2	5.6	4	0.3	102	35.2
일반＋기능·고용직	5.6	0.2	102	6.7	4	1.4
일반＋경찰·소방직	0.3	0.7	6	0.4	12	4.1
기능·고용＋경찰·소방직	0.4	2.2	7	0.5	40	13.8
합 계	84.0	16.0	1526	100.0	290	100.0

한편, 공무원 노조를 반대하는 소수의 의견을 검토해 보고자 한다. 공무원 노조를 반대하는 응답자는 16.0%인 것으로 나타났다. 그중에서도 어떠한 직종의 경우에도 모두 인정해서는 안 된다는 입장이 전체 응답자의 6.6%(공무원집단은 31명으로 2.9%, 시민집단은 88명으로 15.6%)에 불과하였고, 이는 노조 반대하는 응답자 중에서는 41.0%로 가장 많았다. 그리고 경찰·소방공무원은 그 업무의 특수성 때문에 인정하지 말자는 입장이 35.2%로 나타났다. 공무원 노조를 반대하는 입장은 대체로 공무원보다 일반시민이 더욱 강한데, 공무원이 국민에게 불편을 주면서 그들의 이익을 위해 노력할 수 있다는 우려 때문인 것으로 판단된다.

〈표 4-34〉는 노조허용 찬성에 대한 견해를 대상집단별로 차이를 검증한 것이다. 공무원의 경우 직종에 관계없이 노조를 인정해야 한다고 보는 '모두 찬성'이 89.2%로 가장 많았고, 기타 '일반직과 기능·고용직'만을 허용하자는 의견이 5.7%로 소수가 있었다. 시민집단의 경우는 '모두 찬성'이 87.8%로 공무원보다는 작으나 대체로 높게 찬성을 보이고 있었으며, 역시 '일반직과 기능·고용직'만을 허용하자는 의견이 8.8%로 소수의견이 나왔다. 집단 간의 차이를 검증하고자 교차분석을 실시한 결과, $\chi^2 = 29.704$, p<.001이므로 통계적으로 유의적인 차이를 보이고 있었다.

〈표 4-34〉 대상집단별 노조허용 찬성의 차이

구 분	모두 찬성	일반직만 찬성	기능 고용직만	일반+ 기능 고용직	기능고용 +경찰직	경찰 소방직만	일반+ 경찰 소방직	합 계
공무원	938 (89.2)	39 (3.7)	5 (0.5)	60 (5.3)	2 (0.2)	3 (0.3)	4 (0.4)	1051 (68.5)
시민	417 (87.8)	1 (0.2)	7 (1.5)	44 (9.2)	5 (1.1)	1 (0.2)	2 (0.4)	477 (31.5)
합 계	1355 (88.8)	40 (2.6)	12 (0.8)	102 (6.7)	7 (0.5)	4 (0.3)	6 (0.4)	1526 (100.0)

$\chi^2 = 29.704$ 자유도=6 유의도=.000

2. 허용직급의 문제

어느 직급의 공무원까지 단결권을 인정할 것인가에 대해서 우리나라의 경우에는 그동안의 논의 내용을 살펴보면 일정 직급(대부분 일반직 6급) 이하에만 단결권을 인정하자는 점에 견해가 일치되고 있다. 즉, 1989년 3월 16일 국회 본회의를 통과하여 같은 해 3월 19일 정부에 이송된 노동조합법 개정법률안과 노사관계개혁위원회 제22차 전체회의(1997. 12. 23)에서 의결된 공무원 단결권 보장방안[35]에서는 6급 이하 일반직 공무원에 대하여 단결권을 인정하는 것으로 한 바 있다.

전술한 바와 같이 우리나라에서는 실적과 자격에 의하여 임명되고 그 신분이 보장되며 평생토록 공무원으로서 근무할 것이 예정되는 공무원을 경력직 공무원으로 나누고 있다. 그중에 일반직 공무원은 기술, 연구 또는 행정일반에 대한 업무를 담당하고 직군·직렬별로 구분되는 공무원을 말한

---

35) 「노사관계개혁위원회」의 「법개정요강소위」의 공익위원안(제1안)에서는 전술한 바와 같이 조직대상의 범위를 일반직 6급 이하 기능직 및 고용직 공무원으로 하되 군인, 경찰, 소방, 교정 등의 특수직종과 안전기획부 등 특수기관 근무 공무원은 제외토록 하고 있다.(노사관계개혁위원회, 「노동관계법개정요강 토의자료」, 1996. 9. 16, p.43)

다. 직군은 1급에서 9급으로 나누어지고 9급, 7급, 5급에서 신규채용 되며 승진에 의하여 상위직급으로 올라갈 수 있다. 이 일반직 공무원은 직급별로 다양한 편차를 보여주고 있는데, 5급 이상은 중간관리층으로서 정책결정의 지위에 있거나 그 보조역할을 수행한다면 6급 이하는 정책결정사항의 집행에 보다 업무의 중점이 주어진다고 볼 수 있다.

〈표 4-35〉에서는 일반직 공무원에 대하여 노조를 인정한다면 그 허용직급에 대한 비율을 분석한 것이다. 응답자의 39.0%가 6급 이하의 공무원에게 22.8%가 7급 이하의 공무원에게 노조를 인정해야 한다고 응답하고 있었다. 이러한 것은 공직의 중·하위직에 내려 갈수록 그 책임과 권한의 범위가 좁아 노조를 인정해도 별무리가 없을 것으로 보기 때문인 것으로 해석된다.

〈표 4-35〉 일반직 허용직급

구 분	빈 도	비율(%)
4급 이하	106	7.1
5급 이하	246	16.4
6급 이하	586	39.0
7급 이하	343	22.8
8급 이하	92	6.1
9급 이하	130	8.6
합 계	1503	100.0

〈표 4-36〉은 일반직 공무원에 대한 노조허용 직급차이를 대상집단별로 살펴보았다. 공무원의 경우 '6급 이하'로 인정하자는 의견이 43.4%로 가장 많았고, 다음이 '7급 이하'로 전체 19.5%를 차지했다. 반면 시민집단의 경우는 '7급 이하'가 30.3%로 가장 많았고, '6급 이하'도 29.0%로 상당수가 되었다.[36] 교차분석을 실시한 결과 $\chi^2 = 42.888$이고, P<.001이므로 통계적으로 유의적인 집단 간의 차이가 있는 것으로 판명되었다.

〈표 4-36〉 대상집단별 일반직의 허용직급

구 분	9급 이하	8급 이하	7급 이하	6급 이하	5급 이하	4급 이하	합 계
공무원	86 (8.3)	57 (5.5)	203 (19.5)	452 (43.4)	180 (17.3)	63 (6.1)	1041 (69.3)
시민	44 (9.5)	35 (7.6)	140 (30.3)	134 (29.0)	66 (14.3)	43 (9.3)	462 (30.7)
합 계	130 (8.6)	92 (6.1)	343 (22.8)	586 (39.0)	246 (16.4)	106 (7.1)	1503 (100.0)

χ^2=42.888 자유도=5 유의도=.000

〈표 4-37〉은 공무원 노동조합에 대해 기능·고용직 공무원에게 인정할 경우 그 허용직급에 관한 의견이다. 기능·고용직은 단순 업무 및 직접 현장에서 근무하는 공무원으로 모든 등급에 노조를 인정해야 한다는 입장이 41.9%이고, 6등급 이하가 26.1% 8등급 이하가 21.4%로 모든 등급에 노조를 인정해야 한다는 입장이 우세로 드러났다. 1990년에 실시된 선행연구에 의하면 기능직과 고용직에 대한 서울시민의 견해는 '허용해야 한다'에 70.4%(기능직), 69.3%(고용직)가 지지를 보내고 있었다. 공무원들은 전체적으로 기능직에는 83.4%로, 고용직에는 86.3%의 지지율로 허용할 것을 주장하고 있었으며, 기능직 공무원의 89.8%가 스스로의 노조허용에 찬성하고 있었다.[37)]

---

36) 이러한 연구결과는 1991년에 실시된 백종섭 연구에서 나타난 결과와 비슷하다. 그 연구에서는 일반직 공무원 노조활동의 허용직급에 대한 응답결과 6급 이하 공무원에게 노조활동을 허용하자는 의견이 가장 많아 46.8%, 5급 이하까지의 허용의견도 비교적 높아 36.2%를 차지하고 있다.

37) 서원석, 한국공무원의 단체활동에 관한 인식분석적 연구, 연세대대학원 박사학위논문, 1990, p.116.

〈표 4-37〉 기능·고용직의 허용직급

구 분	빈 도	비율(%)
모든 등급	619	41.9
6등급 이하	385	26.1
8등급 이하	316	21.4
10등급 이하	156	10.6
합 계	1476	100.0

기능직 공무원의 등급은 1등급에서 10등급까지이지만 철도, 정보통신을 제외하고는 5등급 이상의 고위직은 없는 실정이다. 따라서 기능직의 경우는 직급(등급)별 논의는 그 의의가 없으며 모든 직급에 대한 노조허용이 바람직하다.[38] 또한 고용직 공무원은 전술한 바와 같이 점차 기능직 공무원으로 전환할 계획으로 있기 때문에 기능직·고용직 공무원은 통합되어 노동기본권이 모두 허용되어야 할 것이다. 그러나 단체행동권의 행사는 신중을 기하도록 하여 무분별하고 비생산적인 파업을 피하여야 할 것이다.

〈표 4-38〉은 기능 및 고용직 공무원에 대해 노조를 허용한다면 어느 직급까지가 바람직한지를 대상집단별로 그 차이를 검증하여 보았다. 우선 공무원의 경우 '모든 등급'에게 허용하자는 의견이 40.6%로 가장 많았고, 그 다음이 '6등급 이하'로 28.2%로 나타났다. 시민집단의 경우도 '모든 등급'의 허용이 44.8%로 가장 많았고, 그 다음이 '8등급 이하'로 전체 24.0%가 되었다. 교차분석의 실시 결과, $\chi^2 = 9.387$, $p < .05$이므로 역시 통계적으로 유의적인 차이를 보이고 있었다.

〈표 4-38〉 대상집단별 기능·고용직의 허용직급

구 분	10등급 이하	8등급 이하	6등급 이하	모든 등급	합 계
공무원	111(11.0)	203(20.2)	283(28.2)	408(40.6)	1005(68.1)
시민	45(9.6)	113(24.0)	102(21.7)	211(44.8)	471(31.9)
합 계	156(10.6)	316(21.4)	385(26.1)	619(41.6)	1476(100.0)

$\chi^2 = 9.387$ 자유도=3 유의도=.025

---

38) 서원석, 상게논문, p.149.

경찰·소방공무원의 노조활동에 대해 우리나라는 전혀 논의조차도 하지 않고 있지만, 전술한 바와 같이 외국의 경우 영국과 프랑스가 단체교섭권까지 보장하고 있다. 독일은 협의권까지 인정하며, 미국은 각 주마다 다르기는 하지만 대부분 경찰·소방공무원의 파업을 제외한 단체행동은 허용하고 있는 추세이다. 우리나라는 일반직과 기능·고용직 공무원에게 노동조합이 허용될 때 경찰·소방직 공무원의 단결권에 대한 구체적인 보장방안도 강구될 필요가 있다.

〈표 4-39〉는 경찰·소방직에게 공무원 노조를 인정하는 경우 그 허용직급에 관한 견해이다. 경찰·소방직은 질서유지 및 범죄예방, 응급·구조활동 등 국민의 안전을 직접적으로 책임지는 특수한 직무를 담당하는 공무원이다. 이들에게 노조를 허용하는 경우 많은 문제가 있을 것으로 예상하지만 허용하는 경우 경사(소방장) 이하에게 인정하자는 의견이 30.8%로 가장 많았고, 그 다음이 경위(소방위)가 29.0%로 나타났다. 경위 및 소방위는 간부급으로 이들에게도 인정하자는 의견은 상당히 이례적인 것으로 보인다.

〈표 4-39〉 경찰·소방직의 허용직급

구 분	빈 도	비율(%)
경정(소방령) 이하	130	9.5
경감(소방경) 이하	144	10.5
경위(소방위) 이하	398	29.0
경사(소방장) 이하	423	30.8
경장(소방교) 이하	137	10.0
순경(소방사) 이하	141	10.3
합 계	1373	100.0

〈표 4-40〉은 경찰 및 소방직 공무원에게 노조를 허용한다면 어떤 직급까지 할 것인가에 대해 대상집단별로 살펴보았다. 공무원의 경우 '경사(소

방장) 이하'에게 허용하자는 의견이 전체 30.5%로 가장 많았고, 그 다음이
'경위(소방위) 이하'가 29.3%였다. 시민집단의 경우도 '경사(소방장) 이하'
가 31.5%로 가장 많았고, 다음으로 '경위(소방위) 이하'가 28.2%로 나타났
다. 이러한 결과에 대해 $\chi^2=8.758$이고, p>.05이므로 통계적으로 유의성을
갖지 못해 집단 간의 차이는 없는 것으로 판명되었다.

〈표 4-40〉 대상집단별 경찰·소방직 허용의 직급

구 분	순경 (소방사) 이하	경장 (소방교) 이하	경사 (소방장) 이하	경위 (소방위) 이하	경감 (소방경) 이하	경정 (소방령) 이하	합 계
공무원	92 (9.7)	88 (9.3)	289 (30.5)	278 (29.3)	113 (11.9)	88 (9.3)	948 (69.0)
시민	49 (11.5)	49 (11.5)	134 (31.5)	120 (28.2)	31 (7.3)	42 (9.9)	425 (31.0)
합 계	141 (10.3)	137 (10.0)	423 (30.8)	398 (29.0)	144 (10.5)	130 (9.5)	1373 (100.0)

$\chi^2=8.758$ 자유도=5 유의도=.119

제5절 공무원 노동기본권의 인정범위

공무원 노동기본권의 인정범위에 대한 문제는 즉, 노동조합 결성이 허용
되어 결성된 공무원 노동조합에 대하여 어느 범위 내에서 단체교섭권과 단
체행동권을 허용할 것인가가 하는 문제인 것이다.

노동조합은 단체교섭을 통하여 조합원의 근로조건 및 경제적·사회적
지위를 유지·향상시켜 나가기 위하여 자주적으로 결성한 단체이다. 따라
서 노동조합은 단체교섭을 통하여 사용자와 대등한 지위에서 근로조건 등
에 관하여 협상을 하게 된다. 단체교섭권은 근로자의 단결에 따른 조직력
을 배경으로 하여 근로자 개인으로서는 획득할 수 없는 유리한 내용의 단

체협약을 사용자와의 평화적 교섭에 의해 체결하는 것을 목적으로 하는 것이다.[39)

단체행동권이라 함은 근로자가 근로조건 등에 관한 자신의 요구를 관찰하기 위하여 사용자에 대하여 동맹하여 행동하는 것을 보장하는 권리이다. 구체적으로는 쟁의권과 조합활동권을 말한다.[40)

여기서 노동3권을 개별적인 권리로 보장해서는 별 의미가 없고 일체적 권리로 보장하여야만 권리로서의 가치가 있다고 보고서 군인·경찰·소방직 공무원 등 특수직을 제외한 모든 공무원에게 노동3권을 전면 보장하는 방안이 있을 수 있겠으나 노동3권은 반드시 일체적으로 보장되어야 하는 것은 아니므로 개별적으로 독립된 권리로 보아야 할 것이다.[41) 따라서 외국의 입법례를 보더라도 모든 공무원의 노동3권을 일체적 권리로 다 보장하는 경우는 거의 없다. 공무원 등 공공부문에 종사하는 근로자의 노동기본권은 민간부문에 종사하는 근로자의 그것과 동일하게 보장될 수 없고 일정한 제한을 두는 것이 일반적인 입법례이다. 그러므로 노동3권을 분리하여 그 직무의 공공성 및 책임도에 따라 허용의 기준을 마련하는 방안을 고려하여야 할 것이다.[42)

노동기본권 즉, 단결권, 단체교섭권, 단체행동권의 노동3권에 대해서 직종별 그리고 직급별로 어느 범위까지 인정할 것인지에 대해 분석해 보기로 한다.

---

39) 단체교섭권은 더욱 세분하여 단체협의권과 협약체결권으로 나눌 수 있다. 제3 장에서 본 바와 같이 독일과 일본에서 일반직 공무원에게 보장되고 있는 것이 단체협의권이다. 협약체결권을 인정하지 않고 협의권만 인정하고 있는 것이다.
40) 전술한 바와 같이 단체행동권은 「쟁의권」과 「조합활동권」의 2종류의 권리내용 으로 되어 있다.
41) 근로자의 노동기본권을 하나의 권리로 구성하느냐, 둘 내지 셋의 권리로 구성 하느냐 하는 것은 논리 필연적인 결론이 아니라 입법정책의 문제이기 때문이 다.(김유성, 전게서, pp.32~33)
42) 전술한 바와 같이 우리나라는 1998년 2월 6일 노사정위원회에서 1999년 7월부 터 교원의 노동조합 결성권을 보장하고, 공무원의 노동조합 결성권 보장방안은 국민적 여론수렴과 관련 법규의 정비 등을 고려하여 추진하되 단체행동권은 인정하지 않기로 합의가 이루어진 바 있다.

214

　〈표 4-41〉은 일반직 공무원의 노동기본권 인정범위에 관한 것이다. 노조를 찬성하는 응답자 중 단결권과 단체교섭을 인정하자는 의견이 49.1%로 가장 많았고, 단결권과 단체교섭권, 그리고 단체행동권까지 인정하자는 입장이 42.6%로 많았다.

　전술한 바와 같이 허용기준은 일반직도 6급 이하부터 단결권을 인정해 나가야 할 것으로 보며, 활동의 한계는 일반직 공무원 스스로 단체교섭권까지 허용함을 가장 많이 지지하고 있음을 알 수 있다.

〈표 4-41〉 일반직 노동기본권 인정범위

구 분	빈 도	비율(%)
단결권만	124	8.3
단결권+단체교섭권	738	49.1
단결권+단체교섭권+단체행동권	641	42.6
합 계	1503	100.0

　노동기본권 인정범위에 대해 일반직의 직급별로 어떠한 차이가 있는지를 검토하고자 한다. 〈표 4-42〉에서 보면, 단결권만을 인정하는 경우 '6급 이하'가 전체 33.9%로 가장 많았고, 단결권과 단체교섭권을 인정하는 경우도 역시 '6급 이하'가 41.3%로 가장 많은 편이다. 단결권과 단체교섭권과 단체행동권까지 모두를 인정해야 한다는 입장이 '6급 이하'가 37.3%로 가장 많은 응답을 하고 있었다. 통계적으로 집단 간의 차이를 보이고 있는지를 검증한 결과, $\chi^2=121.107$이고, $p<.001$이므로 유의적인 차이를 보이고 있는 것으로 나타났다.

〈표 4-42〉 일반직의 직급별 노동기본권 인정범위

구 분	9급 이하	8급 이하	7급 이하	6급 이하	5급 이하	4급 이하	합 계
단결권만	28 (22.6)	16 (12.9)	30 (24.2)	42 (33.9)	7 (5.6)	1 (0.8)	124 (8.3)
단결권+단체교섭권	49 (6.6)	41 (5.6)	205 (27.8)	305 (41.3)	112 (15.2)	26 (3.5)	738 (49.1)
단결권+단체교섭권 +단체행동권	53 (8.3)	35 (5.5)	108 (16.8)	239 (37.3)	127 (19.8)	79 (12.3)	621 (42.6)
합 계	130 (8.6)	92 (6.1)	343 (22.8)	586 (39.0)	246 (16.4)	106 (7.1)	1503 (100.0)

χ^2=121.107 자유도=10 유의도=.000

한편 공무원과 시민의 경우 일반직 공무원의 노동기본권 인정범위에 대한 인식차이가 나는지를 검증해 본 결과는 〈표 4-43〉과 같다. 표에서 보면 공무원 집단은 공무원에게 단결권과 단체교섭권을 부여하자는 의견이 51.9%로 가장 많았지만, 시민집단은 단결권과 단체교섭권 그리고 단체행동권을 모두 인정하자는 의견이 47.4%로 가장 높게 나타났다. 집단 간의 차이를 보면 p〈.01이므로 통계적으로 유의적인 차이를 보이고 있으며, 이로서 공무원 집단에서보다 시민집단에서 일반직 공무원의 노동기본권 인정범위가 보다 큼을 알 수 있다.

〈표 4-43〉 대상집단별 일반직 공무원의 노동기본권 인정범위

구 분	단결권만	단결권+ 단체교섭권	단결권+단체교섭 +단체행동권	합 계
공무원	79(7.6)	540(51.9)	422(40.5)	1041(69.3)
시민	45(9.7)	198(42.9)	219(47.4)	462(30.7)
합 계	124(8.3)	738(49.1)	641(42.6)	1503(100.0)

χ^2=10.628 자유도=2 유의도=.005

216

한편 우리나라는 전술한 바와 같이 99년 1월 1일부터 공무원들에게 '직장협의회'를 구성하여 활동하도록 허용되어 있다. 그러나 이에 대해 아직까지 공무원에게 홍보부족, 기관장 인식과 이해 부족 등으로 그 호응이 높지 못함을 알 수 있다. 〈표 4-44〉에서 보면, 직장협의회에 가입하고 있는 공무원은 155명(14.4%)으로 가입비율이 낮은 상태였다. 그리고 아직 법이 보장한대로 조직이 안 되어 있다고 응답한 공무원이 71.4%나 되고 있어 공무원은 자신의 이익을 대변할 수 있는 직장협의회에 대한 인식 및 필요성에 대해 크게 기대하고 있지 않음을 알 수 있었다.

〈표 4-44〉 공무원인 경우 직장협의회 조직 및 가입 여부

구 분	빈 도	비율(%)
조직되어 있고 가입	155	14.4
조직되어 있지만 미가입	153	14.2
조직되어 있지 않음	772	71.4
합 계	1,080	100.0

직장협의회에 가입하고 있는 공무원은 소수에 불과하지만 이들을 분류하여 조사하여 보면 〈표 4-45〉와 같다. '일반직'의 경우 직장협의회에 가입한 공무원이 전체 17.6% 정도로 미흡하고, 기능·고용직은 31.1%로 가장 높은 비율을 차지하고 있었다. 경찰·소방직은 2.2%로 가장 미미한 실정이었다. 이러한 현상은 직장협의회가 실제로 공무원의 이익과 의사를 잘 표현할 수 있는 제도적 장치인지에 대해 확신이 없을 뿐만 아니라 정부차원에서 적극적 홍보가 되지 않았기 때문이라고 생각된다.

〈표 4-45〉 직급별 직장협의회 조직 및 가입 여부

구 분	조직/가입	조직/미가입	조직안됨	합 계
일반직	94(17.6)	101(18.9)	340(63.6)	535(49.5)
기능·고용직	49(31.1)	30(18.4)	84(51.5)	163(15.1)
경찰·소방직	7(2.2)	14(4.3)	303(93.5)	324(30.0)
기타	5(8.6)	153(13.8)	45(77.6)	58(5.4)
합 계	155(14.4)	153(14.2)	772(71.4)	1080(100.0)

〈표 4-46〉은 기능직과 고용직의 노동기본권 인정범위에 관한 것으로 단결권과 단체교섭권을 인정하자는 입장이 46.9%로 가장 많았고, 그 다음이 단결권과 단체교섭권, 단체행동권을 모두 인정하자는 것으로 44.%인 것으로 나타났다. 기능직·고용직 공무원의 노조활동 허용직급에 대하여 전 직종에서 모든 등급에 대해 단체행동권을 허용하는 것이 좋겠다는 의견도 있으나,43) 공무원들이 단체행동을 할 경우 국민을 볼모로 잡고 그들의 주장을 펼 수 있으므로 결국 피해자는 국민이 될 수 있다. 따라서 현실적으로 기능·고용직 공무원에게 단체교섭권까지 허용해 주어야 한다고 생각한다.

〈표 4-46〉 기능·고용직의 노동기본권 인정범위

구 분	빈 도	비율(%)
단결권만	131	8.9
단결권+단체교섭권	692	46.9
단결권+단체교섭권+단체행동권	653	44.2
합 계	1476	100.0

노동기본권 인정범위에 대해 기능 및 고용직급별로 어떠한 차이가 있는지를 검토하면 〈표 4-47〉과 같다. 단결권에 대해서는 '모든 등급'에서 허용

---

43) 전술한 백종섭(1991) 연구, p.158에서는 기능직 공무원의 단체활동 허용직급에 대해 모든 등급에 대해 단체활동을 허용해야 한다는 의견이 73.1%로 조사된 바 있다.

218

해야 한다고 보는 응답자가 27.5%로 가장 많았고, 단결권과 단체교섭권에 대해서도 '모든 등급'에게 인정해야 한다는 입장이 31.1%이다. 그리고 단결권과 단체교섭권, 그리고 단체행동권 등 노동3권을 모두 인정해야 한다는 입장은 56.4%로 매우 높다.

따라서 기능 및 고용직의 공무원에게 노동기본권을 모두 인정하는 것은 물론이고, 허용범위도 모든 등급에게 인정하는 것이 필요하다고 본다. 통계적으로 집단 간의 차이를 보이고 있는지를 검증한 결과, $\chi^2=122.137$이고, $p<.001$이므로 유의적인 차이를 보이고 있는 것으로 나타났다.

〈표 4-47〉 기능·고용직의 노동기본권 인정범위

구 분	10등급 이하	8등급 이하	6등급 이하	모든 등급	합 계
단결권만	29 (22.1)	34 (26.0)	32 (24.4)	36 (27.5)	131 (8.9)
단결권+단체교섭권	90 (13.0)	185 (26.7)	202 (29.2)	215 (31.1)	692 (46.9)
단결권+단체교섭권 +단체행동권	37 (5.7)	97 (14.9)	151 (23.1)	318 (56.4)	653 (44.2)
합 계	156 (10.6)	316 (21.4)	385 (26.1)	619 (41.9)	1476 (100.0)

$\chi^2=122.137$ 자유도=6 유의도=.000

공무원집단과 시민집단의 기능·고용직 공무원의 노동기본권 인정범위를 검토하여 보면 〈표 4-48〉과 같다. 공무원 집단은 단결권과 단체교섭권을 인정하자는 의견이 50.4%이고, 시민집단은 노동3권을 모두 인정하자는 의견이 52.7%로 나타났다. 집단의 차이를 보면 $p<.001$이므로 통계적으로 유의적인 차이를 보이고 있으며, 공무원 집단보다 시민집단이 기능·고용직 공무원에 대해 노동기본권 인정범위가 보다 넓음을 알 수 있다.

〈표 4-48〉 대상집단별 기능·고용직 공무원 노동기본권 인정범위

구 분	단결권만	단결권+ 단체교섭권	단결권+단체교섭 +단체행동권	합 계
공무원	93(9.3)	507(50.4)	405(40.3)	1005(68.1)
시민	38(8.1)	185(39.3)	248(52.7)	471(31.9)
합 계	131(8.9)	692(46.9)	653(44.2)	1476(100.0)

χ^2=20.108 자유도=2 유의도=.000

〈표 4-49〉는 경찰·소방직의 노동기본권 인정범위와 관련된 것으로 단
결권과 단체교섭권을 인정하자는 의견이 44.0%, 단결권, 단체교섭권, 단체
행동권 모두를 인정하자는 의견도 39.6%인 것으로 드러났다. 따라서 경
찰·소방직 공무원은 그들 업무의 특성을 고려하여 모두 인정하는 것은 현
실적으로 다소 무리가 있으나, 전술한 외국의 입법례를 참조하여 단체교섭
권까지 허용해 주어야 한다고 본다.

〈표 4-49〉 경찰·소방직의 노동기본권 인정범위

구 분	빈 도	비율(%)
단결권만	225	16.4
단결권+단체교섭권	604	44.0
단결권+단체교섭권+단체행동권	544	39.6
합 계	1373	100.0

경찰·소방직 공무원의 경우, 노동기본권 인정범위에 대해 직급별로 어
떠한 차이가 있는지를 검토하면 〈표 4-50〉에서 보는 바와 같다. 단결권에
대해서는 경찰공무원의 경우 경사 이하, 소방공무원의 경우 소방장 이하가
33.8%로 가장 많은 비율을 차지하고 있었다. 단결권과 단체행동권에 대해
서도 경찰공무원은 경사 이하, 소방공무원은 소방장 이하가 37.1%이었다.
단결권과 단체교섭권, 그리고 단체행동권에 대해서는 경찰공무원의 경우

경위 이하, 소방공무원의 경우 소방위 이하가 34.6%로 가장 많았다.

집단 간의 차이가 나타나는지를 판단하기 위해 검증한 결과 $\chi^2 = 85.881$ 이고, p<.001로 통계적으로 유의적인 차이를 보이고 있었다. 따라서 경찰 및 소방공무원의 경우 경사 및 소방장 이하에게 단결권과 단체교섭권을 먼저 허용하고, 순차적으로 상위 직급까지 확대하는 것이 바람직하다.

〈표 4-50〉 경찰·소방직 공무원의 노동기본권 인정범위

구 분	순경 (소방사) 이하	경장 (소방교) 이하	경사 (소방장) 이하	경위 (소방위) 이하	경감 (소방경) 이하	경정 (소방령) 이하	합 계
단결권만	36 (16.0)	41 (18.2)	76 (33.8)	46 (20.4)	10 (4.4)	16 (7.1)	225 (16.4)
단결권+단체교섭권	55 (9.1)	54 (8.9)	224 (37.1)	164 (27.7)	67 (11.1)	40 (6.6)	604 (44.0)
단결권+단체교섭권 +단체행동권	50 (9.2)	42 (7.7)	123 (22.6)	188 (34.6)	67 (12.3)	74 (13.6)	544 (39.6)
합 계	141 (10.3)	137 (10.0)	423 (30.8)	398 (29.0)	144 (10.5)	130 (9.5)	1373 (100.0)

$\chi^2 = 85.881$ 자유도=10 유의도=.000

경찰·소방직 공무원에게 노동기본권 인정에 관한 공무원과 시민집단의 의견차이를 설명하면 아래 〈표 4-51〉과 같다. 공무원 집단은 경찰·소방직 공무원에게 노동3권 중 단체행동권을 제외한 나머지를 인정하자는 의견이 있으나, 시민집단은 노동3권 모두를 인정하자는 의견이 44.9%로 다수를 차지하고 있었다. 통계적인 차이검증을 실시한 결과 p<.05이므로 시민집단이 공무원 집단보다 노동기본권 인정범위에 대해 보다 적극적임을 알 수 있었다.

〈표 4-51〉 대상집단별 경찰·소방직 공무원 노동기본권 인정범위

구 분	단결권만	단결권+ 단체교섭권	단결권+단체교섭 +단체행동권	합 계
공무원	157(16.6)	438(46.2)	353(37.2)	948(69.0)
시민	68(16.0)	166(39.1)	191(44.9)	425(31.0)
합 계	225(16.4)	604(44.0)	544(44.0)	1373(100.0)

$\chi^2 = 7.857$ 자유도＝2 유의도＝.020

결국 공무원에게 노조를 인정하는 경우 단결권과 단체교섭권 등 두 개의 권리만 인정하는 응답이 가장 많이 나타나고 있음을 엿볼 수 있었다.

제6절 공무원 노동조합의 조직 및 구성

공무원 노동조합의 구조적 측면에서 중요한 변수인 조직에 관하여는 조직의 명칭문제, 조합형태, 조합원 자격문제, 조합전임자, 조직강제 및 부당노동행위 등에 관한 문제가 있다.

1. 문제의 소재

1) 명칭의 문제

공무원의 단결체인 공무원 노동조합을 구체적으로 어떠한 명칭으로 부를 것인가 하는 문제이다. 민간부문과 달리 공무원의 경우 노동조합이라는 명칭보다는 공무원단체라는 명칭이 많이 사용되어 왔다. 민간부문에서 사용되는 용어가 공공부문에 그대로 적용될 수 없고 공무원에 있어서는 특별하다는 것을 시사하고 있다.

우리나라는 그동안의 공무원·교원 단결권에 관한 논의과정을 지켜보건
대, 헌법 제33조에 기초한 노동기본권을 보장하려는 입장에서는 '노동조합'
이라는 명칭을 사용하고자 하고, 그렇지 않은 입장에서는 '노동조합'이라는
명칭 대신에 다른 명칭을 사용하자고 주장하는 경향이 있었다.[44]

2) 조합결성의 형태 및 복수노조

전술한 노사정위원회의 타협안에서는 조직형태에 관하여 국가공무원은
소속부처를 초월한 전국 차원의 노동조합을, 지방공무원은 광역자치단체
(특별시·광역시·도) 차원의 지역 노동조합을 설립할 수 있고, 각 부처와
기초자치단체 및 그 하부 행정기관별로는 노조를 설립할 수 없도록 하고,
다만 현업공무원 노조는 기존의 조직형태를 유지할 수 있도록 허용한다고
한 바 있다.

1999년 7월부터 법인된 교원노조에 관하여는 교원은 특별시·광역시·도
(이하 "시·도"라 한다) 단위 또는 전국단위에 한하여 노동조합을 설립할
수 있도록 하고 있다(교원의노동조합설립및운영등에관한법률제4조제1항).

우리나라 「노동조합및노동관계조정법」은 사업 또는 사업장에서의 복수
노조 설립을 노사관계의 안정을 위하여 2001년까지 한시적으로 금지하는
것을 제외하고는 기본적으로 복수노조 설립을 허용하고 있다. 복수노조란
한 기업 내에서 두 개 이상의 노조를 인정하는 제도이다.

1999년 7월부터 법인된 교원노조에 관해서도 복수노조가 허용되고 있다
(교원노조법 제6조 제2항).

복수노조를 금지할 경우 문제점[45]으로는 첫째, 복수노조 금지규정은 결

---

44) 미국의 경우 전국노동관계법(NLRA)에서는 근로자들이 자주적으로 설립한 단
   결체를 'labor organization'이라는 명칭을 사용하고 있으나(제2조 제5항), 그 단
   결체의 자주적인 결정에 의해 다른 명칭을 사용하는 것이 금지되거나 사용한
   다고 하여 'labor organization'으로서의 법적 성격이 부인되는 것이 아니다.
45) 김유성, "노동조합법 제3조 단서 5호", 「노동법학」 제2호, 1989, pp.53 이하 참
   조.

사의 자유 및 단결선택의 자유를 침해 및 제한하는 것으로 단결권을 보장하는 헌법 제33조와 ILO의 협약 제87호에도 위배된다는 것이다. 둘째, 노동조합의 어용화와 관료화를 조장하는 복수노조 금지규정은 삭제되는 것이 타당하다는 것이다.[46) 셋째, 그리고 만일 상급단체(연합단체)에는 복수노조를 허용하고 단위노조에는 복수노조를 금지한다는 것도 법리상의 일관성을 크게 일탈하는 것이다.[47) 넷째, 복수노조하에서의 교섭자치주의를 제안하고 있다. 반면, 복수노조를 허용할 경우 문제점[48)으로는 첫째, 복수노조를 허용할 경우 노조 간의 과열경쟁으로 조직분규가 야기됨은 물론 노조의 난립으로 인한 교섭권의 혼란이 초래되는 등 노사관계가 불안정해진다는 것이다. 둘째, 상급단체만 복수노조를 인정할 경우에도 상급단체 간의 관할 분쟁과 선명성투쟁으로 개별 기업이 피해를 보게 된다는 점이다.

3) 조합원 가입 자격문제

(1) 직책에 따른 가입금지

우리나라는 그동안 지휘·감독의 직책이나 인사, 예산, 경리, 비서, 안전, 보안 등 특수직에 종사하는 공무원은 공무원 노조에 가입해서는 안 된다는 의견이 많았다. 이와 관련하여 「노동조합및노동관계조정법」 제2조에서는 '사용자'를 '사업주, 사업의 경영담당자 또는 그 사업의 근로자에 관한 사항에 대하여 사업주를 위하여 행동하는 자'로 정의하면서(제2호) '사용자 또는 항상 그의 이익을 대표하여 행동하는 자의 참가를 허용하는 경우'에는 노동조합으로 보지 아니하는 것으로 규정하고 있다(제4호). 그래서 공무원 노조 가입자격은 6급 이하 일반직, 기능직·고용직으로 한정하되, 이에 해

---

46) 이철수, "노동기본권 충실히 보장해야", 헌정 1993. 3호, p.31.
47) 우리나라의 노동조합 조직형태가 사업장 단위노조를 중심으로 활동이 이루어지는 기업별 체제이고, 노동법 체계가 단위노조의 설립, 교섭, 쟁의행위를 중심으로 구성되어 있는 것을 감안한다면 완전한 결사의 자유보장을 제1차적으로 사업장 단위노조에 적용시켜야 한다는 주장이다.
48) 김형배, "노동조합의 대표성과 제2노조문제", 「노동법학」 제2호, 1989., pp25 이하 참조.

당하더라도 지휘감독의 직책이나 인사·예산·경리·비서·기밀·보안 등에 종사하는 자는 노조가입을 금지하자는 것이다.

(2) 해고자·실업자의 조합원 및 임원자격

노동조합 및 노동관계조정법은 제2조 제4호 단서에서 노동조합의 소극적 요건을 규정하고 있는바 과목의 「근로자가 아닌 자의 가입을 허용하는 경우」에 있어서 근로자가 아닌 자의 의미에 관하여 견해가 대립되어 있다. 요컨대 단서 과목의 근로자를 취업자로 보되 동 단서는 노조일반에 대해서가 아니라 기업별 노조조직에만 적용되는 것으로 파악하여야 할 것이다.[49]

(3) 노조전임자

「노동조합및노동관계조정법」 제24조 제1항은 "근로자는 단체협약으로 정하거나 사용자의 동의가 있는 경우에는 근로계약 소정의 근로를 제공하지 아니하고 노동조합의 업무에만 종사할 수 있다"고 규정하고, 동조 제2항은 "제1항의 규정에 의하여 노동조합의 업무에만 종사하는 자(이하 "전임자"라 한다)는 그 전임기간 동안 사용자로부터 어떠한 급여도 지급 받아서는 아니 된다"라고 규정하면서 동법 제81조 제4호는 '노동조합의 전임자에게 급여를 지원하는 것'을 사용자의 부당노동행위로 규정하고 있다. 다만 전임자에 관한 경과조치로서 부칙 제6조에서 "이 법 시행 당시 사용자가 노동조합전임자의 급여를 지원하고 있는 사업 또는 사업장의 경우에는 제24조 제2항 및 제81조 제4호의 규정(노동조합의 전임자에 대한 급여지원에 관한 규정에 한한다)을 2001년 12월 31일까지 적용하지 아니한다"고 규정하고 있다.

사용자가 노동조합 전임자의 급여를 지원하는 관행은 우리나라 노사관계의 특수성을 잘 나타내고 있는데 조합원 및 노조임원의 자격을 특정 기업의 소속 근로자로 국한해 온 법제, 기업별 노조를 근간으로 하는 노동조

---

49) 김유성, 전게서, p.64.

합의 조직체계 등이 복합적으로 작용한 결과이다. 전임자제도는 사용자가 조합임직원에 대하여 임직원을 그만 둔 후에 공무원의 지위를 보장함으로써 그 조합활동을 보장하는 데 기본목적이 있다. 1999년 7월부터 허용된 교원노조에 대해서는 노조전임자제도를 인정하되 전임자의 임금은 조합 측에서 부담토록 하고 있다. 즉 교원노조법 제5조는 ① 교원은 임용권자의 허가가 있는 경우에는 노동조합의 업무에만 종사할 수 있다. ② 제1항의 규정에 의하여 허가를 받아 노동조합의 업무에만 종사하는 자(이하 "전임자"라 한다)는 당해 기간 중 교육공무원법 제44조 및 사립학교법 제59조의 규정에 의한 휴직명령을 받은 것으로 본다. ③ 전임자는 그 전임기간 중 봉급을 받지 못한다. ④ 전임자는 그 전임기간 중 전임자임을 이유로 승급 기타 신분상의 불이익을 받지 아니한다고 규정하고 있다.

  (4) 조직강제[50] 및 부당노동행위

  「노동조합및노동관계조정법」에 의하면 「유니온 샵」은 일정한 조건하에 당사자의 합의에 의하여 단체협약에 의하여 정할 수 있도록 되어 있으나(제81조 제2호), 공무원 노동조합에 있어서는 「유니온 샵」 협정에 기초하여 공무원 노동조합 구성원 지위의 득실에 따라 공무원 신분의 득실이 결정되는 것은 신중한 검토를 요하는 문제라 하겠다. 그동안의 논의과정에서는 국가공무원법(제68조) 및 지방공무원법(제60조)의 신분보장 규정에도 저촉되기도 하고 또 공무원 지위로 볼 때도 적당하지 않기 때문에 「노동조합및노동관계조정법」의 규정에 대한 특례로서 「오픈 샵」의 원칙을 규정하

---

50) 노동조합의 단결력강화를 위한 조직강제제도 즉, 샵(shop)의 형태로는 조합원만을 채용·계속 고용할 것을 요구하는 closed shop과 채용 시 조합원일 필요는 없지만 채용 후 일정기간 내 조합에 가입할 것을 강제하는 union shop을 들 수 있다. 그 외 외국에서 보이는 광의의 단결강제의 형태로는 노조가입 여부는 근로자의 임의이지만 일단 가입하면 조합원자격이 계속고용의 조건이 되는 maintenance of membership, 조합원자격을 요구하지는 않지만 조합비상당액을 당해 노조에 납부할 것이 계속고용의 조건이 되는 agency shop, 근로조건 기타 대우에 관하여 조합만을 우대할 것을 요구하는 preferential shop이 있다.(管野和夫, 전게서, p.435: 片岡昇, 「勞働法(1)」, 有斐閣, 1993, p.95 참조)

는 것이 타당하다는 견해가 지배적이었다.

1996년의 노동관계법연구위원회 기초위원회 건의안(1996)을 보면 유니온 샵은 공무원의 신분보장제와 모순되므로 오픈 샵을 명문화한다고 하였고 「노사관계개혁위원회」의 공무원 단결권 보장방안(1997. 12.)에서도 가입과 탈퇴의 자유를 보장하고 공무원의 신분보장제와 모순되므로 「유니온 샵」을 인정하지 않기로 한 바 있다. 1999년 7월부터 법인된 교원노조의 경우에도 유니온 샵을 인정하지 않고 있다.(교원노조법 제14조 제2항)

2. 명칭 및 조합결성의 형태

우선 공무원 노조를 인정할 경우, 그 명칭에 관한 공무원 및 시민들의 의견차이는 〈표 4-52〉와 같다. 먼저 대상집단별 의견차이는 공무원(87.8%) 및 시민집단(74.8%) 모두 '공무원 노동조합'이라는 명칭이 적합하다고 인식하지만 '공무원 직장협의회'라는 명칭에 대해서는 공무원들은 2.5%가 응답한 반면, 일반시민들은 15.1%가 긍정적으로 응답하였다. 시민 간의 차이를 확인하기 위해 χ^2검증을 실시한 결과, $\chi^2=31.824$이고, 유의확률이 p<.01이므로 통계적으로 유의적인 차이를 보이고 있다.

〈표 4-52〉 대상집단별 공무원 노조명칭에 관한 의견차이

구 분	공무원 노동조합	직원단체	공무원단체	공무원직장 협의회	합 계
공무원	417(87.8)	16(3.4)	30(6.3)	12(2.5)	475(80.0)
시민집단	89(74.8)	4(3.4)	8(6.7)	18(15.1)	119(20.0)
합 계	506(85.2)	20(3.4)	38(6.4)	30(5.1)	594(100.0)

$\chi^2=31.824$ 자유도=3 유의도=.000

이번에는 공무원 직종별 노조명칭에 관한 의견차이를 살펴본 결과, 〈표 4-53〉에서는 '공무원 노동조합'을 선호하는 경향이 가장 높았으며 직종에 따라 일반직(92.2%), 기능·고용직(82.6%), 경찰·소방직(76.8%)순으로 선호도 차이를 보였다. 공무원직종별 차이를 보기 위해 χ^2검증을 실시한 결과, $\chi^2=20.968$이고, 유의확률이 p<.01이므로 통계적으로 유의적인 차이를 보이고 있다.

〈표 4-53〉 공무원 직종별 공무원 노조명칭에 관한 의견차이

구 분	공무원 노동조합	직원단체	공무원단체	공무원직장 협의회	합 계
일반직	283(92.2)	5(1.6)	14(4.6)	5(1.6)	307(64.5)
기능·고용직	71(82.6)	6(7.0)	5(5.8)	4(4.7)	86(18.1)
경찰·소방직	63(76.8)	5(6.1)	11(13.4)	3(3.7)	82(17.3)
합 계	417(87.8)	16(3.4)	30(6.3)	12(2.5)	475(100.0)

$\chi^2=20.968$ 자유도=6 유의도=.002

'공무원 노동조합을 인정할 경우 그 조직형태는 어떠해야 하는 지'를 질문한 결과에 대한 대상집단별 의견차이는 〈표 4-54〉와 같다.

〈표 4-54〉를 보면 공무원 및 일반시민 모두 비슷한 양상을 보였으나 각각의 정도에 있어서는 차이가 있었다. '국가직과 지방직의 분리된 노조'를 지지한 경우는 공무원이 68.2%, 시민집단이 52.1%, '전국단일의 노동조합'을 지지한 경우는 공무원이 17.1%, 시민집단이 21.8%이었으며 그 다음이 '공무원의 자유의사', '전국 또는 광역자치단체 이상 구성'의 순이었다. 시민 간의 차이를 확인하기 위해 χ^2검증을 실시한 결과, $\chi^2=13.617$이고, 유의확률이 p<.01이므로 통계적으로도 유의한 차이를 보이고 있다.

〈표 4-54〉 대상집단별 공무원 노조인정 시 조직형태에 관한 의견차이

구 분	전국단일의 노동조합	국가직과 지방직의 분리된 노조	전국 또는 광역자치단체 이상 구성	공무원의 자유의사	합 계
공무원	81(17.1)	324(68.2)	24(5.1)	46(9.7)	475(80.0)
시민집단	26(21.8)	62(52.1)	14(11.8)	17(14.3)	119(20.0)
합 계	107(18.0)	386(65.0)	38(6.4)	63(10.6)	594(100.0)

χ^2=13.617 자유도=3 유의도=.003

공무원 직종별로는 노조인정 시 조직형태에 관한 의견차이는 〈표 4-55〉와 같다. 일반직 공무원의 경우 '국가직과 지방직의 분리된 노조'가 적당하다고 생각하는 정도가 64.8%, '전국단일의 노동조합'(17.9%), '공무원의 자유의 사'(10.7%), '전국 또는 광역자치단체 이상 구성'(6.5%)순이었고, 기능ㆍ고용직은 '국가직과 지방직의 분리된 노조'(70.9%), '공무원의 자유의사'(15.1%), '전국단일의 노동조합'(10.5%), '전국 또는 광역자치단체 이상 구성'(3.5%)순이었으며, 경찰ㆍ소방직은 '국가직과 지방직의 분리된 노조'(78.0%), '전국단일의 노동조합'(20.7%), '전국 또는 광역자치단체 이상 구성'(1.2%)이였다. χ^2 검증을 실시한 결과, χ^2=19.768이고, 유의확률이 p<.01이므로 통계적으로는 의미 있는 차이를 보이고 있지만 '국가직과 지방직의 분리된 노조'가 되어야 한다고 생각하는 면에 있어서는 큰 차이가 없었다.

〈표 4-55〉 공무원 직종별 공무원 노조인정 시 조직형태에 관한 의견차이

구 분	전국단일의 노동조합	국가직과 지방직의 분리된 노조	전국 또는 광역자치단체 이상 구성	공무원의 자유의사	합 계
일반직	55(17.9)	199(64.8)	20(6.5)	33(10.7)	307(64.6)
기능ㆍ고용직	9(10.5)	61(70.9)	3(3.5)	13(15.1)	86(18.1)
경찰ㆍ소방직	17(20.7)	64(78.0)	1(1.2)	0(0.0)	82(17.3)
합 계	81(17.1)	324(68.2)	24(5.1)	46(9.7)	475(100.0)

χ^2=19.768 자유도=6 유의도=.003

공무원 노조도 민간부문처럼 복수노조를 인정하자는 의견에 대한 인식차이를 조사한 결과 〈표 4-56〉을 보면 공무원의 경우 '찬성' 36.2%, '반대' 63.8%로 반대가 훨씬 많은 반면 시민집단의 경우 '찬성' 47.9% '반대' 52.1%로 반대의 정도가 공무원에 비해 다소 낮게 나타났다. χ^2검증결과, $\chi^2=12.487$이고, 유의확률은 p<.01이므로 통계적으로 유의적인 차이를 보이고 있다.

〈표 4-56〉 대상집단별 복수노조 인정에 대한 의견차이

구 분	적극찬성	찬 성	반 대	적극반대	합 계
공무원	31(6.5)	141(29.7)	246(51.8)	57(12.0)	475(80.0)
시민집단	3(2.5)	54(45.4)	53(44.5)	9(7.6)	119(20.0)
합 계	34(5.7)	195(32.8)	299(50.3)	66(11.1)	594(100.0)

$\chi^2=12.487$ 자유도＝3 유의도＝.006

공무원 직종별로 이 문제에 대한 의견차이를 살펴보면 〈표 4-57〉과 같다. 일반직의 경우 '찬성' 37.4%, '반대' 62.6%로 반대가 월등히 많았지만, 기능·고용직의 경우 '찬성' 61.6% '반대' 38.4%로 '찬성'의 수치가 훨씬 많았다. 또 경찰·소방직의 경우 '찬성'은 4.9%에 불과하였고 95.1%의 압도적인 비율이 복수노조 인정에 대해 '반대'하였다. 공무원 직종별 차이를 보기 위해 χ^2검증을 실시한 결과, $\chi^2=64.459$이고, 유의확률이 p<.01이므로 통계적으로 유의적인 차이를 보이고 있다.

〈표 4-57〉 공무원 직종별 복수노조 인정에 대한 의견차이

구 분	적극찬성	찬 성	반 대	적극반대	합 계
일반직	20(6.5)	95(30.9)	154(50.2)	38(12.4)	307(64.6)
기능·고용직	11(12.8)	42(48.8)	32(37.2)	1(1.2)	86(18.1)
경찰·소방직		4(4.9)	60(73.2)	18(22.0)	82(17.3)
합 계	31(6.5)	141(29.7)	246(51.8)	57(12.0)	475(100.0)

$\chi^2=64.459$ 자유도＝6 유의도＝.000

3. 조합원 자격의 제한

지휘·감독의 직책이나 인사, 예산, 경리, 비서, 안전, 보안 등 특수직에 종사하는 공무원은 공무원 노조에 가입해서는 안 된다는 의견에 대하여 대상집단별 의견차이를 조사하였다. 지휘·감독직책 및 특수직 공무원에게는 공무원 노조를 불인정함에 있어 〈표 4-58〉을 보면 공무원의 경우 '찬성'이 63.4%, '반대'가 36.6%이고 시민집단의 경우 '찬성' 47.9% '반대' 52.1%로 나타나 공무원의 찬성 정도가 더욱 높았다. 공무원과 시민집단 간의 차이를 확인하기 위해 χ^2검증을 실시한 결과, $\chi^2 = 12.885$이고, 유의확률이 p<.01 이므로 통계적인 유의적인 차이를 보이고 있다.

〈표 4-58〉 대상집단별 지휘·감독직책과 특수직 공무원에게 노조 불인정에 대한 의견차이

구 분	적극찬성	찬 성	반 대	적극반대	합 계
공무원	48(10.1)	253(53.3)	146(30.7)	28(5.9)	475(80.0)
시민집단	7(5.9)	50(42.0)	57(47.9)	5(4.2)	119(20.0)
합 계	55(9.3)	303(51.0)	203(34.2)	33(5.6)	594(100.0)

$\chi^2 = 12.885$ 자유도=3 유의도=.005

〈표 4-59〉에 나타났듯이 공무원 직종별 차이에서는 지휘·감독직책 및 특수직 공무원에게 노조 불인정에 대한 '찬성'의 경우 일반직이 61.5%, 기능·고용직이 39.5%, 경찰·소방직이 95.2%로 나타났다. 즉 일반직은 찬성하는 경향이 높았고, 경찰·소방직의 경우 절대적인 찬성이지만 기능·고용직은 반대가 더 많았다. 공무원직종별 차이를 보기 위해 χ^2검증을 실시한 결과, $\chi^2 = 69.286$이고, 유의확률이 p<.01이므로 통계적으로 유의적인 차이를 보이고 있다.

〈표 4-59〉 공무원 직종별 지휘·감독직책과 특수직 공무원에게 노조 불인정
에 대한 의견차이

구 분	적극찬성	찬 성	반 대	적극반대	합 계
일반직	25(8.1)	164(53.4)	104(33.9)	14(4.6)	307(64.6)
기능·고용직	5(5.8)	29(33.7)	39(45.3)	13(15.1)	86(18.1)
경찰·소방직	18(22.0)	60(73.2)	3(3.7)	1(1.2)	82(17.3)
합 계	48(10.1)	253(53.3)	146(30.7)	28(5.9)	475(100.0)

χ^2=69.286 자유도=6 유의도=.000

〈표 4-60〉과 〈표 4-61〉은 해직자 혹은 공무원이었던 자도 공무원 노조
의 조합원 자격을 인정해야 한다는 의견에 대한 시민과 공무원들의 인식차
이를 조사한 결과이다. 먼저 대상분류별 인식차이에서는 공무원 및 일반시
민들의 의견이 큰 차이를 보이지 않았는데 〈표 4-60〉을 보면 공무원의 경
우 찬성이 39.0%이고 시민집단의 찬성 정도는 41.2%로 나타났다. 이 같은
결과는 χ^2검증 결과에서, χ^2=2.043이고, 유의확률이 p>.05이므로 통계적으
로도 유의미한 차이를 보이지 않았다.

〈표 4-60〉 대상집단별 해직자·실업자의 조합원 자격인정에 대한 의견차이

구 분	적극찬성	찬 성	반 대	적극반대	합 계
공무원	25(5.3)	160(33.7)	254(53.5)	36(7.6)	475(80.0)
시민집단	4(3.4)	45(37.8)	64(53.8)	6(5.0)	119(20.0)
합 계	29(4.9)	205(34.5)	318(53.5)	42(7.1)	594(100.0)

χ^2=2.043 자유도=3 유의도=.563

그러나 〈표 4-61〉에서 보듯이 공무원 직종별로 이 문제에 대해 조사한 결
과 의견차이는 명확히 드러났는데 일반직 공무원들은 42.6%가 '찬성'하였고
기능·고용직 공무원들은 58.2%가 찬성한 반면, 경찰·소방직은 불과 4.9%
만이 찬성하였고 반대 73.2%, 적극반대 22.0%로 나타났다. 즉 경찰·소방직
은 절대다수가 반대하고 있으며 공무원 직종별 차이를 보기 위해 χ^2검증을

실시한 결과, $\chi^2=79.593$이고, 유의확률이 p<.01이므로 통계적으로 유의적인 차이를 보이고 있다.

〈표 4-61〉 공무원 직종별 해직자·실업자의 조합원 자격인정에 대한 의견차이

구 분	적극찬성	찬 성	반 대	적극반대	합 계
일반직	13(4.2)	118(38.4)	162(52.8)	14(4.6)	307(64.6)
기능·고용직	12(14.0)	38(44.2)	32(37.2)	4(4.7)	86(18.1)
경찰·소방직	0(0.0)	4(4.9)	60(73.2)	18(22.0)	82(17.3)
합 계	25(5.3)	160(33.7)	254(53.5)	36(7.6)	475(100.0)

$\chi^2=79.593$ 자유도=6 유의도=.000

4. 노조전임자 제도

'민간부문 노조처럼 노동조합의 업무에만 종사하는 노조전임자를 공무원 노조에도 인정하자는 의견에 대하여 어떻게 생각하십니까?'라는 질문에 대한 응답은 〈표 4-62〉, 〈표 4-63〉에 요약되어 있다. 〈표 4-62〉를 보면 노조전임자 인정에 찬성하는 정도는 공무원의 경우 93.9%였고, 시민집단의 경우 77.3%로 나타나 응답자 대부분이 이 문제에 대해 찬성하지만 공무원이 시민집단에 비해 찬성하는 정도가 더 높은 것으로 나타났다. 시민간의 차이는, $\chi^2=31.824$이고, 유의확률이 p<.01이므로 통계적으로 유의적인 차이를 보이고 있다.

〈표 4-62〉 대상집단별 노조전임자 인정에 대한 의견차이

구 분	적극찬성	찬 성	반 대	적극반대	합 계
공무원	173(36.4)	273(57.5)	22(4.6)	7(1.5)	475(80.0)
시민집단	15(12.6)	77(64.7)	26(21.8)	1(0.8)	119(20.0)
합 계	188(31.6)	350(58.9)	48(8.1)	8(1.3)	594(100.0)

$\chi^2=53.090$ 자유도=3 유의도=.000

〈표 4-63〉을 보면 노동조합의 업무에만 종사하는 노조전임자를 공무원 노조에도 인정하자는 의견에 대해 공무원 직종별 의견차이는 통계적으로는, $\chi^2=15.383$이고, 유의확률이 $p<.05$이므로 유의적인 차이를 보이고 있기는 하지만, 내용적으로는 대부분 찬성의 비율이 높았고 일반직의 경우 93.8%, 기능·고용직의 경우 93.0%, 경찰·소방직의 경우 95.3%가 찬성하였다.

〈표 4-63〉 공무원 직종별 노조전임자 인정에 대한 의견차이

구 분	적극찬성	찬 성	반 대	적극반대	합 계
일반직	127(41.4)	161(52.4)	13(4.2)	6(2.0)	307(64.6)
기능·고용직	29(33.7)	51(59.3)	5(5.8)	1(1.2)	86(18.1)
경찰·소방직	17(20.7)	61(74.4)	4(4.9)		82(17.3)
합 계	173(36.4)	273(57.5)	22(4.6)	7(1.5)	475(100.0)

$\chi^2=15.383$ 자유도＝6 유의도＝.017

〈표 4-64〉와 〈표 4-65〉는 '공무원 노조에 노조전임자를 인정할 경우 전임자에 대한 급여지급은 누가 하는 것이 좋다고 생각하십니까?'에 대한 조사결과이다. 먼저 〈표 4-64〉를 보면 공무원들은 노조전임자의 임금지급을 해야 할 기관으로 '노동조합'(45.1%), '전임자의 원소속 기관'(40.4%), '중앙정부'(8.6%), '공무원 연금관리공단'(5.9%)순이었다. 시민집단의 경우 '중앙정부'(34.5%), '노동조합'(31.9%), '전임자의 원소속 기관'(23.5%), '공무원 연금관리공단'(10.1%)으로 나타나 차이를 보였다. 시민 간의 차이를 확인하기 위해 χ^2검증을 실시한 결과, $\chi^2=59.636$이고, 유의확률이 $p<.01$이므로 통계적으로 유의적인 차이를 보이고 있다.

〈표 4-64〉 대상집단별 노조전임자의 임금지급에 대한 의견차이

구 분	중앙정부	전임자의 원소속 기관	공무원 연금관리공단	노동조합	합 계
공무원	41(8.6)	192(40.4)	28(5.9)	214(45.1)	475(80.0)
시민집단	41(34.5)	28(23.5)	12(10.1)	38(31.9)	119(20.0)
합 계	82(13.8)	220(37.0)	40(6.7)	252(42.4)	594(100.0)

χ^2=59.636 자유도=3 유의도=.000

공무원 직종별 노조전임자의 임금지급에 대한 의견차이로는 〈표 4-64〉에서 보듯이 '노동조합'과 '전임자의 원소속 기관'이 적합하다고 선택했는데 일반직의 경우 각각 44.3%와 41.4%, 기능·고용직의 경우 48.8%와 34.9%, 경찰·소방직의 경우 43.9%와 42.7%로 나타나 직종별로 큰 차이는 보이지 않았다. 통계적으로도 공무원 직종별 차이는 보이지 않았다.(χ^2=2.595, p>.05)

〈표 4-65〉 공무원 직종별 노조전임자의 임금지급에 대한 의견차이

구 분	중앙정부	전임자의 원소속 기관	공무원 연금관리공단	노동조합	합 계
일반직	28(9.1)	127(41.4)	16(5.2)	136(44.3)	307(64.6)
기능·고용직	8(9.3)	30(34.9)	6(7.0)	42(48.8)	86(18.1)
경찰·소방직	5(6.1)	35(42.7)	6(7.3)	36(43.9)	82(17.3)
합 계	41(8.6)	192(40.4)	28(5.9)	214(45.1)	475(100.0)

χ^2=2.595 자유도=6 유의도=.858

5. 조합활동의 장소

공무원 노조의 조합활동은 어디에서 이루어져야 하는지에 대한 조사결과는 〈표 4-66〉과 〈표 4-67〉에서 밝혔다. 〈표 4-66〉은 노조활동의 장소에

대한 대상집단별 의견차이로 모두 '행정관청 내 조합사무실'이 가장 적합하다고 응답하였는데 공무원이 64.6%, 시민집단이 64.7%로 유사한 결과를 보였다. 그러나 시민집단들은 '어디든 자유'라는 의견이 10.1%를 차지했다. χ^2검증결과, $\chi^2 = 16.733$이고, 유의확률이 p<.01이므로 통계적으로 유의적인 차이를 보였다.

〈표 4-66〉 대상집단별 조합활동의 장소에 대한 의견차이

구 분	행정관청 내 조합사무실	행정관청 외 조합사무실	행정관청이 아닌 곳	어디든 자유	합 계
공무원	307(64.6)	96(20.2)	61(12.8)	11(2.3)	475(80.0)
시민집단	77(64.7)	19(16.0)	11(9.2)	12(10.1)	119(20.0)
합 계	384(64.6)	115(19.4)	72(12.1)	23(3.9)	594(100.0)

$\chi^2 = 16.733$ 자유도=3 유의도=.001

〈표 4-67〉에서 볼 수 있듯이 조합활동의 장소에 대한 공무원 직종별 의견차이는 거의 나타나지 않았다. 단 경찰·소방직의 경우 '행정관청이 아닌 곳'이 적합하다는 의견이 18.3%로 나타났다. 그러나 χ^2검증결과, $\chi^2 = 5.908$이고, 유의확률이 p>.05이므로 통계적으로 유의한 차이를 보이지는 않았다.

〈표 4-67〉 공무원 직종별 조합활동의 장소에 대한 의견차이

구 분	행정관청 내 조합사무실	행정관청 외 조합사무실	행정관청이 아닌 곳	어디든 자유	합 계
일반직	200(65.1)	65(21.2)	36(11.7)	6(2.0)	307(64.6)
기능·고용직	54(62.8)	18(20.9)	10(11.6)	4(4.7)	86(18.1)
경찰·소방직	53(64.6)	13(15.9)	15(18.3)	1(1.2)	82(17.3)
합 계	307(64.6)	96(20.2)	61(12.8)	11(2.3)	475(100.0)

$\chi^2 = 5.908$ 자유도=6 유의도=.434

6. 조직강제와 부당노동행위

공무원 노조의 단결력강화를 위하여 단결강제를 협약하는 유니온 샵 (union shop) 즉, 임용 후 일정기간 내에 노조에 가입할 것을 강제하는 제도 를 인정하자는 의견에 대한 대상집단별 인식차이를 조사한 결과는 〈표 4-68〉과 같은 결과를 얻었다. 유니온 샵 인정에 대해 공무원은 찬성 33.7%, 반대 66.3%이고 시민집단은 찬성 42.0%, 반대 58.0%로 나타나 공무원이 시 민집단보다 공무원 신분보장제도에 위배되는 유니온 샵 인정에 대하여 반대 하는 정도가 다소 더 높은 것으로 볼 수 있다. 시민 간의 차이를 확인하기 위해 χ^2검증을 실시한 결과, $\chi^2 = 16.822$이고, 유의확률이 $p \langle .01$이므로 통계적 으로 유의적인 차이를 보이고 있다.

〈표 4-68〉 대상집단별 유니온 샵(union shop)인정에 대한 의견차이

구 분	적극찬성	찬 성	반 대	적극반대	합 계
공무원	37(7.8)	123(25.9)	275(57.9)	40(8.4)	475(80.0)
시민집단	24(20.2)	26(21.8)	57(47.9)	12(10.1)	119(20.0)
합 계	61(10.3)	149(25.1)	332(55.9)	52(8.8)	594(100.0)

$\chi^2 = 16.822$ 자유도 $= 3$ 유의도 $= .001$

유니온 샵 인정에 대해 공무원 직종별 의견차이를 확인한 결과 일반직 공무원은 찬성 37.1%, 반대 62.8%이고 기능·고용직 공무원은 찬성 51.1%, 반대 48.9%이며 경찰·소방직 공무원은 찬성 2.4%, 반대 97.6%로 나타나 공무원 직종별로 유니온 샵 인정에 대해서 의견차이가 심한 것으로 드러났다. 즉, 유니온 샵 인정에 대해 기능·고용직의 경우 찬반의 비율이 50% 내외로 비슷하지만 일반직은 반대가 많은 편이고 경찰·소방직은 절 대적으로 반대하는 것을 알 수 있다. 공무원 직종별 차이를 알아보기 위해 χ^2검증을 실시한 결과, $\chi^2 = 64.971$이고, 유의확률이 $p \langle .01$이므로 통계적으로 유의적인 차이를 보이고 있다.

〈표 4-69〉 공무원 직종별 유니온 샵(union shop)인정에 대한 의견차이

구 분	적극찬성	찬 성	반 대	적극반대	합 계
일반직	19(6.2)	95(30.9)	169(55.0)	24(7.8)	307(64.6)
기능·고용직	18(20.9)	26(30.2)	38(44.2)	4(4.7)	86(18.1)
경찰·소방직	0(0.0)	2(2.4)	68(82.9)	12(14.6)	82(17.3)
합 계	37(7.8)	123(25.9)	275(57.9)	40(8.4)	475(100.0)

χ^2=64.971 자유도=6 유의도=.000

한편 노동조합법상 부당노동행위와 관련된 규정을 공무원 노사관계에도 그대로 적용토록 하되 공무원 노조와 관련된 부당노동행위구제는 별도의 노동위원회(가칭 공무원 노동관계 특별위원회)에 맡기도록 해야 한다는 의견에 대해서 조사한 결과 대상집단별 의견차이는 〈표 4-70〉을 보면 알 수 있다. 부당노동행위에 대한 구제를 별도의 노동위원회에 맡기는 것에 대해 대체로 찬성하는 응답자가 많았는데 공무원의 경우 67.3%, 시민집단의 경우 57.1%로 공무원이 이 문제에 대해 더욱 찬성하는 것으로 나타났다. χ^2검증결과, χ^2=13.142이고, 유의확률이 p<.01이므로 통계적인 유의차를 보이고 있다.

〈표 4-70〉 대상집단별 공무원 노조 관련 부당노동행위구제에 대한 의견차이

구 분	적극찬성	찬 성	반 대	적극반대	합 계
공무원	70(14.7)	250(52.6)	124(26.1)	31(6.5)	475(80.0)
시민집단	6(5.0)	62(52.1)	35(29.4)	16(13.4)	119(20.0)
합 계	76(12.8)	312(52.5)	159(26.8)	47(7.9)	594(100.0)

χ^2=13.142 자유도=3 유의도=.004

부당노동행위에 대한 구제를 별도의 노동위원회에 맡기는 것에 대해 공무원 직종별 의견차이가 있는지 조사한 결과는 〈표 4-71〉과 같다. 일반직과 기능·고용직, 경찰·소방직 공무원들이 찬성한 비율은 각각 64.5%, 51.2% 95.1%로 나타나 경찰·소방직 공무원들이 일반직 및 기능·고용직

공무원들에 비해 찬성비율이 상대적으로 높게 나타났다. 공무원 직종별 차이를 보기 위해 χ^2검증을 실시한 결과, $\chi^2=52.969$이고, 유의확률이 p<.01이므로 통계적으로 의미 있는 차이를 보이고 있다.

〈표 4-71〉 공무원 직종별 공무원 노조 관련 부당노동행위구제에 대한 의견차이

구 분	적극찬성	찬 성	반 대	적극반대	합 계
일반직	55(17.9)	143(46.6)	89(29.0)	20(6.5)	307(64.6)
기능·고용직	4(4.7)	40(46.5)	31(36.0)	11(12.8)	86(18.1)
경찰·소방직	11(13.4)	67(81.7)	4(4.9)	( )	82(17.3)
합 계	70(14.7)	250(52.6)	124(26.1)	31(6.5)	475(100.0)

$\chi^2=52.969$ 자유도=6 유의도=.000

제7절 공무원 노동조합의 단체교섭

1. 문제의 소재

노동조합은 단체교섭을 통하여 조합원의 근로조건 및 경제적·사회적 지위를 유지·향상시켜 나가기 위하여 자주적으로 결성한 단체이다.

단결권은 단체교섭권이 실현될 때 비로소 그 권리를 보장하는 의의가 있다고 할 것이므로 공무원의 경우에도 단체행동권은 논외로 치더라도 최소한 단체교섭권은 보장되어야 그들의 경제적·사회적 지위향상을 위한 「협상」이 가능하게 된다. 공무원 노동조합의 경우 누가 누구를 상대로 무엇을 대상으로 하여 어디까지 교섭할 수 있도록 할 것인가가 문제이다.

1) 교섭구조

일반적으로 민간부문에 있어서 구체적인 단체교섭의 구조를 어떻게 형

성할 것인가는 노동관계 당사자가 자율적으로 결정하는 것이 원칙이다. 공무원 노조의 경우 공무원 노조의 교섭상대방 즉, 정부 측 교섭대표로 누가 나설 것인가 하는 문제와 공무원 노조가 복수노조일 경우 교섭창구의 단일화 문제가 있다.

과거 「노사관계개혁위원회」 제22차 전체회의(1997. 12. 23)에서는 공무원 노조의 단체교섭과 관련하여 "교섭의 상대방으로서 국가공무원 노조는 조합원들의 근무조건을 통일적으로 교섭하기 때문에 총무처 등 관계부처로 구성된 교섭단과 교섭할 수 있도록 하고, 지방공무원 노조는 광역자치단체 (특별시·광역시·도)와 교섭하도록 한다"고 의결한 바 있다.[51]

새로이 출범한 교원노조에 대해서는 교원노조법 제6조에서 「① 노동조합의 대표자는 그 노동조합 또는 조합원의 임금·근무조건·후생복지 등 경제적·사회적 지위향상에 관한 사항에 대하여 교육부장관, 시·도 교육감 또는 사립학교를 설립·경영하는 자와 교섭하고 단체협약을 체결할 권한을 가진다. 이 경우 사립학교의 경우에는 사립학교를 설립·경영하는 자가 전국 또는 시·도 단위로 연합하여 교섭에 응하여야 한다. ② 제1항의 경우에 노동조합의 교섭위원은 당해 노동조합을 대표하는 자와 그 조합원으로 구성하여야 한다. ③ 조직대상을 같이하는 2개 이상의 노동조합이 설립되어 있는 경우에는 노동조합은 교섭창구를 단일화하여 단체교섭을 요구하여야 한다」고 규정하여 교섭창구의 단일화를 요구하고 있다.

그런데 「노동조합및노동관계조정법」에서는 복수노조를 인정하면서, 만약 복수노조가 존재할 경우에는 반드시 교섭창구가 단일화되어야 한다는 것을 전제로 하고 있다. 즉, 동법 부칙 제5조 제1항에서는 하나의 사업 또는 사업장에 노동조합이 조직되어 있는 경우에는 2001년 12월 31일까지는 그 노동조합과 조직대상을 같이 하는 새로운 노동조합을 설립할 수 없도록 금지하면서, 동조 제3항에서 노동부장관은 2001년 12월 31일까지 제1항의 기한이 경과된 후에 적용될 교섭창구 단일화를 위한 단체교섭의 방법·절차 기타

---

51) 노사관계개혁위원회, 「공무원 단결권 보장방안」, 1997. 12. 23.

240

필요한 사항을 강구하도록 규정하고 있다. 다시 말해서 사업(장)단위에서 기존노조와 조직대상이 중복되는 복수노조의 설립을 2001년까지 금지하면서, 그 이후에 사업(장)단위에서의 복수노조 설립이 허용될 경우에 대비하여 2001년까지 교섭창구 단일화를 위한 방안을 강구토록 하고 있는 것이다.

2) 특별기구

공무원 노조의 교섭상대방 즉, 정부 측 교섭대표로 특별기구를 두고 있는 국가가 많다. 이 특별기구는 각 국가의 역사적·정치적 상황과 문화적 배경에 따라 약간씩 상이한 성격을 띠고 있다.

정부교섭 특별기구를 설치할 것인지 설치한다면 어떠한 기능과 역할을 담당토록 할 것인지가 문제이다.

3) 교섭사항

공무원 노조에 있어서 단체교섭의 대상에 관하여는 민간부문의 소위 '인사·경영권'에 관한 사항이 의무적 교섭대상에서 제외할 것인가가 문제인 것처럼 정부의 정책결정 및 관리운영사항이 제외될 것인가 하는 문제가 있다.

과거 노동관계법연구위원회「기초위원회」는 단체교섭에 관하여 ① 관리운영에 관한 사항은 단체교섭사항에서 제외하고, ② 단체교섭의 산물인 단체협약은 법령 및 국회나 지방의회의 예산결의에 저촉되지 않는 범위 안에서만 효력을 발생하도록(다만, 사용자인 행정기관장은 명령 및 규칙과 단체협약이 가급적 저촉되지 않도록 노력할 책무를 지는 것으로 함)하자고 제안하고 있다.[52]

또한「노사관계개혁위원회」제22차 전체회의(1997. 12. 23)에서는 공무원의 보수 기타 근무조건 및 인사관리기준에 관한 단체교섭은 허용하되 단체협약체결은 허용하지 않으며 정책결정사항이나 관리권한사항에 관해서는 교섭할 수 없도록 하는 안을 의결한 바 있다.[53]

---

52) 노동관계법연구위원회, 전게서, p.42.

4) 협약체결권

공무원 노조의 단체교섭권을 인정할 경우 단체협약체결권은 인정하지 않고 단지 협의권만을 인정할 것인가 하는 문제가 있다. 그런데 국가 및 지방자치단체의 경우 근무조건의 결정방식이 민간부문의 그것과 동일하지 않다. 급여 등 근무조건의 상당부문이 법정되어 있거나 국가 또는 지방자치단체의 재정지출과 관련되어 있다.

과거 「노사관계개혁위원회」 제22차 전체회의(1997. 12. 23)에서는 공무원 노조의 단체교섭과 관련하여 공무원의 보수 기타 근무조건 및 인사관리기준에 관한 단체교섭은 허용하되 단체협약체결은 허용하지 않으며, 교섭의 결과 합의된 사항이 있으면 정부는 그 이행에 노력하도록 하되 법령 또는 국회나 지방의회의 의결내용과 저촉되지 않아야 효력이 발생하도록 의결한 바 있다.[54]

이미 법인된 교원노조에 대하여는 협약체결권을 인정하고 있으나 교원노조법 제7조는 「① 제6조 제1항의 규정에 의하여 체결된 단체협약의 내용 중 법령·조례 및 예산에 의하여 규정되는 내용과 법령 또는 조례에 의한 위임을 받아 규정되는 내용은 단체협약으로서의 효력을 가지지 아니한다.

② 교육부장관, 시·도 교육감 및 사립학교를 설립·경영하는 자는 제1항의 규정에 의하여 단체협약으로서의 효력을 가지지 아니하는 내용에 대하여는 그 내용이 이행될 수 있도록 성실히 노력하여야 한다」고 규정하고 있다.

2. 교섭구조

공무원 노동조합이 인정된다면 단체교섭구조에 있어서 공무원 노조는 복수노조가 인정되는 경우라 하더라도 노사관계의 안정을 위하여 교섭창구를 단일화하여 단체교섭을 요구하는 것이 효율적일 수 있다. 이 문제에 대

---

53) 노사관계개혁위원회, 「공무원 단결권 보장방안」
54) 노사관계개혁위원회, 「공무원 단결권 보장방안」, 1997. 12. 23.

해 공무원과 일반시민들의 의견차이를 조사한 결과 〈표 4-72〉에서 볼 수 있듯이 공무원의 경우 찬성이 73.1%, 반대가 26.9%이고 시민집단 즉, 일반시민들은 찬성이 59.6%, 반대가 41.3%로 나타나 공무원에 비해 일반시민들은 찬반이 엇갈리고 있었다. 시민 간의 차이를 확인하기 위해 χ^2검증을 실시한 결과, $\chi^2=14.147$이고, 유의확률이 p<.01이므로 통계적으로 의미 있는 결과를 보였다.

〈표 4-72〉 대상집단별 공무원 노조 단체교섭창구 단일화에 대한 의견차이

구 분	적극찬성	찬 성	반 대	적극반대	합 계
공무원	102(21.5)	245(51.6)	101(21.3)	27(5.7)	475(80.0)
시민집단	11(9.2)	60(50.4)	35(29.4)	13(10.9)	119(20.0)
합 계	113(19.0)	305(51.3)	136(22.9)	40(6.7)	594(100.0)

$\chi^2=14.147$ 자유도=3 유의도=.003

공무원 직종별 공무원 노조 단체교섭창구 단일화에 대하여 의견차이를 보이는지 확인한 표는 〈표 4-73〉과 같다. 일반직의 경우 찬성 73.3%, 반대 26.7%이고, 기능·고용직은 찬성 47.7%, 반대 52.7%이며, 경찰·소방직은 응답자의 절대다수인 98.8%가 찬성을 응답하였다. 공무원 직종별 차이를 보기 위해 χ^2검증을 실시한 결과, $\chi^2=78.309$이고, 유의확률이 p<.01이므로 통계적으로 유의적인 차이를 보이고 있다.

〈표 4-73〉 공무원 직종별 공무원 노조 단체교섭창구 단일화에 대한 의견차이

구 분	적극찬성	찬 성	반 대	적극반대	합 계
일반직	83(27.0)	142(46.3)	67(21.8)	15(4.9)	307(64.6)
기능·고용직	8(9.3)	33(38.4)	33(38.4)	12(14.0)	86(18.1)
경찰·소방직	11(13.4)	70(85.4)	1(1.2)		82(17.3)
합 계	102(21.5)	245(51.6)	101(21.3)	27(5.7)	475(100.0)

$\chi^2=78.309$ 자유도=6 유의도=.000

공무원 노동조합이 인정되어 정부와 단체교섭을 하게 될 경우 정부에서는
공무원 노조의 상대방으로 누가 나와야 한다고 생각하는지에 대해서 조사하
여 〈표 4-74〉의 결과를 얻었다. 공무원이나 일반시민 모두 '정부의 특별기구'
가 담당해야 한다고 생각하는 응답이 가장 많았는데 공무원의 경우 '정부의
특별기구'(62.1%), '관련부처의 장관'(25.1%), '행정자치부 장관'(10.3%), '국
무총리'(2.5%)의 순이었고, 시민집단의 경우 '정부의 특별기구'(46.2%), '관
련부처의 장관'(28.6%), '행정자치부 장관'(20.2%), '국무총리'(5.0%)의 순이
었다. χ^2검증결과, $\chi^2 = 14.037$, 유의확률이 p<.01로 통계적으로 유의적인 차이
를 보이고 있다.

〈표 4-74〉 대상집단별 정부교섭대표 선정에 대한 의견차이

구 분	국무총리	행정자치부 장관	관련부처의 장관	정부의 특별기구	합 계
공무원	12(2.5)	49(10.3)	119(25.1)	295(62.1)	475(80.0)
시민집단	6(5.0)	24(20.2)	34(28.6)	55(46.2)	119(20.0)
합 계	18(3.0)	73(12.3)	153(25.8)	350(58.9)	594(100.0)

$\chi^2 = 14.037$ 자유도=3 유의도=.003

공무원 직종별 정부교섭대표 선정에 대한 의견차이는 〈표 4-75〉에서 보듯
이 일반직의 경우 '정부의 특별기구'(54.7%,), '관련부처의 장관'(31.9%), '행
정자치부 장관'(10.3%), '국무총리'(2.9%)순이었고, 기능·고용직의 경우 일
반직과 순위는 같았으나 '정부의 특별기구'가 75.6%로 일반직보다 약 20% 정
도가 더 많은 비율이며, '관련부처의 장관'은 15.1%로 일반직보다 약 15% 정
도 낮은 비율을 보였다. 한편 경찰·소방직의 경우 '정부의 특별기구'가 정부
교섭대표가 되어야 한다는 데 대한 비율은 기능·고용직과 비슷한 비율인
76.8%였고 그 다음이 '행정자치부 장관'(12.2%), '관련부처의 장관'(9.8%),
'국무총리'(1.2%)순이었다. 공무원 직종별 차이는 χ^2검증결과, $\chi^2 = 27.178$이
고, 유의확률이 p<.01이므로 통계적으로 유의적인 차이를 보이고 있다.

〈표 4-75〉 공무원 직종별 정부교섭대표 선정에 대한 의견차이

구 분	국무총리	행정자치부 장관	관련부처의 장관	정부의 특별기구	합 계
일반직	9(2.9)	33(10.7)	98(31.9)	167(54.4)	307(64.6)
기능 · 고용직	2(2.3)	6(7.0)	13(15.1)	65(75.6)	86(18.1)
경찰 · 소방직	1(1.2)	10(12.2)	8(9.8)	63(76.8)	82(17.3)
합 계	12(2.5)	49(10.3)	119(25.1)	295(62.1)	475(100.0)

χ^2=27.178 자유도=6 유의도=.000

3. 특별기구

공무원 노조가 인정될 경우 공무원 노조 공무원에 대한 부당노동행위의 구제를 담당하고 노사분쟁 조정업무 기타 공무원노사문제를 전담할 독립기관, 가칭 공무원 노사관계특별위원회가 설치되어야 할 것인가에 대해서 시민과 공무원들은 어떤 의견을 보이는지 살펴보았다. 〈표 4-76〉을 보면 공무원의 경우 98.5%의 거의 대부분이 찬성하였고 시민집단의 경우 84.0%가 찬성하였다. 시민 간의 차이를 확인하기 위해 χ^3검증을 실시한 결과, χ^3=48.434이고, 유의확률이 p<.01이므로 통계적으로 유의적인 차이를 보이고 있다.

〈표 4-76〉 대상집단별 공무원노사문제 전담 특별기구 설치에 대한 의견차이

구 분	적극찬성	찬 성	반 대	적극반대	합 계
공무원	84(17.7)	384(80.8)	7(1.5)		475(80.0)
시민집단	20(16.8)	80(67.2)	18(15.1)	1(0.8)	119(20.0)
합 계	104(17.5)	464(78.1)	25(4.2)	1(0.2)	594(100.0)

χ^2=48.434 자유도=3 유의도=.000

〈표 4-77〉은 특별기구 설치에 대하여 공무원 직종별 의견차이를 나타낸 표이다. 조사결과 일반직은 99.0%, 기능 · 고용직은 100%, 경찰 · 소방직은

95.1%가 찬성하였고 직종별 차이는 나타나지 않았다. χ^2검증을 실시한 결과, $\chi^2=8.761$로 낮게 나타났고, 유의확률이 p>.05이므로 통계적으로도 유의적인 차이를 보이지는 않았다.

〈표 4-77〉 공무원 직종별 공무원노사문제 전담 특별기구 설치에 대한 의견차이

구 분	적극찬성	찬 성	반 대	적극반대	합 계
일반직	56(18.2)	248(80.8)	3(1.0)	0(0.0)	307(64.6)
기능·고용직	16(18.6)	70(81.4)	0(0.0)	0(0.0)	86(18.1)
경찰·소방직	12(14.6)	66(80.5)	4(4.9)	0(0.0)	82(17.3)
합 계	84(17.7)	384(80.8)	7(1.5)	0(0.0)	475(100.0)

$\chi^2=8.761$ 자유도=4 유의도=.067

4. 교섭사항

이번에는 공무원 노동조합이 인정되어 활동하게 될 경우 단체교섭의 대상에 포함되어야 할 사항(의무적 교섭대상)에 관해 조사하여 보았다. 단체교섭의 대상으로는 보수의 결정, 근무시간, 교육훈련, 전직·전보의 기준, 승진의 기준, 고충처리, 징계 등 불이익 처분, 후생복지, 조직개편 등이 해당된다고 볼 수 있는데 여기서 쟁점이 되는 것은 '정책결정사항이나 순수한 관리권한사항'이 포함되느냐의 여부인 것이다. 따라서 '정책결정사항이나 순수한 관리권한사항'이 단체교섭의 대상에 포함되어야 하는지의 여부를 질문한 결과가 공무원과 시민집단 간의 의견차이를 보이는지 알아보았으며 이는 〈표 4-78〉과 같다. 조사결과 양자 모두 정책결정사항 및 순수관리 권한사항은 단체교섭의 대상에서 제외시켜야 한다는 의견이 높은 비율을 보였는데 공무원의 경우 80.0%, 시민집단의 경우 64.7%가 그러한 의견을 나타내었다. 공무원과 일반시민 간의 차이를 확인하기 위해 χ^2검증을 실시한 결과, $\chi^2=12.544$이고, 유의확률이 p<.01이므로 통계적으로 유의적인 차이를 보이고 있다.

〈표 4-78〉 대상집단별 단체교섭사항에 대한 의견차이

구 분	정책결정사항 및 순수관리 권한사항 제외	정책결정사항 및 순수관리 권한사항 포함	합 계
공무원	380(80.0)	95(20.0)	475(80.0)
시민집단	77(64.7)	42(35.3)	119(20.0)
합 계	457(76.9)	137(23.1)	594(100.0)

χ^2=12.544 자유도=1 유의도=.000

〈표 4-79〉에서 보듯이 공무원 직종별 단체교섭사항에 대한 의견차이는 그 정도의 측면에서 직종별로 다르게 나타났다. 정책결정사항 및 순수관리 권한사항을 단체교섭의 대상에서 제외시켜야 한다는 의견이 일반직은 74.6%, 기능·고용직은 81.4%, 경찰·소방직은 98.8%로 나타났다. χ^2검증 결과, χ^2=23.791이고, 유의확률이 p<.01로 나타나 통계적으로 의미 있는 결과였다.

〈표 4-79〉 공무원 직종별 단체교섭사항에 대한 의견차이

구 분	정책결정사항 및 순수관리 권한사항 제외	정책결정사항 및 순수관리 권한사항 포함	합 계
일반직	229(74.6)	78(25.4)	307(64.6)
기능·고용직	70(81.4)	16(18.6)	86(18.1)
경찰·소방직	81(98.8)	1(1.2)	82(17.3)
합 계	380(80.0)	95(20.0)	475(100.0)

χ^2=23.791 자유도=2 유의도=.000

5. 협약체결권

공무원 노조의 단체교섭권을 인정할 경우 단체협약체결권도 포함시킬 것인가에 있어서 공무원과 시민집단의 의견을 조사한 결과는 〈표 4-80〉과

같다. 공무원의 경우 찬성 83.2%, 반대 16.8%이고 시민집단은 찬성 92.4%,
반대 7.6%로 시민집단의 찬성 경향이 다소 높았으며 전체적으로 단체협약
체결권을 인정하자는 의견이었다. 공무원과 시민집단 간의 차이를 확인하
기 위해 χ^2검증을 실시한 결과, $\chi^2 = 14.985$이고, 유의확률이 p<.01이므로 통
계적으로 유의적인 차이를 보이고 있다.

〈표 4-80〉 대상집단별 단체협약체결권 인정에 대한 의견차이

구 분	적극찬성	찬 성	반 대	적극반대	합 계
공무원	129(27.2)	266(56.0)	64(13.5)	16(3.4)	475(80.0)
시민집단	21(17.6)	89(74.8)	6(5.0)	3(2.5)	119(20.0)
합 계	150(25.3)	355(59.8)	70(11.8)	19(3.2)	594(100.0)

$\chi^2 = 14.985$ 자유도=3 유의도=.002

〈표 4-81〉은 단체협약체결권 인정에 대한 공무원 직종별 차이를 나타낸
표이다. 〈표 4-81〉에서 확인한 대로 공무원의 대부분이 단체협약체결권 인
정을 찬성하였는데 일반직의 경우 79.1%, 기능·고용직은 89.5%, 경찰·소
방직의 경우 91.4%가 찬성하였다. 공무원들의 직종별 차이는 χ^2검증결과, χ^2
= 27.022이고, 유의확률이 p<.01이므로 통계적 유의적인 차이를 보이고 있다.

〈표 4-81〉 공무원 직종별 단체협약체결권 인정에 대한 의견차이

구 분	적극찬성	찬 성	반 대	적극반대	합 계
일반직	68(22.1)	175(57.0)	49(16.0)	15(4.9)	307(64.6)
기능·고용직	39(45.3)	38(44.2)	9(10.5)		86(18.1)
경찰·소방직	22(26.8)	53(64.6)	6(7.3)	1(1.2)	82(17.3)
합 계	129(27.2)	266(56.0)	64(13.5)	16(3.4)	475(100.0)

$\chi^2 = 27.022$ 자유도=6 유의도=.000

제8절 공무원 노동조합의 단체행동

1. 문제의 소재

공무원 노조에 단체행동권을 허용할 경우 그 허용범위와 단체행동권이 금지될 경우의 강제중재제도 도입 여부 등이 검토되어야 할 중요한 문제이다.

1) 단체행동권의 허용범위

공무원의 단체행동권에 대해서는 1998. 2. 6. 노사정위원회에서 1999. 7월부터 교원의 노동조합 결성권을 보장하고, 공무원의 노동조합 결성권 보장방안은 국민적 여론수렴과 관련 법규의 정비 등을 고려하여 추진하되 단체행동권은 인정하지 않기로 합의가 이루어진 바 있다.

외국의 입법례를 보더라도 대부분 공무원의 쟁의권을 금지하거나 제한하고 있다. 이는 공공부문의 파업으로 인한 손해를 사용자보다는 일반국민이 더 크게 본다는 점과 공공근로자에 의한 파업행위가 국가예산의 균형을 위협하고 정부의 물가 안정책으로서의 소득정책 실시효과를 저해한다는 점 등이 강조되면서 나타났다.

2) 강제중재제도

공무원의 단체행동권이 금지되는 것을 전제로 할 경우 공무원 노조와 정부와의 단체교섭결렬에 대비하여 노동쟁의를 신속·공정하게 해결하기 위하여 일반 조정제도와 별도로 직권에 의한 강제중재제도와 같은 제도적 장치가 필요한 것인가 하는 문제가 있다.

기출범한 교원노조의 경우 교원노조법 제10조는 직권에 의한 강제중재제도를 규정하고 있다.

2. 단체행동권의 허용범위

공무원 노동조합이 인정될 경우 단체행동 허용 여부 내지는 공무원의 단체행동 허용을 가정하고서 공무원의 단체행동권을 어느 정도 인정해야 하는지에 대해서 조사하여 보았다. 〈표 4-82〉를 보면 공무원의 경우 단체행동권을 원천적으로 인정하지 말아야 한다는 의견에 54.1%가 동의하였고 '인정하되 쟁의행위 참가범위와 방법에 대해 특별 규율'이 있어야 함에 32.6%가 응답하였으며 '민간부문의 공익사업에 준하여 인정'하자는 의견이 12.2%로 나타났다. 반면 시민집단들은 '인정하되 쟁의행위 참가범위와 방법에 대해 특별규율'하자는 의견이 32.8%, '민간부문의 공익사업에 준하여 인정하자는 의견'이 31.1%, '인정하지 않음' 21.8%, '민간부문과 동일하게 인정' 14.3%로 나타나 공무원 집단과 차이를 보였다. 시민 간의 차이를 확인하기 위해 χ^2검증을 실시한 결과, $\chi^2 = 86.988$이고, 유의확률이 p<.01이므로 통계적으로 유의적인 차이를 보이고 있다.

〈표 4-82〉 대상집단별 단체행동권 허용에 대한 의견차이

구 분	인정하지 않음	민간부문의 공익사업에 준하여 인정	인정하되 쟁의행위참가범위와 방법에 대해 특별 규율	민간부문과 동일하게 인정	합 계
공무원	257(54.1)	58(12.2)	155(32.6)	5(1.1)	475(80.0)
시민집단	26(21.8)	37(31.1)	39(32.8)	17(14.3)	119(20.0)
합 계	283(47.6)	95(16.0)	194(32.7)	22(3.7)	594(100.0)

$\chi^2 = 86.988$ 자유도=3 유의도=.000

앞서 〈표 4-82〉에서 공무원의 경우 단체행동권을 원천적으로 인정하지 말아야 한다는 의견이 54.1%로 과반수를 넘는 비율을 보였다. 이를 공무원 직종별로 차이를 확인하면 〈표 4-83〉과 같다. 일반직 공무원의 경우 단체행동권을 '인정하지 않아야 한다' 47.9%, '인정하되 쟁의행위참가범위와 방

법에 대해 특별규율' 38.4%, '민간부문의 공익사업에 준하여 인정'이 13.0%
등의 순이었고, 기능·고용직의 경우 '인정하지 않음' 57.0%, '인정하되 쟁
의행위참가범위와 방법에 대해 특별규율' 24.4%, '민간부문의 공익사업에
준하여 인정' 15.1% 등의 순이었으며, 경찰·소방직의 경우 '인정하지 않
음' 74.4%, '인정하되 쟁의행위참가범위와 방법에 대해 특별규율' 19.5%,
'민간부문의 공익사업에 준하여 인정' 6.1%의 순이었다. 공무원 직종별 차
이는 χ^2검증결과, $\chi^2 = 27.290$이고, 유의확률이 p<.01이므로 통계적으로 유의
적인 차이를 보이고 있다.

〈표 4-83〉 공무원 직종별 단체행동권 허용에 대한 의견차이

구 분	인정하지 않음	민간부문의 공익사업에 준하여 인정	인정하되 쟁의행위참가범위와 방법에 대해 특별규율	민간부문과 동일하게 인정	합 계
일반직	147(47.9)	40(13.0)	118(38.4)	2(0.7)	307(64.6)
기능·고용직	49(57.0)	13(15.1)	21(24.4)	3(3.5)	86(18.1)
경찰·소방직	61(74.4)	5(6.1)	16(19.5)	0(0.0)	82(17.3)
합 계	257(54.1)	58(12.2)	155(32.6)	5(1.1)	475(100.0)

$\chi^2 = 27.290$ 자유도=6 유의도=.000

3. 강제중재제도

한편 현실적으로 사실상 노무에 종사하는 공무원 즉, 철도청, 정보통신
부, 국립의료원 소속 현업공무원을 제외하고는 단체행동권이 인정되지 않
으므로 공무원 노조와 정부와의 단체교섭결렬에 대비하여 노동쟁의를 신속
공정하게 해결하기 위하여 일반조정제도와 별도로 직권에 의한 강제중재제
도를 도입할 것인가에 대하여 조사하여 보았다. 이에 대한 공무원과 시민
들의 의견차이를 조사한 결과 〈표 4-84〉에서 볼 수 있듯이 공무원은 찬성
65.5%, 반대 34.5%이고 시민집단은 찬성 53.8%, 반대 46.2%로 나타나 공

무원의 찬성비율이 다소 더 높음을 알 수 있다. 공무원과 시민집단들 간의 차이를 확인하기 위해 χ^2검증을 실시한 결과, $\chi^2=39.159$이고, 유의확률이 $p<.01$이므로 통계적인 차이가 명확하다.

〈표 4-84〉 대상집단별 강제중재제도 도입에 대한 의견차이

구 분	적극찬성	찬 성	반 대	적극반대	합 계
공무원	40(8.4)	271(57.1)	136(28.6)	28(5.9)	475(80.0)
시민집단	29(24.4)	35(29.4)	48(40.3)	7(5.9)	119(20.0)
합 계	69(11.6)	306(51.5)	184(31.0)	35(5.9)	594(100.0)

$\chi^2=39.159$ 자유도=3 유의도=.000

〈표 4-85〉는 공무원 직종별 강제중재제도 도입에 대한 의견차이를 나타낸 표이다. 일반직 공무원의 경우 찬성 60.9%, 반대 39.1%이고, 기능·고용직은 찬성 52.3%, 반대 47.7%이며, 경찰·소방직은 찬성 96.3%, 반대 3.7%의 결과를 보였다. 공무원 직종별 차이를 보기 위해 χ^2검증을 실시한 결과, $\chi^2=44.585$이고, 유의확률이 $p<.01$이므로 통계적으로 유의적인 차이를 보이고 있다.

〈표 4-85〉 공무원 직종별 강제중재제도 도입에 대한 의견차이

구 분	적극찬성	찬 성	반 대	적극반대	합 계
일반직	22(7.2)	165(53.7)	99(32.2)	21(6.8)	307(64.6)
기능·고용직	7(8.1)	38(44.2)	34(39.5)	7(8.1)	86(18.1)
경찰·소방직	11(13.4)	68(82.9)	3(3.7)	0(0.0)	82(17.3)
합 계	40(8.4)	271(57.1)	136(28.6)	28(5.9)	475(100.0)

$\chi^2=44.585$ 자유도=6 유의도=.000

제9절 공무원 노동조합과 노사협의회

1. 문제의 소재

공무원 노조가 허용될 경우 민간부문 노조와 마찬가지로 노사협의회를 설치할 것인지 고충처리를 어느 기구에서 할 것인지 그리고 이미 출범한 공무원직장협의회는 어느 정도 기능이 기대되는지 파악할 필요가 있다.

1) 노사협의회

공무원 노조가 허용될 경우에 민간부문에서 단체교섭과 함께 노사관계의 한 축을 이루고 있는 노사협의제를 공무원 노동관계에서도 그대로 시행할 것인가 하는 문제가 있다.

노사협의회제도는 1963년에 노동조합법에 노사협의회제도가 처음으로 도입된 이래, 우리나라 노사관계제도의 한 축으로서 작용하여 왔다. 노사협의제도는 일반적으로 근로자들이 경영에 참가함으로써 근로조건뿐만 아니라 경영 전반에 관해서 사용자와 협의하는 제도 즉, 경영의사 결정에의 근로자참가 제도로서 이해되고 있다.55) 근로자 참여 및 협력증진에 관한 법률(이하 조문 인용 시 법명칭은 생략함)에서는 노사협의회를 「근로자와 사용자가 참여와 협력을 통하여 근로자의 복지증진과 기업의 건전한 발전을 도모함을 목적」(제3조 제1호)으로 하여 구성된 협의기구라고 정의하고 있다.

본래 노사협의제도는 전시나 이에 준하는 시기에 생산력 증강 등의 국가적 요청에 따라 단체교섭의 경직성을 탈피하고 노사협력을 달성하기 위한 제도로서 등장하였으나 그 후에는 주로 사용자의 경영의사결정과정에 근로자들이 참가하는 기능을 담당하는 제도로서 정착해 오고 있다.56)

---

55) 김형배, pp.773-777; 박현태, 「노사협의제의 입법론적 고찰」, 한양대학교 박사학위논문, 1986, p.7 참조.
56) 단체교섭과 노사협의의 차이를 보면, 우선 양 제도는 주체의 면에서 노동조합

이러한 노사협의제도는 근로자의 경영참가를 통한 노사관계의 근대화기능과 함께 생산성 향상을 중심으로 한 노사공동이익의 증진 및 노사 간의 갈등을 완화하는 기능을 가지고 있으며 나아가 사용자의 경영방침·근로조건 기타 기업경영상의 문제들에 대한 결정에 있어 근로자의 참가와 발언권을 확보함으로써 기업의 장에서의 민주주의 즉 '산업민주주의'를 달성하려는 데 있다.[57]

현행 「근로자참여및협력증진에관한법률」 제4조 및 동법 시행령 제2조 제1항은 상시근로자 30인 이상을 사용하는 모든 사업 또는 사업장에 노사협의회를 설치하도록 의무화하고 있다. 따라서 공무원 노동조합이 허용될 경우 단체교섭을 「보완」하고, 노사 간 분쟁을 예방하며 「근로자 참가와 협력」의 기능을 증진시키는 노사협의회를 설치할 필요가 있다고 하겠다. 이에 관하여는 후술하는 공무원직장협의회를 노사협의회로 보고서 별도의 노사협의회 설치가 필요 없다고 볼 수도 있을 것이다.

2) 고충처리

고충은 일반적으로 개인의 힘으로는 어쩔 수 없는 근무조건이나 인사조치에 관한 불만의 의견이며, 기타 직장생활과 관련된 신분상의 문제도 포함하는 것이다. 이렇게 하여 제기된 고충을 심사하고 그에 대한 판단과 시정조치를 하는 일련의 과정이 고충처리인 것이다.

이라는 배경이 있느냐 없느냐에 따른 차이가 있다. 그런데 많은 국가에서 조합원이 종업원대표로서 노사협의를 담당하고 있어 주체의 면에서 양자는 별로 다르지 않다. 다음으로 양자 모두 사용자의 합의를 강제하는 것은 아니지만, 단체교섭은 쟁의행위를 배경으로 합의를 간접적으로 강제할 수 있는 반면에, 노사협의는 비록 합의에 이르지 못한 경우에는 노사관계에서의 비협조 등을 제외하고는 별다른 압력수단이 존재하지 않는다. 한편 단체교섭과 노사협의를 구분하는 전통적 견해는 단체교섭의 대상사항은 임금·근로시간 기타 근로조건에 관한 사항처럼 노사 간 이해가 대립되는 사항임에 대하여, 노사협의의 대상이 되는 사항은 기업의 경영이나 생산에 관한 사항처럼 노사 간에 이해가 공통되는 사항이라고 한다.(김유성, 전게서, pp.431-432 참조)

57) 김유성, 전게서, pp.429-430.

어떤 조직에서나 조직구성원들의 고충은 생겨날 수 있다. 이러한 고충이 해소되지 않거나 그 원인이 시정되지 않으면 조직구성원들은 일에 대한 흥미를 잃고, 따라서 사기가 저하될 가능성이 있는 것이다. 그러므로 적절한 고충처리 절차에 의하여 고충을 해소하거나 그 원인을 제거하지 않으면 안 된다.

그런데 우리나라의 경우 공무원 개인적인 차원에서만 고충처리가 허용되어 왔다. 즉, 공무원은 인사·조직·처우 등 각종 근무조건과 기타 신상문제에 대하여 인사상담이나 고충의 심사를 청구할 수 있다.58)(국가공무원법 제72조의 2 제1항) 그리고 동 청구를 받은 중앙인사기관의 장, 임용권자 또는 임용제청권자는 이를 고충심사위원회에59) 부의하여 심사하게 하거나 소속 공무원으로 하여금 상담하게 하고, 그 결과에 따라 고충의 해소 등 공정한 처리를 위하여 노력할 의무가 있다(동조 제2항). 이러한 고충처리는 철저하게 개인 수준에서만 이루어지는 것으로서 집단적인 차원에서의 해결을 배제하고 있다.

여기서 공무원 노동조합이 허용될 경우 공무원의 고충처리를 어느 기구에서 담당하는 것이 바람직한가 하는 문제가 제기된다.

---

58) 우리 정부에서 고충처리의 대상으로 규정하고 있는 고충의 범위는 다음과 같다.(공무원 고충처리규정 제2조)
  ⅰ) 근무조건에 관한 고충 ① 봉급·수당 등 보수에 관한 것. ② 근무시간·휴식·휴가에 관한 것. ③ 업무량·작업도구·시설안전·보건위생 등 근무환경에 관한 것. ④ 주거·교통 및 식사편의제공 등 후생복지에 관한 것.
  ⅱ) 인사관리에 관한 고충 ① 승진·전직·전보 등 임용권자의 재량행위에 속하는 임용에 관한 것. ② 근무성적평정·경력평정·교육훈련·복무 등 인사행정의 기준에 관한 것. ③ 상훈·제안 등 업적성취에 관한 것.
  ⅲ) 기타 신상문제에 관한 고충 ① 성별·종교별·연령별 등에 의한 차별대우. ② 기타 개인의 정신적·심리적·신체적 장애로 인하여 발생되는 고충으로서 직무수행에 관련된 것.
59) 중앙고충심사위원회는 중앙인사관장기관인 행정자치부에 설치하도록 되어 있으나, 그 기능을 소청심사위원회에서 관장하기 때문에 실질적으로는 소청심사위원회가 고충처리를 맡고 있는 셈이다. 중앙위는 5급 이상 일반직과 일부 특정직 공무원의 심사청구와 보통위의 심사를 거친 6급 이하 공무원과 기능직 공무원의 재심청구를 맡는다. 보통고충심사위원회는 설치기관에 소속된 6급 이하의 공무원과 기능직 공무원의 고충처리를 담당한다.(국가공무원법 제72조의 2 제4항).

3) 공무원직장협의회

전술한 1998년 2월 6일 노사정 대타협의 결과 제정된 공무원직장협의회 설치운영에 관한 법률에 의거 1999년 1월부터 설치가 허용된 공무원직장협의회는 가입자격을 일반직 6급 이하, 기능·고용직 공무원으로 제한하고 근무환경개선, 업무능률향상 및 고충처리를 협의할 목적으로 설립토록 되어 있는바 그 법적 성격에 대하여 단결권과 단체교섭권에 근거한 단결체로 보는 견해와 일종의 노사협의회라는 견해가 대립되어 있다.[60]

그러나 노사협의회와는 여러 가지 점에서 차이가 있다고 지적된다. 즉, 첫째, 공무원직장협의회의 조직대상을 일률적으로 일정 공무원(6급 이하의 일반직 공무원 및 이에 준하는 연구·특수기술직렬의 일반직 공무원, 특정직 공무원 중 6급 이하의 외무공무원, 기능직 공무원, 고용직 공무원 등)으로 한정하고 있는 점에서(제3조 제1항) 노사합동기구인 노사협의회의 조직대상보다 제한적이다. 둘째, 공무원직장협의회는 공무원의 근무환경 개선·업무능률 향상·고충처리·기타 기관의 발전에 관한 사항에 관하여 기관장과 협의하는 기능만을 가지는 데 비하여, 노사협의회는 노사가 참여와 협력을 통하여 근로자의 복지증진과 기업의 건전한 발전을 도모함을 목적으로 하면서 생산성 향상에서부터 인사·경영에 관한 사항까지 법이 정한 범위 내에서 보고·협의·의결하도록 하고 있다. 셋째, 공무원은 자유로이 직장협의회에 가입하거나 직장협의회를 탈퇴할 수 있다(동법 제4조). 이와 같이 공무원직장협의회는 공무원들이 설립 여부를 스스로 선택·결정하는 데 비하여 노사협의회는 근로자들

---

60) 단결체로 보는 견해는 공무원인 근로자의 노동기본권은 국가공무원법 제66조 제1항에 의하여 「사실상 노무에 종사하는 공무원」을 제외하고는 전면 금지되는 현 상황에서 1998년 2월 6일 노동기위원회의 대타협에서 노동기본권 보장의 일환으로 「공무원직장협의회설립·운영에 관한 법률」을 제정하여 1999년 1월 1일부터 시행하게 함으로써 6급 이하 공무원의 단결권과 단체교섭권을 부분적으로 인정하게 되었다는 것이다.(이병태, 전게서, pp.78∼79) 이에 대하여 일종의 노사협의회라는 견해는 공무원직장협의회는 노동조합과 성격이 다르므로 「공무원직장협의회설립·운영에 관한 법률」은 그 내용상 실질적으로 헌법 제33조 제1항의 단결권·단체교섭권에 근거한 법률이라고 할 수 없고, 일종의 노사협의회라고 할 수밖에 없다고 주장한다.(김형배, 전게서, pp.171∼172)

의 의사에 관계없이 설치가 의무화되어 있다. 넷째, 공무원직장협의회는 합의된 사항에 대한 기관장의 이행노력 의무만을 규정하고 있으나 벌칙 규정이 없다. 이에 비하여 노사협의회는 의결사항 불이행에 대한 벌칙을 규정하고 있다.

2. 노사협의회

공무원 노조가 인정될 경우 민간부문에서 단체교섭과 함께 노사관계의 한층을 이루고 있는 노사협의제를 공무원노동관계에도 도입할 것인가를 조사해 볼 필요가 있다. 공무원 노사관계에도 민간부문과 마찬가지로 노사협의회가 기존의 공무원직장협의회와 별도로 설치되어야 한다는 의견에 대해 대상집단별 인식차이를 조사하였다. 〈표 4-86〉을 보면 공무원 및 시민 모두 노사협의회 설치에 대해 찬성하는 경향이 두드러졌는데 공무원의 경우 96.2%, 시민집단의 경우 83.2%가 찬성하여 찬성 정도는 공무원이 다소 높았다. χ^2검증결과, χ^2=29.950이고, 유의확률이 p<.01이므로 통계적으로 유의적인 차이를 보이고 있다.

〈표 4-86〉 대상집단별 별도의 노사협의회 설치에 대한 의견차이

구분	적극찬성	찬성	반대	적극반대	합계
공무원	200(42.1)	257(54.1)	14(2.9)	4(0.8)	475(80.0)
시민집단	50(42.0)	49(41.2)	18(15.1)	2(1.7)	119(20.0)
합계	250(42.1)	306(51.5)	32(5.4)	6(1.0)	594(100.0)

χ^2=29.950 자유도=3 유의도=.000

공무원 직종별로 별도의 노사협의회 설치에 대한 의견차이를 조사한 결과 〈표 4-87〉에서 보듯이 일반직과 기능·고용직의 경우 각각 95.5%, 95.3%가 찬성하였고 경찰·소방직은 100%가 찬성하였다. 공무원 직종별 차이를 보기 위해 χ^2검증을 실시한 결과에서도, χ^2=38.044, 유의확률이 p<.01이므로 통계적으로 유의적인 차이를 보이고 있다.

〈표 4-87〉 공무원 직종별 별도의 노사협의회 설치에 대한 의견차이

구 분	적극찬성	찬 성	반 대	적극반대	합 계
일반직	151(49.2)	142(46.3)	11(3.6)	3(1.0)	307(64.6)
기능·고용직	36(41.9)	46(53.5)	3(3.5)	1(1.2)	86(18.1)
경찰·소방직	13(15.9)	69(84.1)	0(0.0)	0(0.0)	82(17.3)
합 계	200(42.1)	257(54.1)	14(2.9)	4(0.8)	475(100.0)

χ^2=38.044 자유도=6 유의도=.000

3. 고충처리

〈표 4-88〉은 공무원 노동조합이 허용될 경우 공무원의 고충처리를 어느 기구에 의하여 해결해야 할 것인지에 관해 질문한 결과 대상집단별 의견차이를 나타낸 표이다. 공무원의 경우 '노사협의회'(65.5%), '단체교섭'(21.9%), '고충심사 위원회'(6.7%), '공무원직장협의회'(5.9%)의 순이었고 일반시민은 '노사협의회'(55.5%), '단체교섭'(20.2%), '공무원직장협의회'(8.8%), '고충심사 위원회'(6.2%)의 순이었다. 시민 간의 차이를 확인하기 위해 χ^2검증을 실시한 결과, χ^2=24.762이고, 유의확률이 p<.01이므로 통계적으로 유의적인 차이를 보이고 있다.

〈표 4-88〉 대상집단별 고충처리에 대한 의견차이

구 분	단체교섭	노사협의회	공무원 직장협의회	고충심사 위원회	합 계
공무원	104(21.9)	311(65.5)	28(5.9)	32(6.7)	475(80.0)
시민집단	24(20.2)	66(55.5)	24(20.2)	5(4.2)	119(20.0)
합 계	128(21.5)	377(63.5)	52(8.8)	37(6.2)	594(100.0)

χ^2=24.762 자유도=3 유의도=.000

공무원 고충처리 기구에 대하여 공무원 직종별 의견차이를 나타낸 표는 〈표 4-89〉와 같다. 대체로 응답성향은 비슷하였는데 '노사협의회'는 일반직이 63.8%, 기능·고용직이 61.6%, 경찰·소방직이 75.6%로 나타났으며 '단체교섭'은 일반직이 21.8%, 기능·고용직이 27.9%, 경찰·소방직이 15.9%로 나타났다. 공무원직종별 차이를 보기 위한 χ^2검증을 실시한 결과에서도, χ^2= 8.354이고, 유의확률이 p〉.05이므로 통계적으로 유의적인 차이는 없었다.

〈표 4-89〉 공무원 직종별 고충처리에 대한 의견차이

구 분	단체교섭	노사협의회	공무원 직장협의회	고충심사 위원회	합 계
일반직	67(21.8)	196(63.8)	20(6.5)	24(7.8)	307(64.6)
기능·고용직	24(27.9)	53(61.6)	6(7.0)	3(3.5)	86(18.1)
경찰·소방직	13(15.9)	62(75.6)	2(2.4)	5(6.1)	82(17.3)
합 계	104(21.9)	311(65.5)	28(5.9)	32(6.7)	475(100.0)

χ^2=8.354 자유도=6 유의도=.213

4. 공무원직장협의회

전술한 바와 같이 1999년 1월 1일부터 공무원직장협의회의 설립이 허용된 바 있다. 공무원직장협의회가 공무원의 권익보호를 위하여 많은 역할을 할 것이라는 기대가 있는데 그에 대하여 시민과 공무원들의 의견차이를 알아보았는데 〈표 4-90〉과 같다. 공무원의 경우 찬성 32.8%, 반대 67.2%로 반대가 훨씬 많았으며 시민집단은 찬성 64.7%, 반대 35.3%로 찬성이 더욱 많았다. 이러한 결과는 공무원과 일반시민들의 견해가 상반되는 것으로 χ^2 검증결과에서도, χ^2=40.821이고, 유의확률이 p〈.01이므로 통계적으로 매우 유의적인 차이를 보이고 있다.

〈표 4-90〉 대상집단별 직장협의회에 대한 의견차이

구분	적극찬성	찬성	반대	적극반대	합계
공무원	21(4.4)	135(28.4)	280(58.9)	39(8.2)	475(80.0)
시민집단	9(7.6)	68(57.1)	36(30.3)	6(5.0)	119(20.0)
합계	30(5.1)	203(34.2)	316(53.2)	45(7.6)	594(100.0)

$\chi^2=40.821$ 자유도=3 유의도=.000

    공무원직장협의회가 공무원 권익보호에 역할을 다할 것이라는 데 대하여 공무원들은 대체로 반대의견이 많음을 확인하였으므로 이번에는 이 문제에 대해 직종별 차이를 확인하여 보기로 하였다. 반대를 기준으로 볼 때 일반직이 68.4%, 기능·고용직이 73.3%, 경찰·소방직이 56.1%로 나타나 기능·고용직 공무원들의 공무원직장협의회에 대한 부정적 견해가 가장 심한 것으로 드러났다. 공무원 직종별 차이를 보기 위해 χ^2검증을 실시한 결과, $\chi^2=18.327$이고, 유의확률이 p<.01이므로 통계적으로 유의적인 차이를 보이고 있다.

〈표 4-91〉 공무원 직종별 직장협의회에 대한 의견차이

구 분	적극찬성	찬 성	반 대	적극반대	합 계
일반직	8(2.6)	89(29.0)	178(58.0)	32(10.4)	307(64.6)
기능·고용직	6(7.0)	17(19.8)	57(66.3)	6(7.0)	86(18.1)
경찰·소방직	7(8.5)	29(35.4)	45(54.9)	1(1.2)	82(17.3)
합 계	21(4.4)	135(28.4)	280(58.9)	39(8.2)	475(100.0)

$\chi^2=18.327$ 자유도=6 유의도=.005

제10절 분석결과의 종합정리 및 단기적 입법방향

1. 분석결과의 종합정리

1) 1차 조사의 결과

지금까지 공무원 노동조합에 관한 입법정책의 기본방향을 정립하기 위하여 공무원 및 시민을 대상으로 한 설문조사를 실시하고 통계적 방법을 활용하여 분석하였는바 그 결과를 종합하면 다음과 같다.

첫째, 현재 공무원의 처우에 대한 만족도에 관한 분석이다. IMF 경제위기 이후 공무원들은 공공부문의 구조조정과 공직부정부패에 대한 사정 등으로 공직생활에 대해 여러 가지 면에서 만족하고 있지 못한 것으로 판명되었다. 공무원의 만족도를 보면 전체 공무원 46.0% 이상이 불만족한 것으로 나타났다. 국가공무원의 불만족도 정도가 지방공무원 보다 더 높은 것으로 나타났다. 공직에 대한 불만족은 여러 가지로 나타날 수 있는데, 본 연구에서는 '경제적 처우 불충분'이 63.0%로 대다수를 차지하고 있고, 그 다음이 '인사행정의 불합리' '심리적인 불만족'이 8.9%, '책임 많고 권한이 적음'이 8.7%순으로 드러났다.

그리고 현재 공무원의 처우에 대한 인식조사에서 공무원 집단과 노조관계종사자는 일반시민과 대학생 집단보다 부정적이거나 만족하고 있지 않는 것으로 드러났다. 이러한 현상은 공무원의 처우를 개선할 제도적 장치의 부재, 일방적 희생의 강요 등에 대하여 공무원의 권익을 보호해 줄 단결체가 없는 점에 기인한다고 추정된다.

둘째, 공무원 노조의 필요성에 관한 조사분석이다. 공무원 노조의 필요성에 대해 전체적으로 보면 74.1%가 공무원 노조의 필요성을 강조하고 있었다. 이러한 것은 공무원은 국민 전체의 봉사자로서 공익 우선 위주로 업무를 해야 하겠지만, 일방적인 희생만을 강요당하지 않고, 그들의 업무를 소신 있게 할 수 있도록 공무원 노조의 조속한 허용이 이루어져야 한다는 소망을 표출한 것이라고 볼 수 있다.

여기서 일반시민은 노조의 필요성에 대해 '필요하다'가 42.6%로 다소 낮은 반면, 공무원 집단은 81.5%, 노조관계자는 78.7%, 대학(원)생 집단은 63.0%로 매우 높게 나타나고 있다. 일반시민이 공무원 노조 필요성에 대하여 다소 소극적인 것은 공무원이 시민을 볼모로 그들의 집단이익을 표출하면(특히 단체행동의 경우) 피해자는 시민이 될 것이라는 우려에 기인한 것으로 풀이된다.

셋째, 공무원 노동조합의 역기능에 관한 분석이다. 역대 정부는 공무원 노조의 역기능을 확대·과장하여 공무원 노조를 부인하여 왔는바, 그러한 이유는 공무원은 국민 전체의 봉사자이기 때문에 개인 이익을 위한 노동3권을 부여할 수 없다는 점, 공무원 노조는 최고 관리층의 정책결정, 집행과정에 관여하여 부하직원의 통솔과 행정능률에 방해가 된다고 보았기 때문이라는 이유가 지배적이었다.

또한 공무원 노조는 보수인상, 근무시간 단축 등 근로조건 개선 요구 시 물가상승, 재정압박 등으로 경제성장에 방해가 된다고 보았고, 노조허용의 결과 국민의 조세부담 증가를 가져온다는 점도 다수가 지적하였다. 공무원 노조가 정치적 중립성을 해쳐 정권유지·안정에 방해가 된다고 보았으며, 집단적 활동을 유발하여 사회혼란과 국가위기를 초래할 것으로 보는 등 여러 가지 이유가 있었던 것으로 지적되었다.

넷째, 공무원 노조의 순기능에 관한 분석이다. 분석결과 공무원 노조인정은 공무원의 업무만족도 증진, 서비스향상, 공무원들의 직업윤리 확립에 기여, 부정부패의 감소, 근무조건 및 복지증진 기여, 사기향상, 인사정책의 합리적인 운영에 기여, 대내행정의 민주화에 기여, 정책과정의 민주화기여, 행정업무의 참여계기 제공, 공무원 노조 간의 상호보완관계, 사회적인 분위기 성숙 등의 많은 순기능이 발휘되는 것으로 분석되었다.

다섯째, 공무원 노조의 조직대상과 노동기본권 인정범위의 인식에 대한 분석이다. 전체적으로 공무원 노조를 찬성하는 입장은 92.8%로 대다수를 차지하고 있었다. 어떠한 직종의 경우에도 모두 인정해서는 안 된다는 입장은 전체 응답자의 6.6%(공무원집단 2.9%, 시민집단 5.6%)에 불과하였다. 공무원 노조인정에 대하여 일반직과 기능·고용직 그리고 경찰·소방직 모두를 인정하자는 입장이 88.8%로 가장 많았고, 일반직과 기능·고용직만을 인정하자는 입장은 6.7%에 불과하였고, 일반직만 인정하자는 입장은 2.6%로 미미했다. 이로써 공무원의 직종에 관계없이 원칙적으로 모든 공무원에게 단결권을 인정하여야 노조인정을 한다는 데 대하여 의견이 거의 일치하였다는 것을 알 수 있다.

그 허용범위에 있어서 ① 일반직의 경우, 응답자의 39.0%가 6급 이하의 공무원에게 노조를 인정해야 한다고 응답하였다.

② 공무원 노조를 기능·고용직에 인정할 경우, 이 업무는 단순 업무 및 직접 현장에서 근무하는 공무원으로 모든 등급에 노조를 인정해야 한다는 입장이 41.9%이었고, 6등급 이하가 26.1%, 8등급 이하가 21.4%로서 결국 모든 등급에 노조를 인정해야 한다는 입장이 우세한 것으로 드러났다. 그런데 기능직 공무원의 등급은 1등급에서 10등급까지이지만 철도, 정보통신을 제외하고는 5등급 이상의 고위직은 거의 없는 실정이다. 따라서 기능직·고용직의 경우는 직급(등급)별 논의는 별 의미가 없으며 모든 직급에 대하여 노조허용을 하는 것이 바람직하다.

③ 경찰·소방직 공무원의 경우, 응답자의 30.8%가 경사(소방장) 이하에 노조허용을 찬성하였으며 29.0%가 경위(소방위) 이하를 찬성하였다. 따라서 경사(소방장) 이하부터 노조를 허용하는 것이 바람직하다고 하겠다.

④ 공무원 노동기본권 인정범위에 있어서 전체적으로 단체교섭권까지 허용하는 데 찬성하였으며 그중 공무원 집단은 노동3권 중 단결권과 단체교섭권만을 인정하자는 의견이 많았으나, 시민집단(일반시민, 대학생, 노조 관련 종사자 등)은 노동3권 모두를 인정하자는 의견이 다수를 차지하였다. 이러한 점으로 미루어 보아 시민집단이 공무원 노동기본권 인정범위에 있어서 보다 적극적임을 알 수 있었다.

특히 주목을 끄는 것은 경찰·소방직의 경우 단결권과 단체교섭권을 인정하자는 의견이 44.0%, 단결권, 단체교섭권, 단체행동권 모두를 인정하자는 의견도 39.6%인 것으로 드러났다.

2) 2차조사의 결과

공무원 노동조합법제의 단기적 입법방향을 구체적으로 산출하기 위한 2차 조사에서 나타난 분석결과를 종합하여 정리하면 다음과 같다.

첫째, 명칭과 관련하여 '공무원 노동조합'이 적당한 것으로 선택했고, 조합결성형태는 중앙직과 지방직이 분리된 노조형태를 찬성하였다. 그러나 지휘 · 감독직과 특수직 공무원에 대해서는 대체로 노조를 인정해서는 안 된다는 의견이 많았다. 해직자 및 실직자의 조합원 자격인정에 대해서는 기능 · 고용직 공무원은 찬성이 다소 우세하나 일반직은 반대가 다소 우세하며 경찰 · 소방직 공무원은 압도적으로 반대하여 전체적으로는 반대가 우세한 것으로 나타났다. 복수노조에 대해서는 부정적인 견해를 보였으며, 노조전임자에 대해서는 다수가 인정하자는 입장이었고, 전임자의 급여는 일차적으로 노동조합에서, 이차적으로 원소속 기관에서 지급하는 것이 좋겠다는 의견이 지배적이었다. 공무원 노조의 조합활동 장소로는 행정관청 내 조합사무실을 다수가 선호하였다. 유니온 샵은 인정하지 말자는 견해가 우세하였으며 부당노동행위구제는 별도기구에서 하자는 의견이 지배적이었다.

둘째, 공무원 단체교섭권에 대해 공무원 집단은 대부분 단체교섭창구를 단일화하는 것을 원하고 있었지만, 시민들은 찬성의 정도가 조금 낮았다. 정부 측 교섭대표로는 정부교섭 특별기구를 설치하자는 의견이 지배적이었다. 그리고 단체교섭에서 정책결정사항 및 순수 관리권한사항은 제외시켜야 한다는 의견이 많았다. 또 노조결정 시 단체협약체결권은 인정하자는 의견이 대다수를 차지하였다. 한편 공무원노동문제를 전담해서 처리하는 독립된 특별기구(가칭 공무원노동관계특별위원회)의 설치에 대해서는 압도적으로 지지하였다.

셋째, 단체행동권의 경우, 공무원 단체행동권까지 인정하자는 것에 대해서는 다소 부정적이었으나 인정한다면 참가범위와 방법에 대해 특별히 규율하자는 의견도 다소 많았다. 그리고 강제중재제도 도입에 대해선 대체로 찬성이 많았다.

넷째, 공무원 노조가 인정될 경우 공무원노동관계에도 기존의 공무원직 장협의회와 별도로 노사협의회를 설치하여야 한다는 의견이 지배적이었다. 또한 노사협의회에서 공무원의 고충을 처리하자는 의견이 많았다. 그리고 현재 설치 운영 중인 직장협의회에 대해서는 다소 부정적이며 그 기능을 다하지 못하고 있는 것으로 보았다.

2. 단기적 입법방향

국민의식조사 분석결과를 토대로 삼아 우리나라 공무원과 시민의 의식 수준을 고려한 적실성 있는 공무원 노동조합법제의 단기적 입법방향을 다 음과 같이 정리해 볼 수 있다.

1) 공무원 노동조합의 조직대상

(1) 공무원노조조직 대상공무원의 직종에 있어서는 가급적 단결권 인정 범위를 넓혀 일반직 공무원, 기능·고용직 공무원뿐만 아니라 경찰·소방 직 공무원에 대해서도 단결권을 인정한다. 다만 군인과 전술한 특수직에 종사하는 공무원은 제외하도록 한다.

단결권 인정 대상 공무원의 직종에 대해서는 일반직, 기능·고용직뿐만 아니라 경찰·소방직 공무원까지 인정하자는 입장이 전체 응답자의 88.8% 로 가장 많았고 일반직과 기능·고용직까지만 인정하자는 입장은 6.7%에 불과하였다. 그러므로 그동안 논의에서 제외되었던 경찰·소방직 공무원의 단결권 불인정에 관하여는 외국의 입법례를 참조하여 긍정적인 검토를 요 한다고 하겠다.

우리나라 경찰조직은 역대정권으로부터 집권의 수단으로 전락되어 경찰

공무원은 역사적으로 정치적 희생물이 되어 왔다는 비판을 받고 있다. 그 동안 경찰조직은 민생치안이라는 고유 업무는 뒷전에 밀려나고 정치적인 시국문제와 관련된 과중한 업무에 시달려 온 것은 공지의 사실이라고 할 수 있다. 그 결과 경찰공무원의 사기와 질이 떨어지고 국민들로부터는 비 난의 대상이 되어 왔다. 그러므로 경찰의 정치적 중립성 및 경찰행정의 민 주화를 위하여 최소한 단결권만이라도 보장하는 방안을 검토할 시점에 왔 다고 하겠다. 물론 단결권만으로는 커다란 힘은 될 수 없겠지만 조직화의 특성으로 인하여 사기의 앙양과 직업윤리 확립에 기여하고 그동안 문제시 되어 왔던 불법 부당한 상관의 명령에는 노동조합이라는 단결체의 힘으로 이를 제지하여 경찰행정의 중립화 및 민주화에 크게 기여할 수 있을 것으 로 생각된다.

(2) 일반직은 6급 이하, 기능·고용직은 전 등급에 걸쳐 그리고 경찰· 소방직은 경사(소방장) 이하까지 단결권을 인정한다.

단결권 인정 대상 공무원의 직급에 대해서는 그동안의 논의 내지 합의 에서 본 바와 같은 일반직 6급 이하가 가장 많은 지지를 받고 있으므로 별 문제는 없을 것이다. 경찰·소방직 공무원의 단결권이 인정될 경우에는 가 장 많은 지지를 하고 있는 경사(소방장) 이하까지 허용하도록 하여야 할 것이다.

2) 공무원 노동기본권의 인정범위

단결권이 인정되는 공무원에 대하여 단체교섭권까지 보장하도록 하되 단체행동권은 금지한다.

단결권이 인정될 경우 일반직 공무원, 기능·고용직 공무원뿐만아니라 경찰·소방직 공무원에 대해서도 단체교섭권까지는 허용하자는 의견이 가 장 많은 지지를 받고 있으며 단체행동권은 어느 직종 공무원에 대해서도 다수가 찬성하지 않고 있다.

특히 이에 관하여는 1998년 2월 6일 노사정위원회에서도 합의가 이루어

266

진 바 있음을 감안할 때 더욱 그러하다. 즉, 공무원의 노동조합 결성권 보장방안은 국민적 여론수렴과 관련 법규의 정비 등을 고려하여 추진하기로 하면서 단체행동권은 인정하지 않기로 합의하였던 것이다.

3) 공무원 노동조합의 조직 및 구성

(1) 명칭 및 조합결성의 형태

가) 공무원 노동조합의 명칭은 공무원 노동조합으로 한다. 공무원 노동조합의 명칭에 대해서는 응답자의 압도적 다수인 87.8%가 공무원 노동조합을 선호하였다. 공무원 노동기본권 보장의 당위성을 인정한다면 공무원 단결권 행사의 산물인 단결체의 명칭은 민간부문 근로자의 그것과 다르게 규정해야 할 아무런 논리적 이유가 없다.

나) 국가직 공무원과 지방직 공무원은 각기 분리된 조합구성을 하여 국가직은 소속부처를 초월한 전국 차원의 노동조합을, 지방직은 광역자치단체 단위의 지역 노동조합을 설립하도록 한다. 공무원 노조의 조합결성형태에 대해서는 응답자의 다수인 65.0%(공무원은 68.2%)가 국가직과 지방직이 분리된 노조형태를 지지하였다. 외국의 입법례처럼 자유로운 조직형태를 지지하는 의견은 소수에 불과하였다.

다) 복수노조는 인정하지 않는다. 민간부문 노조처럼 복수노조를 인정하자는 의견에 대해서 응답자의 61.4%(공무원의 경우 63.8%)가 반대하고 있다. 원활한 교섭과 노사관계의 안정을 위하여 공무원 노조에 대해서는 복수노조를 인정하지 않도록 한다.[61] 이 점에 있어서는 교원노조법과 달리 규율되어야 할 것이다.

---

61) 복수노조를 인정하는 것은 당사자의 선택의 자유를 보호한 것이다. 그러나 한편으로 복수노조 난립으로 교섭권의 혼란이 초래될 가능성이 있고, 그로 인하여 인적·물적 자원의 낭비와 행정능력의 약화를 가져올 수도 있다는 점도 간과할 수 없을 것이다. 그러나 장기적으로는 근로자의 노조선택의 자유를 보장하되 교섭 상대자인 사용자의 권리도 또한 보장해 주는 조치를 동시에 취하는 방안이 모색되어야 한다. 그렇다면 교섭창구 일원화를 전제로 복수노조를 인정해도 무방할 것으로 생각된다.

라) 분석결과에 나타난 국민의식 수준에서 볼 때 공무원 노조는 정치활동이 허용되는 외부 노동단체에의 가입을 제한하도록 하는 것이 바람직한 것으로 생각된다. 물론 공무원 노조가 자생력이 강화되어 그 기반이 공고히 다져질 때까지 한시적으로 제한해야 할 것이다.

(2) 조합원 자격제한

가) 지휘·감독의 직책이나 인사, 예산, 경리, 비서, 안전, 보안 등 특수직에 종사하는 공무원의 조합가입자격을 제한한다.

지휘·감독의 직책이나 인사, 예산, 경리, 비서, 안전, 보안 등 특수직에 종사하는 공무원의 조합가입 자격제한에 대해서는 전체적으로 찬성이 우세하므로 조합가입자격을 제한한다. 다만 시민과 기능·고용직 공무원의 경우에는 반대가 우세한 점과 ILO 및 외국의 입법례를 감안하여 장기적으로는 전술한 바와 같이 제한을 완화하는 방안이 바람직하다고 하겠다.

나) 해고자·실직자 등의 공무원 노조조합원·임원자격을 제한한다.

해고자·실직자 등의 공무원 노조조합원·임원자격에 대하여는, 전체적으로 반대가 우세하므로 인정하지 않는다. 다만 기능·고용직 공무원인 경우 찬성이 우세한 점과 ILO 제87호 협약 제2조의 '근로자단체 설립 및 가입의 자유' 원칙, 동 협약 제3조의 '대표자 선출의 자유' 원칙에 충실하고 일본 등 대부분 외국의 입법례를 감안하여, 장기적으로는 전술한 바와 같이 조합이 스스로 결정하도록 한다.

(3) 노조전임자

공무원 노조에도 노조전임자제도를 인정하되 전임자의 임금은 조합이 부담토록 한다.

민간부문 노조와 같은 노조전임자를 공무원 노조에도 인정하자는 의견이 압도적 다수를 차지하고 있으므로 공무원 노조에도 전임자제도를 인정한다. 이미 인정된 교원노조도 동일하게 인정되고 있다. 공무원 노조전임자의 임금지급에 대해서는 노조부담이 상대적으로 가장 많은 지지를 보이고

268

있으므로 정부가 지급하지 않고 노조에서 부담토록 한다.[62]

일본의 입법례와 교원노조법을 참조하여 공무원이 재직전임자가 되기 위해서는 소속기관의 장의 허가를 얻도록 한다. 이 허가는 소속기관장이 상당하다고 인정되는 경우에 줄 수 있도록 한다. 또 이 허가에는 유효기간을 붙이도록 하되, 그 기간은 일정한 범위 내로 정하도록 한다. 재직전임자의 허가를 받은 공무원 또는 교원은 그 허가가 효력을 갖는 기간에는 휴직자로 되고 어떠한 급여도 지급받지 않는 것으로 규정한다. 이는 휴직자로 됨으로써 공무원으로서의 신분은 보유하지만 직무에 종사하지 않는 지위에 있게 되기 때문이다.

(4) 조합활동의 장소

공무원 노조의 조합활동 장소는 행정관청 내 조합사무실로 한다. 행정관청 외의 조합사무실이나 행정관청이 아닌 곳을 지지하는 의견도 상당하지만 행정관청 내에 조합사무실을 이용하도록 허용하는 것이 바람직하다고 하겠다.

(5) 유니온 샵(union shop)과 부당노동행위

가) 유니온 샵을 인정하지 않고 open shop으로 한다.

조직강제를 위한 유니온 샵에 대해서는 다수가 반대하고 있으므로 인정하지 않고 가입과 탈퇴가 자유로운 open shop으로 한다. 이것은 실적주의 및 공무원의 신분보장제에도 적합한 것으로서 타당하다고 할 수 있다.

---

62) 조합전임자의 임금지급문제는 노사단체 간에 이해가 첨예하게 대립되기 때문에 가장 많은 논난과 우여곡절을 거친 쟁점 가운데 하나이다. 사용자가 노동조합전임자의 급여를 지원하는 관행은 우리나라 노사관계의 특수성을 잘 나타내고 있다. 조합원 및 노조임원의 자격을 특정 기업의 소속 근로자로 국한해 온 법제, 기업별 노조를 근간으로 하는 노동조합의 조직체계 등이 복합적으로 작용한 결과이다. 오랜 기간에 걸쳐 형성된 이러한 관행을 법률에 의하여 제한·금지한 입법(1997. 3. 13)은 우리나라 노동운동 및 노사관계에 많은 영향을 미칠 것으로 보인다. 공무원 노동조합의 경우에는 조합 측이 부담함으로써 일단 해결될 수 있을 것으로 생각된다.

나) 부당노동행위에 관한 규정은 공무원 노사관계에도 적용하되 부당노동행위구제는 별도의 독립된 기구에서 다루도록 한다. 독립기구로는 미국의 연방노사관계원(FLRA)과 유사한 기구를 설치하여 부당노동행위구제, 공무원 노사분쟁조정 등 공무원 노동관계에 관한 제반업무를 전담하도록 한다.

4) 공무원 노동조합의 단체교섭

(1) 교섭구조

가) 공무원 노조의 단체교섭 창구는 단일화하도록 한다.

복수노조가 인정될 경우에도 단체교섭 창구 단일화에 대하여 다수가 지지하고 있으므로 교섭의 원활 및 노사관계의 안정을 위하여 교섭창구는 단일화하도록 한다. 이미 인정된 교원노조의 경우에도 동일하다.

나) 공무원 노조의 교섭상대인 정부교섭대표로 정부교섭 특별기구를 설치한다.

공무원 노조의 교섭상대인 정부교섭대표로는 다수가 정부교섭 특별기구를 지지하고 있는바 정부교섭 특별기구에서 단체교섭을 전담토록 하는 것이 바람직하다.

(2) 교섭사항

정책결정사항이나 순수한 관리권한사항은 교섭사항에서 제외하도록 한다.

교섭사항 중 가장 쟁점이 되는 것이 정책결정사항이나 순수한 관리권한사항도 포함되느냐 하는 것인바 다수가 포함되지 않는다고 하였다. 따라서 정책결정사항이나 순수한 관리권한사항은 교섭사항에서 제외한다. 그러나 장기적으로는 전술한 바와 같이 인사권에 관한 사항이라도 승진이나 전보의 기준처럼 근무조건에 관련된 사항은 교섭사항에 포함시키는 것처럼 정책결정사항이나 관리권한사항이라도 결과적으로 근무조건에 영향을 미치는 경우 그 한도 내에서 교섭사항에 포함시키는 것이 바람직하다고 하겠다.[63]

(3) 협약체결권

공무원 노조의 단체협약체결권을 인정하되 체결된 단체협약은 법령, 조례 및 예산의 범위 내에서만 그 효력을 인정하도록 한다.

공무원 노조의 단체협약체결권 인정에 대해서는 압도적 다수가 지지하고 있으므로 협약체결권을 인정한다.

그런데 국가공무원 및 지방공무원의 단체교섭권 및 단체협약체결권 행사의 결과는 국가 및 지방자치단체의 재정지출과 관련이 있다.

그러므로 체결된 단체협약은 공무원의 급여 등 근무조건 결정의 특수성을 감안하여 관련 법령, 조례 및 예산의 범위 내에서만 그 효력을 인정함이 바람직하다고 본다. 교원노조의 경우에도 동일하다. 그런데 공무원의 쟁의권이 전면 부인되는 점을 감안하면 교섭이 결렬된 경우에 이를 조정할 수 있는 제도적 장치를 완벽하게 마련할 필요가 있다.

(4) 특별기구

공무원 노사관계에 있어서 부당노동행위의 구제, 공무원 노동관계의 쟁의조정 등 공무원 노동관계업무를 전담할 특별기구 가칭 공무원 노동관계 특별위원회를 독립기구로 설치한다.

공무원 노동관계업무를 전담할 독립기관 가칭 공무원 노동관계 특별위원회의 설치를 압도적 다수가 지지하고 있다. 특별기구는 대통령 직속의 합의제기관으로 하되 독립성과 중립성이 보장되어야 하며 미국의 연방노사관계원(FLRA)과 유사한 기능을 담당토록 한다.[64]

---

63) 정책결정 관련 사항이라도 예컨대 교원노조의 경우 정부는 "교육과정·교육기관 및 교육행정기관의 관리·운영에 관한 사항 등"은 교섭 제외대상으로 명문화할 것을 주장하였으나, 노동계의 강한 반발로 실현되지 않았다. 그러나 근로조건과 관련되는 교육정책사항의 범위를 둘러싸고 논란이 계속되고 있을 뿐만 아니라, 정부가 이러한 문제에 관하여 쉽게 교섭에 응할지도 의문이다. 교원노조의 결성 및 법제화의 중요한 취지는 교원의 근로조건 개선뿐만 아니라 교육현장의 개혁에 있는 것이며, 교섭의 안정을 위해서도 장기적으로는 교섭사항에 교육정책 관련사항이 포함되어야 할 것이다.(김소영, 전게논문, p.11 참조)
64) 우리나라 공무원의 노동문제를 전담할 기구논의에 있어서 전술한 미국의

5) 공무원 노동조합의 단체행동

(1) 단체행동권의 허용범위

공무원 노동조합의 단체행동권은 인정하지 않는다.

공무원 노동조합의 단체행동권을 허용한다고 가정할 경우에도 그 허용범위에 대하여는 원천적으로 허용하지 말자는 의견이 상대적으로 가장 우세하며 공무원의 경우가 시민의 경우보다 우세하다. 요컨대 공무원 노조의 단체행동권을 인정하지 않기로 한다. 이에 관하여는 1998. 2. 6. 노사정위원회에서도 합의가 이루어 진 바 있음을 감안할 때 더욱 그러하다. 다만 인정하되 쟁의행위 참가범위와 방법에 대해 특별규율한다는 의견도 상당하므로 전술한 바와 같이 장기적으로는 고려할 사항이라 할 것이다.

(2) 강제중재제도

공무원 노조에 직권에 의한 강제중재제도를 도입한다.

공무원의 단체행동권이 인정되지 않으므로 공무원 노조와 정부와의 단체교섭결렬에 대비하여 직권에 의한 강제중재제도를 도입해야 한다는 의견이 다수의 지지를 받고 있는바 공무원 노조에도 기존의 교원노조와 마찬가지로 직권에 의한 강제중재제도를 마련한다.

그러나 현행법상 단체협약체결을 강제하는 효과를 갖는 강제중재는 중재의 개시를 당사자의 의사에 관계없이 직권에 맡김으로써 결국 공무원의 단체교섭권 및 단체협약체결권을 근원적으로 제약하는 결과를 가져오므로 이는 기본권의 필요 최소한도제약의 원칙에도 배치되고 공무원의 쟁의권을

FLRA가 시사하는 바가 크다. 우선 FLRA가 초당적 행정기구로 준사법기관이며, 대통령이 상원의 동의를 얻어 임명하기 때문에 신분 및 독립성에 있어서 강한 보장을 받고 있다는 점에서 또한 외부의 간섭과 통제를 벗어나 공정하고 중립적인 입장에서 공무원 노동관계업무를 수행할 수 있다는 점에서 시사하는 바가 크다고 하겠다. 우리나라에 이와 같은 제도가 도입되면, 감사원과 같이 준사법·준입법적인 기구로 공정한 입장에서 공무원의 노동문제를 다룰 수 있으리라 생각되며 이러한 특별기구를 통해서 공무원 노동조합이 허용될 경우의 충격과 혼란을 어느 정도 처리할 수 있을 것으로 전망된다.

272

전면적으로 금지하는 법제하에서 강제중재는 문제해결을 오히려 왜곡시키고 장기적으로는 자생력 있는 노사관계의 발전을 저해할 수 있다고 보는 견해도 있다.[65] 요컨대 가능한 한 강제중재 방식보다는 당사자 간의 자주적인 해결을 조장해 나가는 방식이 바람직하다고 하겠다.

6) 공무원 노동조합과 노사협의회

(1) 노사협의회

공무원 노조가 허용될 경우 공무원 노동관계에도 근로자 참여 및 협력증진에 관한 법률에 의거한 노사협의회를 설치할 수 있도록 허용한다.

공무원 노동관계에도 민간부문과 마찬가지로 노사협의회가 기존의 공무원직장협의회와 별도로 설치되어야 한다는 의견이 압도적이었다. 노사협의회적 성격을 띠고 있는 공무원직장협의회가 아직 그 존재가치를 인정받지 못하고 있는 현실을 시사한다고 볼 수 있다. 요컨대, 노사협의회를 통하여 의무적 교섭대상사항이 아닌 사항(예컨대 교원노조에 있어서 교과과정 편성)에 대하여도 사용자가 일방적으로 결정하기보다는 공무원들의 의사를 수렴할 수 있는 제도적 장치로 적극 활용하도록 하는 것이 바람직하다. 이러한 점에서 보면 공무원 노동관계에 있어서 노사협의회는 단체교섭제도와 두 수레바퀴를 이루어 상호보완적인 기능을 수행해 나가면서 이들의 권익보호와 노사관계 안정·발전에 기여하는 방향으로 운영되어야 할 것이다.[66]

공무원 노사협의회를 구성할 경우 전술한 독일의 직원협의회제도를 참조하는 것이 바람직하다고 본다.

(2) 고충처리

고충처리의 바람직한 해결기구로는 다수가 노사협의회를 선택하였다. 공무원직장협의회를 선택한 응답자는 극소수이었다. 공무원의 고충처리는 기

---

65) 박길상, 전게논문, p.268.
66) 박길상, 전게논문, p.287.

존의 고충심사위원회나 공무원직장협의회와는 별도로 공무원 노사협의회에서 처리하도록 유도한다.

(3) 공무원직장협의회

공무원 노조가 허용될 경우 기설치된 공무원직장협의회는 노사협의회에 통합하도록 하되 노사협의회가 구성될 때까지는 존속시키도록 한다.

공무원직장협의회가 공무원 권익보호에 많은 역할을 할 것이라는 의견에 대하여 응답자의 다수가 반대하였다. 다만 시민들은 찬성이 많았는데 이것은 공무원직장협의회에 대한 정확한 정보가 부족한 것으로 추정된다. 공무원의 직장협의회의 설치 및 가입률은 1차 조사결과에서 보았듯이 저조한 실정에 있었다.[67] 분석결과로 보았을 때 공무원직장협의회는 공무원 노사협의회에 통합되는 것이 바람직한 것으로 보이나 노사협의회가 구성되어 정상 운영될 때까지는 존속시키도록 하는 것이 바람직하다.

---

67) 현행 공무원직장협의회는 협의사항의 한정 등 기능적 한계와 근무시간 중 활동금지, 전임자제도 불인정, 사무실 미지원 등의 불합리한 법적 제약으로 활동에 많은 어려움을 겪고 있으며 이러한 제약으로 인하여 공무원들의 기대는 별로 크지 않으며, 관리층 역시 별 힘이 없는 직장협의회를 존중하지 않고 있는 실정임을 1999년 10월 25일 대구광역시 직장협의회 소속 공무원원들과의 면담에서 확인된 바 있다.

제5장 결 론

1. 입법방향의 기초

1) 지금까지 공무원 노동조합법제의 입법방향을 연구하기 위하여 장·단기적 입법방향으로 구분하여 조사분석하여 보았다.

공무원 노동조합법제의 입법을 추진함에 있어서 근본적으로는 '인간의 존엄과 가치', '모든 국민의 인간다운 생활의 보장' 및 '근로자의 노동기본권의 보장' 등을 규정한 헌법과 이들 규정을 근거지우는 헌법정신이나 이념 등이 입법방향의 출발점이 되어야 할 것이다. 특히 헌법상 기본권으로서 노동기본권을 규정하고 있는 헌법의 이념 또는 기본정신을 최우선으로 하여야 할 것이며 ILO의 국제노동기준과 주요외국의 입법례에 따른 국제적으로 보편화된 노동법규범을 존중하여야 할 것이다. 이것은 물론 우리나라의 ILO가입이라는 사실도 당연히 중요한 고려요소가 되어야 할 것이기 때문이다.

그러므로 우리나라 공무원 노동조합법제의 입법방향은 장기적으로는 ILO 등 국제노동기준을 최대한 수렴하는 방향(장기적 입법방향)으로 추진해야 할 것이나 단기적으로는 노사관계 당사자가 처한 노사현실과 노사관행, 국민의식수준이나 노사관계당사자의 의식수준 등을 고려한 적실성 있는 입법이 추진되어(단기적 입법방향) 공무원노동기본권이 단계적으로 확대되는 방안을 채택하여야 할 것이다.

단기적으로 적실성 있는 입법방향을 수립함에는 본 연구의 국민의식조사 분석결과가 일조할 수 있을 것으로 사료된다. 물론 조사대상지역이 서울과 대구·경북으로 한정되고 조사대상 공무원에 있어서도 국가직 공무원보다 지방직 공무원이 다소 많이 차지한 점 등에서 표본의 대표성에 한계를 지니고 있으므로 보다 광범한 조사를 위한 후속 연구가 절실히 필요하다고 하겠다.

2) 공무원 노동조합법제의 입법에 관하여 논의할 때마다 그 입법체계를 어떻게 하여야 할 것인가 하는 문제(정합성의 문제)는 중요한 쟁점이 되어 왔다. 특히, 교원의 노동조합 결성권 보장을 위한 1998년의 입법과정에서 입법체계 문제는 큰 쟁점으로 논란이 되었다. 즉, 1998. 2. 6. 노사정위원회에서 '정부는 1999년 7월부터 교원의 노동조합 결성권이 보장되도록 1998년 정기국회에서 관련 법률의 개정을 추진한다'라는 대타협을 이루어내고, 이에 따라 입법체계 등 구체적인 입법내용에 관하여 논의하였으나 그 과정에서 관련 기관·단체의 의견이 달라 많은 진통과 어려움이 수반되었다. 예를 들면, 교원의 노동조합 결성권 보장방안에 대하여 노동관계법에서 규정할 것인가, 교육관계법을 개정하여 규정할 것인가, 또는 별도의 특별법을 제정할 것인가 등을 둘러싸고 많은 논란이 제기되었었다.[68]

이러한 견해 차이는 공무원 노동조합법제를 둘러싼 입법체계 및 형식을 공무원 노동조합에 대한 인식·시각이나 구체적인 입법내용과 밀접하게 연관짓고 있기 때문에 생겨나는 것으로 보인다.

요컨대 공무원의 '근로자성'이 인정되는 한 이에 토대를 둔 '노동관계'는 노동법의 영역 안에서 규율되어야 할 것이다. 따라서 공무원 노동조합법제의 입법을 추진함에는 헌법 제33조에 기초하여 교원노조법의 경우처럼 공무원법과 달리 별도의 법률로 노동법의 영역에서 규율하여야 한다. 이 경우 교원노조법의 내용이 공무원 노조법에도 적지 않게 참조될 수 있을 것이다.

---

[68] 「교원의노동조합설립및운영등에관한법률」을 노동관계법으로 분류하는 것은 잘못이라는 견해가 있다. 이 견해는 동법을 노동관계법으로만 분류한다면, 동법 제1조가 "국가공무원법 제66조 1항 및 사립학교법 제55조의 규정에도 불구하고"라는 표현은 필요 없으며, 그 이유는 국가공무원법이나 사립학교법은 교육공무원에게 직접 적용되는 교육관계법이기 때문이라고 한다. 따라서 법체계에 관한 근거규정인 동법 제1조는 이 법이 노동관계특별법인 동시에 교육관계일반법이라고 한다(허종열, "교원노조 법제화의 의의, 내용과 향후 발전과제", p.41, 교원노조의 발전방향에 관한 토론회, 한국노동연구원, 1999. 2. 5). 이 밖에 교원노조법의 쟁점에 관한 상세한 내용은 김소영, "교원의노동조합설립및운영등에관한법률의 쟁점과 과제", 한국노동법학회 1999년 춘계정책토론회자료집, pp.9~16; 이철수, "교원의 단결권", 「노동법학」 제8호, 한국노동법학회, 1999, pp.535~562 참조.

2. 장·단기적 입법방향

제3장과 제4장에서 분석한 우리나라 공무원 노동조합법제의 장·단기적 입법방향을 요약하면 다음과 같다.

1) 공무원 노동조합의 조직대상

단기적으로는 단결권 인정 대상 공무원의 직종에 대해서 일반직 공무원, 기능·고용직 공무원뿐만 아니라 경찰·소방직 공무원까지도 단결권을 인정하도록 한다.

일반직, 기능·고용직뿐만 아니라 경찰·소방직 공무원까지 인정하자는 입장이 전체 응답자의 88.8%로 가장 많았고 일반직과 기능·고용직까지만 인정하자는 입장은 6.7%에 불과하였다. 그러므로 그동안 논의에서 제외되었던 경찰·소방직 공무원의 단결권 불인정에 관하여는 장기적 방향뿐만 아니라 단기적 방향에서도 신중한 검토를 요한다고 하겠다.

장기적으로는 군대를 제외하고 원칙적으로 모든 직종의 공무원에게 차별 없이 단결권을 인정하도록 한다.

허용직급(직책)에 있어서는 단기적으로는 일반직은 6급 이하, 기능·고용직은 전등급에 걸쳐 그리고 경찰·소방직은 경사(소방장) 이하까지 단결권을 인정하도록 한다.

단결권 인정 대상 공무원의 직급에 대해서는 그동안의 논의 내지 합의에서 본 바와 같은 일반직 6급 이하가 가장 많은 지지를 받고 있으므로 별 문제는 없으나 외국의 입법례와 같이 점진적으로 상향허용하는 것이 바람직하다고 하겠다. 경찰·소방직 공무원의 단결권을 인정하게 될 경우에는 가장 많은 지지를 받고 있는 경사(소방장) 이하까지 허용하고 점진적으로 상향허용하도록 하여야 할 것이다. 또한 단기적으로는 지휘·감독의 직책이나 인사, 예산, 경리, 비서, 안전, 보안 등 특수직에 종사하는 공무원의 조합가입 자격제한을 제한한다. 지휘·감독의 직책이나 인사, 예산, 경리,

비서, 안전, 보안 등 특수직에 종사하는 공무원의 조합가입 자격제한에 대해서는 전체적으로 찬성이 우세하므로 조합가입자격을 제한하도록 한다.

ILO의 국제노동기준인 ILO 제151호 협약(공공부문의단결권보호및고용조건의결정을위한절차에관한협약)에 의하면 전술한 바와 같이 공공부문 근로자 중에서 정책결정 또는 관리에 관계하고 있다고 통상적으로 생각되는 직무를 가진 고위직에 있는 근로자 또는 고도의 기밀적인 성질의 임무를 가진 근로자에 관하여 이 협약에서 규정하는 보장을 적용하는 범위는 국내 법령으로 하도록 하고 있다(제1조 제2항). 그러나 주요국가는 대부분 제한이 없으며 일본의 경우는 전술한 바와 같이 관리직에 종사하는 공무원에 대하여 단결권을 인정하되 관리직 이외의 직에 종사하는 일반공무원과는 별개의 직원단체를 조직하도록 하고 있다.

그러므로 장기적으로는 군대를 제외하고는 모든 직종 및 모든 직급 공무원에게 단결권을 인정하는 것이 바람직하며 경찰직의 경우는 직급에 따라 단계적으로 상향조정하여 외국의 입법례와 같이 전면적으로 인정해 나가도록 함이 바람직하다고 하겠다.

해고자 · 실직자의 조합원 · 임원자격에 있어서는 단기적으로는 전체적으로 반대가 우세하므로 인정하지 않는다. 다만 기능 · 고용직 공무원 경우 찬성이 우세한 점과 ILO 제87호 협약 제2조의 '근로자단체 설립 및 가입의 자유' 원칙, 동 협약 제3조의 '대표자 선출의 자유' 원칙에 충실하고 일본 등 대부분 외국의 입법례를 감안하여, 장기적으로는 조합이 스스로 결정하도록 한다.

조합전임자제도에 있어서는 단기적으로는 공무원 노조에도 노조전임자제도를 인정하되 전임자의 임금은 조합이 부담하도록 한다.

민간부문 노조와 같은 노조전입자를 공무원 노조에도 인정하자는 의견이 압도적 다수를 차지하고 있으므로 공무원 노조에도 전임자제도를 인정한다. 이미 인정된 교원노조의 경우도 동일하게 인정되고 있다. 공무원 노조전임자의 임금지급에 대해서는 가장 논란이 많은 문제이지만 노조부담이 상대적으로 가장 많은 지지를 보이고 있으므로 정부가 지급하지 않고 노조에서 부담하도록 한다.

장기적으로는 전임자 임금지급문제를 법률로 정하지 않고 노사자치에 맡기도록 한다.

2) 공무원 노동조합의 조직 및 구성

조합결성의 형태에 있어서 단기적으로는 국가직 공무원과 지방직 공무원은 각기 분리된 조합구성을 하여 국가직은 소속부처를 초월한 전국 차원의 노동조합을, 지방직은 광역자치단체 단위의 지역 노동조합을 설립하도록 한다. 공무원 노조의 조직형태에 대해서는 응답자의 다수인 65.0%(공무원은 68.2%)가 국가직과 지방직이 분리된 노조형태를 지지하였다. 외국의 입법례처럼 자유로운 조직형태를 지지하는 의견은 소수에 불과하였다.

장기적으로는 공무원 노조조직형태에 대하여 외국의 입법례처럼 법률상 특별한 제한 없이 자유로이 조직할 수 있도록 한다. 직종별로 다양한 조직구조를 갖도록 허용하도록 한다.

복수노조에 있어서 단기적으로는 인정하지 않는다. 민간부문처럼 복수노조를 인정하자는 의견에 대해서 응답자의 61.4%(공무원의 경우 63.8%)가 반대하고 있다. 원활한 교섭과 노사관계의 안정을 위하여 공무원 노조에 대해서는 복수노조를 인정하지 않도록 한다.

그러나 ILO는 복수노조 금지는 국제규범 및 관행에 일치하지 않는다는 입장을 견지하고 있다. ILO는 이러한 판단의 근거를 결사의 자유에 관한 ILO 협약 제87호와 단결 및 단체교섭권에 관한 협약 제98호에 두고 있다. 이러한 견해는 일반근로자는 물론 공무원이 결성하는 노동조합의 경우에도 똑같이 적용된다.

또한 유럽의 모든 단체교섭제도의 특징은 복수노동조합주의에 있으며 일본에서도 복수노조는 허용되며 사용자는 모든 노동조합의 교섭권을 인정하도록 하고 있다. 이미 인정된 교원노조의 경우도 전술한 바와 같이 복수노조가 허용되고 있다.

그러므로 장기적으로는 우리나라 공무원 노조의 경우 복수노조허용 방향으로 나가야 할 것이다.

조직강제제도는 장·단기적으로 모두 인정하지 않는다. 부당노동행위제도는 장·단기적으로 모두 인정하도록 한다.

3) 공무원 노동조합의 단체교섭

교섭구조(교섭창구단일화)에 있어서는 단기적으로는 공무원 노조의 단체교섭 창구는 일원화하도록 한다. 복수노조가 인정될 경우에도 단체교섭 창구 단일화에 대하여 다수가 지지하고 있으므로 교섭의 원활 및 노사관계의 안정을 위하여 교섭창구는 단일화하도록 한다. 이미 출범한 교원노조의 경우에도 동일하다. 공무원 노조의 교섭상대방으로 정부교섭대표 특별기구를 구성하도록 한다.

공무원 노조가 복수노조일 경우 교섭창구의 단일화 문제에 있어서는 장기적으로는 결사의 자유와 단체교섭권의 보장이라는 측면에서 노사자율에 일임하도록 하는 것이 바람직하다.

교섭사항 중 단기적으로는 정책결정사항이나 순수한 관리권한사항은 교섭사항에서 제외하도록 한다. 교섭사항 중 가장 쟁점이 되는 것이 정책결정사항이나 순수한 관리권한사항도 포함되느냐 하는 것인바 다수가 포함되지 않는다고 하였다. 따라서 정책결정사항이나 순수한 관리권한사항은 교섭사항에서 제외하도록 한다.

인사권에 관한 사항이라도 승진이나 전보의 기준은 근무조건에 관련된 사항으로 교섭사항에 포함시키는 것처럼 장기적으로는 정책결정사항이나 관리권한사항이라도 결과적으로 근무조건에 영향을 미치는 경우 그 한도 내에서 교섭사항에 포함시키는 것이 바람직하다고 하겠다. 요컨대 장기적으로는 의무적 교섭사항의 확대가 바람직하다고 하겠다.

협약체결권에 있어서 단기적으로는 공무원 노조의 단체협약체결권을 인정하도록 하되 체결된 단체협약은 법령, 조례 및 예산의 범위 내에서만 그 효력을 인정하도록 한다. 공무원 노조의 단체협약체결권 인정에 대해서는 압도적 다수가 지지하고 있으므로 협약체결권을 인정하도록 한다.

기본적으로 모든 나라에 있어서 공무원의 노동관계를 사용자인 정부가 단독으로 결정하는 것이 아니라 노사 쌍방 의견을 교환하여 결정한다는 점에서 노동관계의 민주성 내지 합리성을 도모하려는 의도가 제도적으로 반영되어 있다고 하겠다. 따라서 장기적으로는 공무원 노동조합에 대하여 단체협약체결권을 보장하되 재정민주주의의 원칙과 조화될 수 있는 방안을 모색하는 것이 타당하다고 본다.

4) 공무원 노동조합의 단체행동

단기적으로 공무원 노동조합의 단체행동권은 인정하지 않도록 한다. 공무원 노동조합의 단체행동권을 허용한다고 가정할 경우 그 범위에 대하여는 원천적으로 허용하지 말자는 의견이 상대적으로 가장 우세하였으며 공무원의 경우가 시민의 경우보다 우세하였다. 요컨대 공무원 노조의 단체행동권을 인정하지 않도록 한다.

장기적으로는 직무의 공공성이 현저하여 그 수행이 정지될 경우에 공공의 이익 내지 국민생활에 중대한 위협이 될 것으로 판단되는 직무에 종사하는 공무원에 대하여는 제한하되 그 외의 공무원에게는 단체행동권을 허용하는 것이 바람직하다. 미국의 일부 주에서 쟁의행위를 제한적으로 인정하고 있는 방식을 신중히 검토해 볼 필요가 있다.

강제중재제도에 있어서 단기적으로는 공무원 노조에 직권에 의한 강제중재제도를 도입하도록 한다. 즉 공무원의 단체행동권이 인정되지 않으므로 공무원 노조와 정부와의 단체교섭결렬에 대비하여 직권에 의한 강제중재제도를 도입해야 한다는 의견이 다수의 지지를 받고 있는바 공무원 노조에도 교원노조와 마찬가지로 직권에 의한 강제중재제도를 마련하도록 한다.

그러나 현행법상 단체협약체결을 강제하는 효과를 갖는 강제중재는 중재의 개시를 당사자의 의사에 관계없이 직권에 맡김으로써 결국 공무원의

단체교섭권 및 단체협약체결권을 근원적으로 제약하는 결과를 가져오므로
이는 기본권필요 최소한도제약의 원칙에도 배치된다. 가능한 한 강제중재
방식보다는 당사자 간의 자주적인 해결을 조장해 나가는 방식이 바람직하
다고 하겠다. 장기적으로는 쟁의행위를 제한할 경우에는 단지 분란의 소지
를 미연에 차단한다는 소극적 차원에서가 아니라 공무원 노동관계의 민주
성과 합리성이 담보될 수 있게끔 정부 측에서 보다 적극적으로 단체교섭에
참가하도록 유도할 수 있는 적극적 차원에서의 대상조치를 강구하여야 할
것이다.

5) 공무원 노동조합과 노사협의회

노사협의회는 장·단기적으로 모두 공무원 노조에 도입하도록 하되 공
무원직장협의회는 한시적으로 존속시키도록 한다. 공무원의 고충처리는 기
존의 고충심사위원회나 공무원직장협의회와는 별도로 공무원 노사협의회에
서 처리하도록 유도한다.

장기적으로 공무원직장협의회는 노사협의회에 통합하도록 한다.

3. 향후전망

바야흐로 우리나라는 노사관계체제의 환경적 변수인 정치, 경제, 사회,
문화의 각 방면에서 급속한 변화가 이루어지고 있으며 국민의식적 측면에
서도 경제성장과 정치민주화의 진전으로 인하여 현저한 변화가 초래되고
있다. 종래의 권위주의 내지 국가우선주의로부터 탈피하여 국민 개개인의
자유와 권리에 대한 의식이 강화되고 있다. 이와 함께 공무원들의 권리의
식도 현저히 변화되고 있다. 이러한 변화는 전술한 설문조사의 분석결과가
이를 말하여 주고 있다.

이상과 같은 정치, 경제, 사회, 문화 및 국민과 공무원의 의식의 변화는

우리나라에서도 공무원 단결권에 대한 조속한 인정을 촉구하게 될 것이다.

공무원노동기본권을 보장함에 있어서 우리나라의 특수한 사정 즉 노사관계 당사자가 처한 노사현실과 노사관행, 국민의식수준이나 노사관계당사자의 의식수준 등을 고려한 우리나라 실정에 적합한 적실성 있는 공무원노조법제에 관하여 연구와 관심이 집중되어야 할 것이다. 선진 각국의 공무원 노동운동도 각국의 여건에 맞는 독자적인 제도화를 통하여 발전되어 온 역사적 사실을 고려해 볼 때 우리나라의 경우도 단기적으로는 우리의 실정에 적합한 제도와 관행을 토착해 나가되 장기적으로 공무원노동기본권을 확대해나가는 단계적인 확대방안이 필요하다고 본다. 특히 노사대결보다 노사협조를 지향하는 민주적이고 평화적인 노동문화가 정착되어 있지 못할 뿐만 아니라 종래의 권위적이고 상하계급구조의 행정문화 속에서 노사 대등한 지위를 요구하는 공무원 노사관계가 정착하기에는 상당한 부작용이 따를 수도 있는 우리나라 공직사회의 현실을 감안해 볼 때 더욱 단계적 추진전략이 필요하다.

그러나 공무원 단결권이 법인되어 공무원 노조가 본격적으로 활동하게 될 경우에 전술한 공무원 노동조합의 순기능이 발휘되고 공무원 노조가 성공적으로 운영되기 위해서는 우선 그 사회가 공무원 노조활동의 필요성과 순기능을 인정하는 사회적 여건이 조성되어야 한다. 그러기 위해서는 무엇보다도 결사의 자유가 보장되고 헌법상 노동기본권이 존중되는 자유사회(free society)의 기반이 형성되어 있어야 한다.

다음으로 실제적인 운영 면에서 정부(관리층)와 공무원 노조 사이에 상호신뢰와 협조적인 관계가 성립될 수 있어야 한다. 공무원의 경우 타 집단이나 조직과 달리 고도의 준법성이 요구되는 만큼, 노동기본권 관련 모든 활동이 법적 테두리 내에서 이루어질 수 있어야 한다. 공무원 노조의 이익추구 과정에서 본분을 잃지 않는 자기규제능력이 있어야 한다. 스스로의 이익옹호에만 급급한 나머지 부당한 주장을 내세우고 무절제한 집단행위를 일삼는다든지, 노조활동을 관리층과의 '대결활동'으로만 인식하는 경우 공무원 노조의 효용은 크게 감소될 것이다. 특히 공무원 노조가 외부세력과 결탁하여 정당한 활동영역을 일탈하는 경우, 국가와 국민에 해독을 끼치게 되는 위험한 존재가 될 수도 있을 것이다.

이와 더불어 정부(관리층)도 공무원 노조를 파트너로 인정, 공무원 노조가 관리활동을 돕고 보완할 수 있다는 것을 이해하고, 그것을 정부의 목적 달성을 위해 창의적으로 활용할 수 있어야 한다. 관리층에서 공무원 노조를 귀찮아하거나 부정적인 태도를 취하면 공무원 노조의 성공적인 활동을 기대할 수 없다. 궁극적으로는 공무원의 사용자인 정부와 공무원 노조 사이에 상호신뢰와 협조적인 관계가 성립될 수 있어야 한다.

참고문헌

1. 국내 문헌

(1) 단행본

강수돌, 「독일 공공부문 노사관계의 구조와 영향」, 한국노동연구원, 1997.

강순희, 「일본의 공공부문 노사관계」, 한국노동연구원, 1996.

강재서, 「ILO 가입과 노동법개정」, 기업경영, 1991.

구병삭, 「신헌법원론」, 박영사, 1996.

권영성, 「헌법학원론」, 법문사, 1999.

김규태, 「신노사관계론」, 형설출판사, 1999.

김금수·박현태 외, 「한국노동운동론 1」, 미래사, 1985.

김남진, 「행정법 Ⅱ」, 법문사, 1997.

김도창, 「일반행정법론(하)」, 청운사, 1990.

김동희, 「행정법(Ⅱ)」, 박영사, 1999.

김유성, 「노동법 Ⅱ」, 법문사, 1999.

김윤환, 「한국노동운동사 Ⅰ」, 1982.

김철수, 「헌법학신론」, 박영사, 1999.

김치선, 「근로자의 단결권」, 서울대학교출판부, 1980.

_____, 「노동법강의」, 박영사, 1997.

_____, 「노동법문제연구」, 박영사, 1970.

김해동, 「조사방법론」, 법문사, 1991.

김형배, 「노동법」, 박영사, 1999.

박동서, 「인사행정론」, 법문사, 1998.

박동준, 「사회조사방법론」, 홍익출판사, 1998.

박상필, 「한국노동법」, 대왕사, 1995.

박세일·선한승, 「노동운동이념연구」, 한국노동연구원, 1990.

박영범, 「미국 공공부문의 노사관계와 임금결정방법에 관한 연구」, 한국노동연구원, 1996.

박영범·이상덕, 「공공부문의 노사관계」, 한국노동연구원, 1990.

박영범·이철수·Sinichi Ago 「노동기준과 국제무역」, 한국노동연구원, 1994.

박영범·카멜로 노리엘, 「공공부문 노사관계의 국제적 추세와 한국의 과제」, 한국노동연구원, 1994.

박윤흔, 「최신 행정법강의(하)」, 박영사, 1999.

서원석, 「ILO 회원국의 공무원단체활동 비교연구」, 한국행정연구원, 1995.

서원우·최송화, 「행정법(Ⅱ)」, 한국방송통신대학출판부, 1984.

신두범, 「노동정책론」, 실학사, 1980.

신인령, 「노동기본권 연구」, 미래사, 1987.

심태식, 「노동법개론」, 법문사, 1992.

오석홍, 「인사행정론」, 박영사, 1999.

안용교, 「한국헌법」, 고시연구사, 1996.

윤근식, 「현대정치와 관료제」, 대왕사, 1976.

이병태, 「최신노동법」, 현암사, 1999.

이을형, 「노동법」, 대왕사, 1998.

이철수·강성태, 「공공부문의 노사관계법」, 한국노동연구원, 1998.

이철수·김정한·김재훈, 「노동조합 규약분석, 한국노동연구원」, 1996.

임종률, 「공무원의 노동기본권」, 전국공무원 노동조합협의회, 1988.

정재훈, 「노사관계의 이해」, 대영문화사, 1989.

J. T. Dunlop, 이규창 역, 「노사관계론」, 법문사, 1988.

최성실, 「한국노사관계론」, 진명문화사, 1980.

최종태, 「현대노사관계론」, 경문사, 1990.

최준섭・이수영, 「ILO와 국제노동기준」, 중앙경제사, 1992.

허 영, 「한국헌법론」, 박영사, 1999.

홍정선, 「행정법원론 Ⅱ」, 박영사, 1997.

홍성렬, 「사회과학도를 위한 기초 통계학」, 학지사, 1998.

국제노동연구소, 「ILO와 단결권」, 돌베개, 1992.

_____, 「ILO와 제87호 조약」, 돌베개, 1991.

_____, 「ILO란 무엇인가」, 돌베개, 1991.

국 회, 「노동관계법합의사항」, 1997.

국회사무처 편집실, 「불란서공무원제도에 있어서의 동수심의회」, 국회보, 1969.

국회입법조사국, 「각국의 공무원제도와 노동기본권」, 1970.

국회 환경노동위원회, 「노동관계법에 대한 공청회(집단노사관계)」, 1997.

노동관계법연구위원회, 「노동관계법 개정건의안(기초위원회안)」, 1996.

노사관계개혁위원회, 「공무원 단결권 보장방안」, 1997.

_____, 「노사관계개혁백서」, 1998.

_____, 「노사관계개혁과제와 향후추진방향」, 1996.

_____, 「노사관계개혁을 위한 각계 의견」, 1996.

_____, 「노사관계개혁을 위한 연구자료집」, 1996.

_____, 「노동관계법개정요강소위원회 활동보고」, 1996.

_____, 「노동관계법 개정요강」, 1996.

노사관계개혁추진위원회, 「노동관계법 개정안」, 1996.

노사정위원회, 「경제위기 극복을 위한 사회협약」, 1998.

총무처통계연보, 1994-1997.

한국노동연구원, 「노사관계에 대한 국민의식조사연구」, 1989.

_____, 「공공부문에 관한 국제워크샵」, 1993.

헌법재판소, 「헌법재판소판례집」, 1993.

행정자치부통계연보, 1998, 1999.

(2) 논 문

강성태, "근로자의 개념", 서울대학교대학원 박사학위논문, 1994.

권형준, "교원의 노동3권 제한과 그 한계", 우전 이병태 교수화갑기념연구
        집 간행위원회, 1996.

김대휘, "교원노조의 쟁의권에 관한 서독행정법원의 판례", 인권과 정의,
        1990.

김소영, "교원의노동조합설립및운영등에관한법률의 쟁점과 과제", 한국노동
        법학회, 1999년도 춘계정책토론회(1999. 5. 29.)

김유성, "집단적 노사관계법의 개정방향", 현대노사, 1993.

_____, "개정 노동법의 평가와 과제", 노동법연구회, 1997.

_____, "노동관계법의 개정방향", 법제연구, 1993.

_____, "ILO 단결권관련조약과 국내노동관계법의 정비에 관한 소고", 서
        울대 법학, 1993.

_____, "단체교섭의 대상사항 – 미국의 경우를 중심으로", 판례월보, 1981.

_____, "공무원의 쟁위행위 금지규정에 대한 헌재결정", 노동법학, 1974.

_____, "노동관계법의 개정방향", 법제연구, 1993.

김재훈, "공무원의 노동기본권에 관한 연구", 서울대학교대학원 석사학위논
        문, 1987.

_____, "공무원의 노동기본권, 그 보장과 한계", 「법과 사회」 제2권, 1990.

김진웅, "배타적교섭대표제도에 관한 연구 – 미국의 단체교섭제도에 관한

연구의 일환으로", 고려대 법학논집, 1986.

김창수, "교원노동조합 결성의 문제점", 법률신문, 1989.

김치선, "서독의 노동재판소 및 고충처리제도의 연구", 서울대 법학, 1981.

_____, "현행 노동법의 문제점과 개선방향", 판례월보, 1985.

김태기, "ILO가입과 노사관계의 변화방향", 한국노동연구원, 1993.

김학수 외, "노동기본권의 구조와 그 한계에 관한 연구", 전북대 법학연구, 1985.

_____, "영국의 노사관계법의 변혁과 노동쟁의법의 개혁", 노사관계, 1990.

김형배, "한국노동법의 변천", 세계의 문학, 1980.

_____, "노동3권 제약의 전개과정", 대한변호사협회지, 1980.

_____, "미국의 노동입법의 전개과정", 고시연구, 1981.

_____, "노동조합법 및 노동쟁의조정법의 문제점과 개선방향", 노동법학, 한국노동법학회, 1987.

민경식, "노사관계에 대한 법적 규제: 개정 노동관계법상의 규제완화를 중심으로", 중앙대 법학논문집, 1988.

_____, "미국에서의 공무원의 파업권", 미국헌법연구, 미국헌법학회, 1997.

박길상, "공무원·교원의 노동관계법에 관한 연구", 한양대학교대학원 박사학위논문, 1998.

박영범, "미국 공공부문의 노사관계와 임금결정방법에 관한 연구", 한국노동연구원, 1998.

박상필, "노동관계법의개정시안 – 근로기준법, 노동조합법을 중심으로", 부산대 법학 연구, 1990.

박종일, "우리나라 공무원의 노동기본권의 방향", 서울대학교 행정대학원 석사학위논문, 1995.

박현태, "노사협의제의 입법론적 고찰", 한양대학교 대학원 박사학위논문,

1986.

백상기, 「한국공무원의 노동기본권에 관한 연구」, 행정연구, 1975.

백재봉, "노동관계법 무엇이 문제인가", 신동아, 1984.

백종섭, "한국공무원단체활동의 영향요인에 관한 연구", 서울대학교 대학원 박사학위논문, 1991.

서원석, "한국공무원의 단체활동에 관한 인식분석적 연구", 연세대학교 대학원 박사학위논문, 1990.

손창희, "조정해고(정리해고)에 대한 고찰", 가톨릭사회과학연구, 1998.

_____, "노조전임자문제에 대한 대법 판결", 한국노동법학회, 1996.

_____, "참여를 통한 산업민주주의", 현대노사, 1986.

신두범, "한국노동입법정책과 운영실태에 관한 연구", 김치선박사화갑기념 논문집, 1983.

신인령, "공무원 및 공익사업근로자의 노동관계법 연구", 이화여대 대학원 석사학위논문, 1974.

_____, "노동기본권옹호를 위한 현행 노동관계법 소고", 김치선박사화갑기 념논문집, 1983.

_____, "단결선택권 보장과 그 제한의 한계: 복수노조 및 유니언샵 협정 허용 여부", 이화여대 사회과학논집, 1988.

_____, 「교원의 노동3권」, 이화여대사회과학연구집, 1989.

_____, "한국사회법 변천", 노동법과 노동운동(개정증보판), 1990.

_____, "1980년 노동법개정의 배경", 현실과 전망, 1984.

_____, "노동단체법은 노동3권 보장을 정점으로", 노사, 1990.

_____, "노동쟁의조정법에 관한 헌법소원", 사법행정, 1993.

신 홍, "근로자참여 및 협력증진에 관한 법률의 시행과 과제-그 문제점 과 개선방안", 서울시립대학교 논문집, 1997.

윤유훈, "4당의 노동정책과 노동관계법의 개선방향", 국회보, 1989.

윤재만, "기본권의 구성요건이론", 헌법연구, 한국헌법학회, 1999.

이원희·이상덕, "공공부문노사관계관련 ILO 결사의 자유위원회 판정사례 집", 한국노동연구원, 1994.

이강은, "정치체제와 정책산출", 서울대학교 대학원 박사학위논문, 1988.

이철수, "단체교섭의 근로자 측 주체에 관한 비교법적연구", 서울대학교 대 학원 박사학위논문, 1992.

_____, "독일법상의 노동조합", 노동법연구, 1992.

_____, "노동기본권 충실히 보장해야", 헌정, 1993.

_____, "교원의 단결권", 한국노동법학회, 1999.

이춘삼, "노동관계법 개정운동 현황", 조선, 1985.

이호준, "공무원의 단결권", 전남법학, 1969.

_____, "한국노동법학 40년 - 법제도의 변천과 노동법학의 과제", 전북대 법학연구, 1991.

이흥재, "ILO의 노동기준과 국내노동관계법의 비교연구", 한국노동연구원, 1990.

임종률, "공무원의 노동관계에 관한 고찰", 서울대학교 대학원 석사학위논 문, 1969.

_____, "우리나라 노동법의 궤적", 현대노사, 1984.

_____, "서독의 노동분쟁 처리제도", 김진웅박사화갑기념논문집, 1985.

_____, "단체교섭 및 노동쟁의와 노사관계법", 노사, 1988.

_____, "공무원의 노동기본권", 일터, 1989.

_____, "노동법의 문제점과 개정방향", 노사, 1990.

최대권, "기본권의 제한과 한계에 관한 연구", 서울대 법학, 1981.

하경효, "EC노사관계법", 고려대 법학논집, 1992.

한견우, "프랑스공무원법상 공무원과 노동조합", 판례월보230호(1989. 11).

허영민, "노동기본권의 보장과 제약에 관한 연구", 전남대학교 대학원 박사

　　　　학위논문, 1985.

＿＿＿, "노동3권에 관한 검토", 노동법학, 한국노동법학회, 1989.

＿＿＿, "공무원의 근로기본권", 노사관계, 1990.

허영식, "공무원 노동조합에 대한 태도에 관한 연구", 경남대학교 경영대학
　　　　원 석사학위논문, 1993.

허종열, "교원노조법제하의 의의, 내용과 향후발전과제", 한국노동연구원,
　　　　1999.

현경대, "우리나라 노동법제의 특징과 변천", 김치선박사회갑기념논문집,
　　　　1983.

홍기갑, "ILO 제87호 조약에 관한 연구", 숭실대학교 대학원 박사학위논문,
　　　　1990.

＿＿＿, "ILO조약과 권고에 의한 국제노동기준의 설정", 노사관계, 1990.

＿＿＿, "ILO 제87호 조약과 한국의 노동법제", 노사관계, 1990.

＿＿＿, "ILO조약과 한국의 노동법제", 노무관리, 1991.

한국노동경제학회, "공공부문의 임금 및 근로조건 공공부문의 노사관계 쟁
　　　　점과 과제", 1996.

2. 외국문헌

(1) 일본 문헌

慶谷淑夫,「公勞法論」, 1970.

總合勞働硏究所, 官公勞働法, 1985.

管野和夫,「勞動法」, 弘文堂, 1995.

勞働省勞政局勞働法規課 編,「勞使關係法運用の實情乃び問題點: 公共部門
　　　　關係」, 1977.

勞働省勞政局勞働法規課 編著,「勞働組合法・勞働關係調整法」, 1983.

大石義雄, 「公務員と勞働基本權」, 1997.

東京大學勞働法硏究會, 「注釋勞働組合法 下卷」, 1982.

蓼沼謙一・橫井芳弘 編, 「ジュリスト 勞働法の爭點」, 有斐閣, 1979.

白井泰四郞・花見忠, 「神代和欣 勞働法の理論と實際」, 1977.

峯村光郞, 「公勞法の理論と實際」, 1977.

兵藤 編, 「公共部門の爭議權」, 東大出版會, 1987.

ペーター・ハナウ、 クラウス・アドマイト、 「トイシ勞働法」, 信山社, 1994.

沼田稻次郞, 「團結權思想の硏究」, 勁草書房, 1980.

吾妻光俊, 「新訂勞働法槪論」, 1969.

外尾建一, 「勞働法入門」, 有斐閣, 1997.

――――, 「團結權保障の法理」, 信山社, 1998.

有田光雄, 「公共性と公務勞働論の探究」, 1993.

有泉亭, 「勞働基本權の構造」, 東京大學社會科學硏究所 編, 1976.

日本勞働法學會, 「現代勞働法講座」, 1982~1983.

日本勞働法組合評議會, 「官公勞働者의 勞働基本權」, 東京, 勞働旬報社.

日本勞働法學會 編, 「現代勞働法講座(15) 官公勞働法」, 1985.

竹下英男, 「官公勞働者の勞働基本權」, 總合勞働硏究所, 1989.

――――, 「現業・公企勞働者の權利」, 敬文堂, 1986.

田中守, 「行政の 中立性理論」, 東京, 勁章書房, 1963.

渡邊章, 「地方公務員の爭議行爲と代償措置－人事院勸告の完全實施を求める
　　　爭議行爲と懲 戒處分の效力」, じゅりスト, 1993.

道幸哲也, 「人事院勸告の完全實施を求める爭議行爲の適否」, 法學ゼミナ, 1991.

蓼沼謙一, 「勞働法の對象」, 現代勞働法講座, 1981.

中山和久, 「公務員の爭議權」, 勞働法の爭點, 1990.

中山和久外 5人 共저, 「入門勞働法」(제3판), 有斐閣, 1999.

片岡昇,「勞働法(1)」, 有斐閣, 1993.

(2) 영·미 문헌

A. W. J. Craig, A Framework for the Analysis of Industrial Relations Systems, in B. Barrett, E. Rohdes and J. Beishon(eds.), *Industrial Relations and the Wider Society* (London, Collier Macmillan, 1975).

Douglas L. Leslie, Labor law, 2nd, West Pub. Co. 1986.

E. Cordova, "Strikes in the public service: some determinants and trends", *International Labour Review*, Vol.124, No.2, March-April, 1989.

Edward L. Harrison, Douglas Johnson, and Frank M. Rachel, "The Role of the Supervisor in Representation Elections", *Personnel Administration* 26, September 1981.

Felix. A. Nigro & Lloyd G. Nigro, *The New Public Personnel Administration*, Itasca. F. E. Peacock Publishers, Inc. 1986.

Frederick C. Mosher, Democracy and the Public Service, N.Y.: Oxford Univ. Press, 1988.

G. B. Siegel & R. C. Mytle, *Public Personnel Administration*, Boston: Houghton Mifflin Company, 1985.

Harry Edwards, The Developing Labor Relations Law in the Public Service, 1961.

ILO, *Joint Consultation, Negotiating and Collective Bargaining Rights with regard to Determining Pay and Condition of Employment in the Public Service*, 1988.

ILO, "Settlement of Labour Disputes in Essential Services", *International Labour Review*, Vol.119, No.6, November-December, 1980.

International Labour Office, *Freedom of Association*, 1996.

J. T. Dunlop, Industrial Relations System, Holt, New York.

Julius G. Getman, "Ruminations on Union Organizing in the Private Sector", *the University of Chicago Law Review* 53, Winter, 1986.

K. Schneider, (AFL-CIO Public Employees Department), *Public Employees Bargain for Excellence: A Compendium of State Public Sector Labor Relations Laws*, 1993.

KLI, *Public Sector Industrial Relations in Selected Countries: with Special Reference to Korea's Reform Policies*, 1993.

Mack A. Player, Federal Law of Employment, 2nd Ed, 1981.

O. Glenn, Stahl, *Public Personnel Administration*, 7th edition, New York: Harper & Row, 1983.

R. B. Moberly, H. H. Perrit and J. Guerrieri, "Industrial Action in Essential Services: The New Law", *Industrial Law Journal*(London), Vol.20, No.2, June, 1991.

Richard C. Kearney, *Labor Relations in the Public Sector.* 1992.

R. Singh, "Systems Theory in the Study of Industrial Relations: Time for a Reappraisal?," *Industrial Relations Journal*, Vol.7, 1976.

Simon Deakin & Gillian S. Morris, *Labour Law*, Butterworths: London, 1983.

Sterling D. Spero, *Government As Employer*, 1972.

T. Parsons, *The Social System*, Chicago, Free Press, 1951.

T. Parsons & N. J. Smelser, *Economy and Society*, London, Routledge &Kegan Paul, 1956.

William B. Gould IV, *A Primer on American Labor Law*(third ed.), Cambridge, 1993.

William H. Holly & Kenneth M. Jennings, Labor Relations Process, 1994.

(3) 독일 문헌

A. Söllner, Grundriß des Arbeitsrechts, 10. Aufl., 1990.

B. Müller, Arbeitsrecht im offentlichen Dienst, 2. Aufl. München, 1992.

Hueck-Nipperday, Lehrbuch des Arbeitsrechts, 2. Bd., 7 Aufl, 1963.

K. Hesse, Grundzüge des Verfassungsrechts der Bundesrepublik Deutsch-
   land, 20. neubearb. Aufl., 1995.

K. Loewenstein, Verfassungslehre, 3. Aufl., Tübingen, 1975.

M. Löwisch, Arbeitsrecht, 3. Aufl., 1991.

R. Alexy, Theorie der Grundrechte, 1. Aufl., 1986.

W. Loschelder, Vom besonderen Gewaltverhältnis zur öffentlich-rechtlichen
   Sonderbindung, 1982.

· 저자 ·

김재기   · 약 력 ·
金在琪
          서울대학교 대학원 (법학박사)
          서울대학교 행정대학원 (행정학석사)
          성균관대학교 법과대학 (법학사)

          미국 노스캐롤라이나주립대학 연구교수(역임)
          대구대학교 행정대학장 겸 인재양성관장(역임)

          현) 대구대학교 행정학과 교수
          현) 대구대학교 공무원노사관계연구소장
          현) 한국인사행정학회 부회장
          현) 정부혁신지방분권위원회 전문위원
          현) 중앙인사위원회 심사평가위원
          현) 행정자치부 정책자문위원(공무원단체복무분과)
          현) 대구광역시 수성구청 민원배심위원

· 주요 논저 ·

          「공무원노조 단체교섭구도에 대한 공무원과 시민의 의식비교」
          「공무원노조 조직활동범위에 관한 실증적연구-노동기본권과 조직형태를 중심으로」
          「공무원직장협의회의 발전과제」
          「공무원노동조합의 조직활동범위에 관한 입법론적 연구-인식조사를 중심으로」
          「공무원노동기본권의 허용범위에 관한 경험적 연구
            -조직대상과 노동3권 인정범위를 중심으로」
          「공무원노동조합의 인식에 관한 분석적 연구」
          「공무원노동조합법제의 입법방향-단기적 입법방향을 중심으로」
          「공무원노동조합에 관한 입법론적 연구 -장기적 입법방향을 중심으로」
          「공무원노동조합법제의 입법방향에 관한 연구 -비교법과 국민의식조사를 중심으로」
          「민원배심제도의 성과분석과 인식에 관한 연구: 대구시 수성구 사례」 (공저)

          『최신인사행정론』
          『행정학』

          외 다수

공무원과 노동인권

• 초판 인쇄	2006년 5월 20일
• 초판 발행	2006년 5월 20일
• 지 은 이	김재기
• 펴 낸 이	채종준
• 펴 낸 곳	한국학술정보㈜
	경기도 파주시 교하읍 문발리 526-2
	파주출판문화정보산업단지
	전화 031) 908-3181(대표)·팩스 031) 908-3189
	홈페이지 http://www.kstudy.com
	e-mail(e-Book사업부) ebook@kstudy.com
• 등 록	제일산-115호(2000. 6. 19)
• 가 격	30,000원

ISBN   89-534-5024-1 93360 (Paper Book)
       89-534-5025-X 98360 (e-Book)